PANINI BOOKS

FIVE NIGHTS AT FREDDY'S von Scott Cawthon

Romane

Band 1: Die silbernen Augen
ISBN 978-3-8332-3519-1

Band 2: Durchgeknallt
ISBN 978-3-8332-3616-7

Band 3: Der vierte Schrank
ISBN 978-3-8332-3781-2

Band 4: Fazbear Frights 1 – In die Grube
ISBN 978-3-8332-3948-9

Band 5: Fazbear Frights 2 – Ausverkauft
ISBN 978-3-8332-4020-1

Band 6: Fazbear Frights 3 – 1:35 AM
ISBN 978-3-8332-4021-8

Comics

Graphic Novel 1: Die silbernen Augen
ISBN 978-3-7416-2001-0

AUSVERKAUFT

Von Scott Cawthon,
Andrea Waggener und Carly Anne West

Ins Deutsche übertragen
von Anke Bondy

Bibliografische Information der Deutschen Nationalbibliothek
Die Deutsche Nationalbibliothek verzeichnet diese Publikation in der Deutschen Nationalbibliografie; detaillierte bibliografische Daten sind im Internet über http://dnb.d-nb.de abrufbar.

Amerikanische Originalausgabe: »Five Nights at Freddy's: Fazbear Frights #2 – Fetch« by Scott Cawthon, Carly Anne West and Andrea Waggener published in the US by Scholastic Inc., New York, 2020.

Deutsche Ausgabe: Panini Verlags GmbH,
Schlossstr. 76, 70176 Stuttgart.

Geschäftsführer: Hermann Paul
Head of Editorial: Jo Löffler
Head of Marketing: Holger Wiest (email: marketing@panini.de)
Presse & PR: Steffen Volkmer

Übersetzung: Anke Bondy
Lektorat: Tom Grimm
Umschlaggestaltung: tab indivisuell, Stuttgart
Satz und E-Book: Greiner & Reichel, Köln
Druck: CPI Books GmbH, Ulm

YDFIVE005

ISBN 978-3-8332-4020-1
2. Auflage, Dezember 2024

Auch als E-Book erhältlich:
ISBN 978-3-7367-9883-0

Findet uns im Netz:
www.paninicomics.de

PaniniComicsDE

INHALT

AUSVERKAUFT

FETCH

Der Wind, der Regen und die Brandung waren in den Krieg gezogen und prügelten so brutal auf das alte Gebäude ein, dass Greg sich fragte, ob die brüchigen Mauern dieser Kraft standhalten konnten. Als die Naturgewalten brüllend gegen das mit Brettern vernagelte Fenster prasselten, sprang Greg zurück, prallte gegen Cyril und trat ihm dabei heftig auf den Fuß.

„Au!“ Cyril stieß Greg zur Seite, wobei der Kegel seiner Taschenlampe geradezu irrwitzig über die Wand vor ihnen tanzte. Dabei zuckte das Licht über mehrere herabhängende Bahnen der blaugestreiften Tapete und über zwei rote Buchstaben: „FR“. Irgendetwas Dunkles war quer über die Streifen gespritzt worden. War das Pizzasoße? Oder etwas anderes?

Hadi lachte über seine beiden unbeholfenen Freunde. Freunde, die sich so leicht ins Bockshorn jagen ließen. „Das ist nur der Wind, Leute. Kommt mal runter.“

Eine weitere Böe traf das Gebäude. Die Wände zitterten und übertönten Hadis Stimme. Der auf das Metalldach prasselnde Regen war zwar ohrenbetäubend, aber irgendwo im Gebäude, ganz in der Nähe, klapperte irgendetwas

Metallisches so laut, dass man es trotz Wind und Regen hören konnte.

„Was war das?“ Cyril schwang seine Taschenlampe in einem wilden Bogen herum. Mit knapp dreizehn war Cyril ein Jahr jünger als Greg und Hadi, ging aber trotzdem mit ihnen in dieselbe Klasse. Er war klein und mager mit jungenhaften Gesichtszügen und dünnem Haar. Zudem hatte er das Pech, wie die Maus aus einem Zeichentrickfilm zu klingen. Viele Freunde hatte er nicht.

„Klar, gehen wir zur alten Pizzeria“, äffte Cyril Gregs Vorschlag nach. „Das war eine echt tolle Idee.“

Es war Herbst und die Nacht in der Stadt am Meer, die ein Sturm in Dunkelheit getaucht hatte, war äußerst frisch. Greg und seine Freunde hatten den Samstagabend mit Videospielen und Chips verbringen wollen, doch nachdem der Strom ausgefallen war, hatten Hadis Eltern versucht, sie für ein Brettspiel zu begeistern. Eine Tradition in der Familie, wenn das Stromnetz zusammenbrach. Hadi hatte seine Eltern überredet, dass sie die Jungs mit dem Fahrrad zu Gregs Haus ganz in der Nähe fahren ließen, wo sie sich stattdessen mit einem von seinen neuen Strategiespielen beschäftigen wollten. Doch kaum waren sie dort angekommen, überzeugte Greg sie, zur Pizzeria zu fahren. Seit Tagen wusste er schon, dass er es tun würde. Irgendwie fühlte er sich dort hingezogen.

Aber vielleicht war er auf dem Holzweg. Die Aktion konnte sich auch als vollkommen sinnlos erweisen.

Greg ließ das Licht seiner Taschenlampe durch den Korridor gleiten. Sie hatten sich gerade in der Küche des verlassenen Restaurants umgesehen und verblüfft bemerkt, dass sie immer noch mit Töpfen, Pfannen und Geschirr ausgestattet war. Wer schloss eine Pizzeria und ließ alles zurück?

Nachdem sie die Küche verlassen hatten, fanden sie sich an einem Ende des Hauptspeisesaals neben einer großen Bühne wieder. Ein schwerer schwarzer Vorhang war vor den hinteren Teil gezogen. Keiner der Jungs war freiwillig bereit gewesen nachzusehen, was sich hinter dem Vorhang befand … und keiner von ihnen hatte gesehen, dass sich der Vorhang bewegte, als sie an der Bühne vorbeigingen.

Hadi lachte wieder. „Das ist besser, als bei der Familie rumzu… Hey, was ist das?"

„Was ist was?" Cyril leuchtete mit seiner Taschenlampe in die Richtung, in die Hadi blickte.

Auch Greg ließ seinen Lichtkegel dorthin gleiten, in die äußerste Ecke des großen Raums voller Tische. Im Strahl der Taschenlampen erschienen eine Reihe nächtlicher Gestalten, die hinter einem schmutzigen Glastresen standen. Helle Augen reflektierten das Licht.

„Cool", meinte Hadi und stieß mit dem Fuß ein kaputtes Tischbein zur Seite, während er auf den Tresen zuging.

Vielleicht, dachte Greg und musterte die Augen. Ein Paar schien ihn direkt anzustarren. Allmählich begann er sich zu fragen, was er dort eigentlich tat.

Hadi erreichte den Tresen zuerst. „Das ist ja irre!" Er griff nach irgendwas und musste niesen, als plötzlich eine Staubwolke aufstieg.

Bevor sie aufgebrochen waren, hatte Greg vorgeschlagen, dass sie alle Taschentücher mitnahmen, um Mund und Nase zu bedecken, doch er hatte keine finden können. Er rechnete damit, dass das leer stehende Restaurant voller Staub, Schimmel, Moder und wer weiß noch alles sein würde. Doch überraschenderweise hatten sie trotz des feuchten Küstenklimas lediglich Staub vorgefunden. Allerdings eine Menge Staub.

Greg umrundete einen umgekippten Stuhl und ging an Cyril vorbei, der sich mit dem Rücken an einen schmutzigen Pfeiler in der Mitte des Speisesaals presste, von dem die Farbe abblätterte. Abgesehen von einem kaputten Tisch und zwei umgekippten Stühlen wirkte alles, als müsse nur einmal gründlich sauber gemacht werden, bevor man wieder Gäste empfangen könnte. Was ziemlich seltsam war.

Greg hatte gewusst, dass sich hier irgendetwas befinden würde, aber er hatte nicht erwartet, dass es noch Geschirr und Möbel geben würde und … anderes.

Greg betrachtete, was Hadi in der Hand hielt, und er sog scharf die Luft ein. War er deswegen hergekommen? War das der Grund, warum dieser alte Laden ihn so anzog?

„Was ist das?“, fragte Cyril, ohne näher an den Tresen zu treten.

„Ich denke, es ist eine Katze.“ Hadi drehte das behaarte Bündel um, das er in der Hand hielt. „Oder vielleicht ein Frettchen?“ Mit dem Finger stieß er dagegen … was auch immer es war. „Könnte animatronisch sein.“

Er legte das Ding zurück und ließ das Licht seiner Taschenlampe über die anderen Gestalten am Tresen gleiten. „Ja, genial. Das sind alles Preise, die man gewinnen konnte. Seht ihr?“ Hadi ließ den Lichtkegel über die unbeweglichen Figuren gleiten.

Das erklärte die höhlenartigen Nischen, die in die Wände des Flurs eingelassen waren, durch den Greg und seine Freunde gekommen waren, um den Speisesaal zu erreichen. In den kleinen Räumen mussten einmal Arcade-Games und Videospiele gestanden haben.

„Ich kann es nicht fassen, dass sie immer noch hier sind“, meinte Hadi.

„Ja.“ Greg runzelte die Stirn. Warum sind sie immer noch hier?

Die alte Pizzeria stand nun ewig mit Brettern vernagelt da und trotzte den Stürmen und der salzigen Seeluft. Das Gebäude war eindeutig verlassen, und es wirkte nicht nur alt, sondern geradezu aus der Zeit gefallen, und es schien, als würde es jeden Moment einstürzen. Die grau gewordene, verwitterte Verkleidung war so ausgeblichen, dass man kaum noch erkennen konnte, woraus sie bestand. Auch der Name der Pizzeria war längst verschwunden. Warum sah also im Inneren alles noch so gut aus? Nun ja, nicht wirklich *gut*. Aber von dort, wo Greg stand, wirkte das Gebäude stabil genug, um noch hundert Jahre zu überdauern.

Greg und seine Eltern waren in die kleine Stadt gezogen, als er noch in die erste Klasse ging, daher kannte er den Laden gut. Aber er verstand das alles nicht. So fand er es seltsam, dass eine mit Brettern vernagelte Pizzeria in einem angeblichen Ferienort nie wieder eröffnet worden war. Auf der anderen Seite war es kein mondäner Urlaubsort. Gregs Mom bezeichnete ihn immer als „Sammelsurium“. Manchmal standen auf der einen Straßenseite große, schicke Häuser, während sich auf der anderen Seite winzige, hässliche Strandhütten duckten, neben denen verdreckte Fischerboote lagen, alte Bretter aufgetürmt waren oder verbogene Gartenmöbel. Vor dem Haus gegenüber von Greg war eine mächtige und ziemlich kastenförmige Limousine aufgebockt. Trotz allem fragte sich Greg, warum man aus einem alten Pizzarestaurant nicht etwas Vernünftiges machen konnte, anstatt es sich selbst zu überlassen, bis es die Kinder im Ort geradezu anschrie, doch endlich dort einzubrechen.

Doch seltsamerweise schien es nicht so, als sei vor Greg und Cyril und Hadi schon einmal jemand hier drin gewesen. Greg war überzeugt gewesen, sie würden Fußspuren, Müll und irgendwelche Graffitis finden, als Beweis, dass andere „Forscher“ schon vor ihnen dort gewesen waren. Aber … nichts. Es schien, als sei der Laden, nachdem man ihn aufgegeben hatte, in Formaldehyd getunkt und konserviert worden, bis Greg auf einmal den Drang verspürt hatte, dort hinzugehen.

„Ich wette, die Preise sind immer noch hier, weil sie wirklich gut sind“, sagte Hadi.

„Die richtig tollen Preise gewinnt nie jemand“, warf Cyril ein. Er hatte sich vorsichtig etwas näher an den Tresen herangeschoben, hielt aber immer noch respektvollen Abstand.

„Da sind keine Clowns, Cyril.“ Greg hatte Cyril versichern müssen, dass es in dem verlassenen Restaurant auf gar keinen Fall Clowns gab, damit Cyril bereit war mitzukommen. Allerdings hatte Greg keine Ahnung, ob das stimmte.

„Was ist das da?“ Cyril deutete auf eine Figur mit einem mächtigen Kopf und einer großen Nase. Sie saß unter einem Schild, auf dem GROSSER PREIS stand.

Greg griff danach, bevor Hadi es konnte. Die Figur war schwer, und ihr Fell fühlte sich verfilzt und rau an. Aus irgendeinem Grund zog das Tier ihn magisch an. Er betrachtete die spitzen Ohren, die geschwungene Stirn, die lange Schnauze und die durchdringenden gelben Augen. Dann bemerkte er das blaue Halsband. Etwas Glänzendes baumelte daran. Eine Hundemarke? Mit den Fingerspitzen hob er sie an.

„Fetch", las Hadi über Gregs Schulter. „Es ist ein Hund, und er heißt Fetch."

Greg mochte Hunde eigentlich, aber im wirklichen Leben wollte er niemals einem wie diesem begegnen. Er hielt den Hund in die Höhe und drehte ihn in alle Richtungen.

Selbst die bösartige alte Töle, die in dem Haus neben Greg lebte, war nicht so hässlich. Fetch sah aus, als habe man den bösen Wolf aus dem Märchen mit dem weißen Hai aus dem berühmten Film gekreuzt. Sein Kopf (ganz bestimmt war es ein Er) war wie ein Dreieck geformt. Er lief oben spitz zu und hatte ein viel zu breites Maul. Das Fell, das im Licht ihrer Taschenlampen graubraun erschien, hatte Löcher, und darunter kam angelaufenes Metall zum Vorschein. Aus den großen Ohren ragten ein paar Drähte, und in seinem Bauch war eine Leiterplatte zu erkennen.

„Seht euch das an." Überraschenderweise interessierte sich Cyril auf einmal für den Tresen. Er hob ein kleines Büchlein auf, das in einer Plastikhülle steckte. „Ich glaube, das ist die Gebrauchsanleitung."

„Zeig mal her." Greg nahm Cyril das Büchlein aus der Hand.

„Hey“, quietschte Cyril.

Greg ignorierte seinen Protest.

Das konnte es sein.

Er setzte Fetch zurück auf den Tresen, zog das Büchlein aus der Plastikhülle und blätterte es durch. Hadi las über seine Schulter mit. Cyril schob seinen Kopf zwischen Gregs Brust und die Anleitung und zwang Greg so, dass Büchlein weiter von sich weg zu halten, damit alle mitlesen konnten. Fetch, so stand es in der Gebrauchsanweisung, war ein animatronischer Hund, der sich mit einem Handy verbinden und auf diese Weise Informationen und andere Dinge abrufen konnte.

„Das ist ja cool“, meinte Hadi. „Meint ihr, er funktioniert noch?“

„Wie lange steht der Laden hier schon leer?“, fragte Greg. „Fetch sieht aus, als sei er älter als mein Dad, aber Smartphones gibt es noch nicht so lange.“

Hadi zuckte die Schultern. Greg tat es ihm schließlich gleich und drückte an Fetch herum, weil er den Knopf finden wollte, mit dem man ihn einschalten konnte.

Hadi und Cyril verloren schnell das Interesse.

„Es wird nicht funktionieren. Das ist ganz alte Technik. Mit unseren Telefonen ist sie bestimmt nicht kompatibel“, meinte Cyril und zuckte zusammen, als der Wind erneut um das Gebäude pfiff.

Greg spürte, wie ihm ein kalter Schauer über den Rücken lief. Ob es an dem unheimlichen Heulen des Windes lag oder an etwas anderem, wusste er nicht genau.

Wieder wandte er Fetch seine Aufmerksamkeit zu. Er wollte wissen, ob er dieses komische Hundeding nicht irgendwie in Gang setzen konnte. Er hatte das Gefühl, dass es genau dieses Ding war, das ihn gerufen hatte.

Cyrils Pessimismus, was Fetch anging, überraschte Greg nicht. Er würde auch dann eine spannende Gelegenheit nicht erkennen, wenn sie ihm direkt ins Gesicht sprang.

Hadi dagegen betrachtete die Dinge immer in geradezu unerbittlicher Weise positiv. Er besaß ein sonniges Gemüt und hatte etwas vollbracht, was Greg ernsthaft für einen Zaubertrick hielt: Hadi wurde von allen akzeptiert, obwohl er den größten Teil seiner Zeit mit Greg und Cyril verbrachte, den beiden größten Nerds der Schule. Vielleicht hatte das etwas mit seinem Aussehen zu tun. Wenn Greg Mädchen über Hadi reden hörte, dann war er entweder „toll", „heiß", „süß", „scharf" oder einfach nur „Mmmmhm", abhängig von dem Mädchen, das über ihn redete.

Hadi verließ den Tresen, und Cyril ließ sich auf einen Stuhl am nächsten Tisch sinken. „Ich denke, wir sollten verschwinden", meinte er.

„Nein", widersprach Hadi. „Hier gibt es immer noch eine Menge zu sehen."

Greg ignorierte die beiden. Er hatte Fetch hochgenommen und an seinem Bauch ein Bedienfeld gefunden. Während er mit Fetch, seiner Taschenlampe und der Gebrauchsanweiseung jonglierte, nagte er an seiner Unterlippe und konzentrierte sich darauf, die richtigen Knöpfe in der richtigen Reihenfolge zu drücken.

Wind und Regen ließen einen Moment nach, und über das Gebäude senkte sich eine Stille, die fast bedrohlich wirkte.

Greg warf einen Blick zur Decke. Direkt über seinem

Kopf entdeckte er einen großen Fleck. War das Wasser? Er ließ den Kegel seiner Taschenlampe über die gesamte Decke gleiten. Weitere Flecken fand er nicht. Überhaupt, warum tropfte es eigentlich nicht im gesamten Restaurant? Er glaubte, sich zu erinnern, dass ein Teil des Daches fehlte. Warum leckte es nicht durch?

Mit einem Achselzucken wandte er seine Aufmerksamkeit wieder Fetch zu. Inzwischen drückte er nur noch zufällig auf irgendwelche Knöpfe. Keine der Vorgaben der Bedienungsanleitung schien zu funktionieren.

Genauso schlagartig wie der Wind und der Regen verstummt waren, setzten sie wieder ein und prügelten heulend und krachend auf das Gebäude ein.

Und da bewegte sich Fetch.

Mit einem surrenden Geräusch hob Fetch den Kopf. Dann öffnete er das zahnbewehrte Maul. Und er knurrte.

„Ach du Scheiße!" Greg ließ Fetch auf den Tresen fallen und sprang zurück. Gleichzeitig schoss Cyril von seinem Stuhl hoch.

„Was ist?", fragte Hadi und kam zu seinen Freunden zurück.

Greg deutete auf Fetch, dessen Kopf und Maul sich eindeutig in einer anderen Position befanden als zu dem Zeitpunkt, als sie ihn entdeckt hatten.

„Krass", meinte Hadi.

Alle drei starrten sie Fetch an und wichen in stummer Übereinstimmung zurück; sie waren alle der Ansicht, dass es eine gute Idee war, etwas Abstand zwischen sich und Fetch zu bringen, falls der animatronische Hund noch mehr tun würde.

Dann warteten sie.

Und Fetch tat es auch.

Als Erster fing Hadi an, sich zu langweilen. Mit seiner Taschenlampe leuchtete er in Richtung der Bühne. „Was, meint ihr, ist hinter dem Vorhang?“

„Ich glaube, das will ich gar nicht wissen“, erwiderte Cyril.

Hinter ihnen knallte eine Tür zu ... irgendwo im Gebäude.

Wie ein Mann stürmten die Jungs durch den Speisesaal und den Flur entlang zu dem Lagerraum, durch den sie eingebrochen waren. Obwohl Cyril der Kleinste war, erreichte er den Raum zuerst. Dort war es ihnen gelungen, eine verrammelte Außentür einen Spaltbreit aufzudrücken, und Cyril schlüpfte auch schon hindurch. Schnell folgten ihm die anderen beiden.

Draußen, im prasselnden Regen, griffen sie nach ihren Rädern. Greg schätzte, dass der Wind inzwischen mit achtzig Stundenkilometern pfeifen musste. Nach Hause zu radeln, konnten sie vergessen. Er blickte zu Hadi, dessen lockiges schwarzes Haar ihm am Kopf klebte. Hadi brach in schallendes Gelächter aus, und Greg fiel mit ein. Cyril zögerte, doch dann musste auch er lachen.

„Kommt jetzt“, rief Hadi gegen den heulenden Wind. Ohne sich noch einmal nach dem Restaurant umzusehen, senkten sie die Köpfe und schoben ihre Räder durch den Sturm nach Hause.

Während er neben seinen Freunden dahintrottete, überlegte Greg, warum er gewollt hatte, dass sie mit in das verlassene Restaurant kamen. Vieles hatten sie sich gar nicht angesehen … wie den Bereich hinter dem Vorhang. Auch im Flur hatten sich zwei verschlossene Türen befunden. Was befand sich hinter ihnen? Greg fürchtete, nicht gefunden zu haben, weswegen er dorthin gefahren war. Hatte er wirklich getan, was ihm bestimmt war?

Greg war schon fast zu Hause, als eine Frau rief: „Ist das jetzt nass genug für dich?"

Er blieb stehen, wischte sich über die Augen und blinzelte durch den Regen. „Hey, Mrs. Peters", rief er, als er die ältere Nachbarin entdeckte, die auf der überdachten vorderen Veranda ihres Hauses stand.

Sie warf ihre dünnen Arme in die Höhe. „Ich liebe diese Stürme!", trällerte sie.

Er lachte und winkte ihr zu. „Dann viel Spaß!", rief er.

Sie winkte zurück, und er stapfte weiter. Als er sich dem hoch aufragenden modernen Haus seiner Eltern näherte, das direkt am Meer stand, bemerkte Greg überrascht, dass im Wohnzimmer Licht brannte. Eigentlich lag die Stadt immer noch im Dunkeln. Als er sich von Cyril und Hadi getrennt hatte, waren die einzigen Lichter ihre Taschenlampen gewesen, die wie Geisterwesen durch die Nacht hüpften, und ein paar flackernde Kerzen in manchen Häusern. Der Lichtschein bei ihm zu Hause dagegen war hell und beständig.

Als er sein Fahrrad zwischen die Stelzen schob, die das Haus ein ganzes Stockwerk in die Höhe hoben, begriff er, warum er Licht gesehen hatte. Zunächst hatte er das Geräusch des Motors nicht gehört, weil es von Wind und Regen übertönt wurde. Erst als er nähergekommen war, hatte er es bemerkt. Unter dem Haus stand ein glänzender neuer Generator und tuckerte vor sich hin. Ein Stromkabel führte von dort an der Doppelgarage vorbei und die Stufen hinauf zur Vordertür.

Während Greg die Stufen erklomm, schälte er sich aus seiner tropfenden Regenjacke, doch noch bevor er die Eingangstür erreichte, wurde sie geöffnet.

„Da bist du ja, Junge!“ Gregs Onkel Darrin grinste auf ihn herab. Seine mächtige, breitschultrige Gestalt füllte den Türrahmen. „Ich wollte gerade schon einen Suchtrupp losschicken. Du bist nicht ans Telefon gegangen.“

Als Greg die Tür erreichte, begrüßte er seinen Onkel in gewohnter Weise – halb umarmten sie sich und stießen dabei die Fäuste gegeneinander. „Tut mir leid, Dare. Ich hab es nicht gehört.“ Er zog das Telefon aus der Tasche und tippte kurz auf den Bildschirm. Dare hatte ihm geschrieben und ihn mehrfach angerufen. „Wow. Ich schwöre, ich hab es nicht gehört.“

„Wer soll bei dem Wind auch schon was hören? Komm rein.“

„Woher kommt der Generator?“, fragte Greg. Eigentlich war es ihm egal. Er wollte nur nicht länger darüber nachdenken, warum er in dem Pizzarestaurant das Telefon nicht gehört hatte. Besonders laut war es dort nicht gewesen. Lag es vielleicht daran, dass …

„Ich hab ihn in der Stadt gekauft. Dein Vater behauptet seit Jahren, dass man keinen braucht, aber das ist Quatsch. Ich hab ihm vorausgesagt, dass er sich noch wünschen wird, einen zu haben. Es hieß ja, dass die Stürme in diesem Winter noch viel schlimmer werden. Und das wurden sie tatsächlich. Und sie haben auch noch viel eher eingesetzt. Denk nur an den Regen, den wir letzte Woche zu Halloween hatten." Dare schüttelte den Kopf. „Aber dein Vater will natürlich wieder nicht hören, und man muss mit ihm streiten."

Greg wusste nicht, welchen Streit sein Onkel meinte. Aber Dare und Gregs Vater stritten so oft, wie sollte er sich da an eine einzelne Auseinandersetzung erinnern können.

Onkel Darrin war der Bruder von Gregs Mutter. Sie hatte sonst keine Geschwister, und die beiden standen sich nah. Greg und Dare allerdings standen sich noch näher. Aber Gregs Dad hasste Dare aus demselben Grund, weswegen Greg ihn einfach liebte – weil er von seiner Art her so extravagant und lustig war.

„Darrin muss erst noch erwachsen werden", sagte Gregs Dad immer.

Mit seinem langen, lilagefärbten Haar, das er zum Zopf geflochten trug, und den bunten Anzügen und Krawatten, die er mit geradezu schmerzhaft gemusterten Hemden kombinierte, war Dare schon ein besonderer Anblick. Dass Dare außerdem ein erfolgreicher und wohlhabender Erfinder von Autozubehörteilen war, der auch noch bei allen seinen Investitionen unverschämtes Glück hatte, schien in den Augen von Gregs Vater der letzte Nagel zu seinem Sarg zu sein. „Menschen wie er verdienen es einfach nicht, erfolgreich zu sein", schimpfte er oft. Gregs Vater war Bauunternehmer, und er arbeitete mehr, als er eigentlich wollte, um sich ihr großes Haus und die teuren Autos leisten zu können, die er so liebte. Die Tatsache, dass Dare auf einem zweieinhalb Hektar großen Anwesen lebte und tonnenweise Geld verdiente, indem er in seiner Werkstatt „herumbastelte“, war einfach zu viel.

Greg liebte Dare auf die Weise, wie er sich wünschte, auch seinen Vater lieben zu können. Dabei hatte Dare nichts anderes getan, als Greg vom ersten Tag an, nachdem sein kleiner zerknautschter Kopf in diese Welt gedrückt worden war, so zu akzeptieren, wie er war. Greg war nie ein niedliches Baby gewesen, und es war auch kein niedliches Kind aus ihm geworden. Sein Gesicht war zu lang, seine Augen standen dicht zusammen, und seine Nase war zu klein. Dafür hatte er langes, gewellltes blondes Haar, ein „tolles Lächeln“ (zumindest hatte das einmal ein Mädchen aus der achten Klasse behauptet), und er war groß genug und besaß ausreichend Muskeln, um nicht denken zu müssen, dass aus ihm nach der Highschool nichts werden würde. Er hatte sich nie für die typischen Jungsthemen wie Autos und Sport interessiert – egal wie sehr sein Dad auch versucht hatte, sie ihm aufzuzwingen. Doch in Dare hatte er einen Verbündeten gefunden, der Gregs Vorlieben oder Abneigungen nie hinterfragte. Er akzeptierte Greg einfach so, wie er war.

„Wo ist Mom?“, erkundigte sich Greg bei Dare.

„Im Buchclub.“

Nach seinem Dad fragte Greg nicht. Zum einen war es ihm egal, und zum anderen wusste er, dass sein Dad mit seinen Freunden Karten spielte. So verbrachte er immer den Samstagabend – selbst jetzt, da sie bei Kerzenlicht spielen mussten.

„Wo seid ihr bei dem Wetter gewesen?“, wollte Dare wissen.

„Äh … kann ich das für mich behalten?“

Dare legte seinen großen Kopf zur Seite und strich sich über seinen allmählich grau werdenden Ziegenbart. „Klar. Ich vertraue dir.“

„Danke.“

„Hast du Lust, Backgammon zu spielen?“, fragte Dare.

„Können wir das verschieben? Ich wollte gern noch was lesen.“

„Sicher. Kein Problem. Ich bin nur vorbeigekommen, um den Generator für euch in Gang zu setzen. Als du nicht hier warst und ich dich nicht erreichen konnte, hab ich mir gedacht, ich bleibe mal, bevor ich es vor Sorge nicht mehr aushalte und die Polizei rufe.“

Greg grinste. „Da bin ich aber froh, dass ich gekommen bin, bevor du die Kavallerie rangepfiffen hast.“

„Ich auch.“ Dare griff nach seinem magentafarbenen Regenmantel, dann zögerte er und schnippte mit den Fingern. „Ach, übrigens, ich habe gehört, dass du deinen ersten Job als Babysitter bekommen hast. Freut mich, dass du deinen alten Herrn überzeugen konntest.“

„Das habe ich wirklich dir zu verdanken. Nachdem du deinen Senf dazu gegeben hattest, stand es drei zu eins. Nächste Woche passe ich auf den Jungen von den McNallys auf – Jake. Sie brauchen jemand, der sich samstags um ihn kümmert.“

„Tatsächlich? Seine Mom und ich kennen uns schon ewig. Vielleicht bringe ich euch irgendwann eine Kleinigkeit vorbei. Oder ich zeige euch meinen neuen Welpen. Ich denke ernsthaft darüber nach, mir einen Hund anzuschaffen.“

„Echt? Cool!“

„Ja, eine Freundin von mir hat einen Shih Tzu, der bald wirft. Ich denke, ich bin jetzt lange genug ohne Hund gewesen. Mir fehlt einfach ein Hund, mit dem ich kuscheln kann.“

Greg lachte. „Pass nur auf, dass es ein *freundlicher* Shih Tzu ist. Ich glaube, der Hund nebenan ist auch zum Teil Shih Tzu.“

„Dieser bissige Köter? Nein, so wird mein Hund niemals sein. Vergiss nicht“, meinte Dare und hielt seinen rechten Zeigefinger in die Höhe, auf dem er seinen Lieblingsgoldring mit einem Onyx trug, „ich habe …“

„Einen magischen Glücksfinger“, sagten Dare und Greg wie aus einem Mund.

Sie lachten.

Ein Händchen für alles zu haben, den magischen Glücksfinger, war ein geflügelter Satz, seit Greg vier Jahre alt war. Eines Tages hatte Greg geweint, weil er unbedingt den Plüschkraken aus einem Automaten haben wollte, bei dem man sich mit einem mechanischen Greifer die verschiedensten Preise angeln konnte. Seine Mutter hatte zwar Geld in den Automaten gesteckt, aber es war ihm nicht gelungen, den Kraken zu fassen zu bekommen. Dare hatte mit seinem rechten Zeigefinger gegen das Glas des Automaten geklopft und mit tiefer Stimme gesagt: „Ich habe den magischen Glücksfinger. Ich bekomme dich, Krake.“ Und gleich beim ersten Versuch war ihm genau das gelungen. Danach hatte Dare immer den magischen Glücksfinger um Hilfe gebeten, wenn er wollte, dass sich Dinge zu seinen Gunsten entwickelten. Und fast immer hatte das auch geklappt.

Greg dachte erneut an den Nachbarshund und hörte auf zu lachen.

„Ich kann immer noch nicht glauben, dass mich die Töle tatsächlich gebissen hat." Erst ein Jahr zuvor war der Nachbar dort eingezogen, und nur zwei Tage später hatte sich ein kleiner und ziemlich bösartiger Mischling mit sehr scharfen Zähnen und einem fehlenden Auge auf Greg gestürzt und ihn in den Knöchel gebissen. Man hatte ihn mit zehn Stichen nähen müssen.

„Okay, ich gehe jetzt, dann kannst du dich deiner Lektüre widmen", meinte Dare. „Aber bevor ich verschwinde, lass uns noch überprüfen, ob alles funktioniert."

Fünfzehn Minuten später lümmelte sich Greg auf seinem Doppelbett und las im hellen Licht seiner roten Leselampe. Dare hatte für den Generator ein Kabel besorgt, mit dem man ihn direkt ans Stromnetz des Hauses anschließen konnte. Bevor er ging, sagte Dare: „Habe ich dir extra besorgt, damit du auch problemlos deine Games spielen kannst." Dann umarmten sie sich zum Abschied und stießen zweimal die Fäuste gegeneinander.

Obwohl Greg sich wirklich auf seinen Lesestoff freute, nahm er sich die Zeit für seine abendlichen Yogaübungen, bevor er unter die übergroße Häkeldecke schlüpfte, die Dare für ihn gearbeitet hatte. Auch Yoga hatte Dare ihm beigebracht, und Greg gefiel das sehr. Die Übungen beruhigten ihn nicht nur, bevor er schlafen ging, sie halfen ihm auch, einigermaßen in Form zu bleiben. Wenn auch „einigermaßen" nicht ausreichend war.

Greg stand vor dem Spiegel und betrachtete seine schmalen Schultern und die schmächtige Brust. Obwohl er an Armen und Beinen ein paar Muskeln besaß, war sein Oberkörper immer noch zu dünn. Und sein Gesicht …

Gregs Telefon brummte. Er griff danach und sah, dass Hadi ihm geschrieben hatte.

Wieder erholt?

Greg schnaubte. Als ob er Angst gehabt hätte und sich davon wieder erholen müsse. ***Wovon?***, schrieb er zurück und stellte sich dumm.

Mir kannst du nichts vormachen.

Okay, erwiderte Greg. ***Ja, mir geht es gut. Ich denke, ich brauche mehr Mut.***

Du brauchst das Hirn von Brian Rhineheart. Der fürchtet sich vor gar nichts.

Greg lachte. Das war eine Idee. Brian Rhineheart war der Star des Footballteams. Er schrieb: ***Seine Beine könnte ich auch gebrauchen. Damit ich schnell weglaufen kann.***

LOL. Und wie wäre es mit Steve Thorntons Schultern? Die sind kräftig genug, um es mit allem und jedem aufzunehmen.

Wieder musste Greg lachen. Aber Hadi wollte auf irgendetwas hinaus. Wenn Greg vollbringen wollte, was er sich eigentlich vorgenommen hatte, konnte er sich doch auch einfach aussuchen, was er dafür brauchte.

Okay, tippte er, ***aber dann möchte ich auch Don Warrings Brust***.

Bei dem Gedanken, sich einen Körper aus den Teilen von Footballspielern zusammenzustellen, musste Greg grinsen. Aber er brauchte auch ein gutes Gesicht. Ganz besonders dann, wenn er wollte, dass ein Mädchen auf ihn aufmerksam wurde.

Ich will Ron Fischers Augen, schrieb er.

Roger. Wie wäre es mit Neal Mannings Nase?

Greg lächelte und schrieb: ***Klar.***

Und wessen Mund?

Greg dachte darüber nach. Dann antwortete er: ***Zachs***

G

Wieder lächelte Greg. Er konnte sich Hadis breites Grinsen vorstellen.

Und die Haare?

Da gefallene mir meine eigenen, antwortete Greg.

Dickes Ego?

Greg lachte.

G

GG erwiderte Greg. Dann ließ er sich auf sein Bett fallen.

Er griff nach seinem Tagebuch und dem Buch über das Nullpunktfeld, in dem er etwas nachschlagen wollte. Er warf einen Blick auf seine Pflanzen, bevor er anfing zu lesen. Schließlich waren sie der Schlüssel zu allem. Sie machten das Gespräch, das er gerade mit Hadi geführt hatte, zu mehr als nur einem albernen Geplänkel. Sie waren zumindest der Katalysator. Cleve Backsters Experimente hatten ihn auf den Weg geführt, auf dem er sich nun befand.

Aber heute Abend würden ihm die Pflanzen nicht helfen. Er musste sich noch einmal damit beschäftigen, was er über Zufallsgeneratoren wusste. Er blätterte durch sein Buch. Ja, da war es schon. Maschinen und Bewusstsein. Ursache und Wirkung. Er legte das Buch zur Seite und überflog seinen letzten Tagebucheintrag.

Hatte er seine Entdeckungen falsch interpretiert? Nein. Das glaubte er nicht. Entweder war er auf der richtigen Spur oder eben nicht. Und wenn er es nicht war, wollte er eigentlich auch gar nicht wissen, auf welcher Spur er war. Die Art und Weise, wie er zu diesem Ort hingezogen worden war, konnte einfach kein Zufall sein.

Der Sturm hielt sich noch einen weiteren Tag in der Gegend, aber am späten Sonntagabend löste er sich auf. Auch der Strom kam zurück. Und wie an jedem Montagmorgen begann auch die Schule.

Greg stand die erste Hälfte des Tages durch und war erleichtert, als es schließlich zehn nach eins war und er zum Fortgeschrittenenkurs für *Theoretische Wissenschaften* gehen konnte. *Theoretische Wissenschaften* war ein Leistungskurs, an dem nur Erstsemester teilnehmen konnten, die in den vergangenen zwei Jahren Preise für ihre naturwissenschaftliche Arbeit gewonnen hatten. In dem Kurs gab es lediglich zwölf Schüler. Sie wurden von einem Gastlehrer vom Grays Harbor Community College unterrichtet, von Mr. Jacoby.

Wie immer war Greg der Erste im Klassenraum. Er ließ sich ganz vorn nieder. Nur Hadi würde noch in seiner Nähe sitzen.

Mr. Jacoby hüpfte in dem Klassenzimmer mit den gelben Wänden buchstäblich auf und ab, als es klingelte. Groß und schlaksig, aber so voller Energie, dass er Greg an eine lange Spiralfeder erinnerte, war Mr. Jacoby ein ausgesprochen enthusiastischer Lehrer, der sich vom Desinteresse mancher Schüler in keiner Weise den Schneid abkaufen ließ. Greg liebte Wissenschaft, jede Wissenschaft, nicht nur Technik. Und seine Leidenschaft dafür hatte ihm den Ruf eingebracht, der Liebling des Lehrers zu sein.

Während Mr. Jacoby dozierte, sprang er vor der Klasse herum, als habe er Hummeln im Hintern. Manchmal kritzelte er etwas aufs Whiteboard. Meistens jedoch wanderte er nur umher. Aber wovon er sprach, war interessant. Dieser kleine Raum voller hoher, hölzerner Labortische mit hockerartigen Stühlen davor gehörte zu Gregs Lieblingsorten in der Schule. Ihm gefielen die Karte vom Periodensystem und die Poster von den Sternbildern an den Wänden. Er mochte den Geruch des Düngers der hybriden Pflanzen, die an der Rückwand des Raums wuchsen, denn er musste dabei unwillkürlich an Wissenschaft denken und ans Lernen.

Mr. Jacoby fuhr sich mit einer Hand durch sein widerspenstiges rotes Haar. „In der Quantenphysik gibt es ein sogenanntes Nullpunktfeld. Dieses Feld ist der wissenschaftliche Beweis dafür, dass es so etwas wie ein Vakuum, ein Nichts, nicht gibt. Wenn man allen Raum von Materie und Energie befreit, findet man immer noch, in subatomarer Hinsicht, jede Menge Aktivitäten. Diese ständige Aktivität ist ein Energiefeld, das sich immerzu in Bewegung befindet. Subatomare Materie reagiert ununterbrochen mit anderer subatomarer Materie." Mr. Jacoby rieb sich die von Sommersprossen übersäte Nase. „Können mir alle folgen?"

Greg nickte eifrig. Hadi, der an dem Labortisch neben ihm saß, stieß ihn an. „Hi, das ist deine Masche."

Greg ignorierte ihn.

Mr. Jacoby grinste Greg an und nahm an, dass seine Zustimmung auch für die ganze Klasse stand. Das war zwar nicht sonderlich schlau, aber Greg recht.

„Gut“, fuhr Mr. Jacoby fort. „Diese Energie wird deshalb Nullpunktfeld genannt, weil die Fluktuationenen in diesem Feld auch noch bei Temperaturen des absoluten Nullpunktes zu beobachten sind. Der absolute Nullpunkt ist der niedrigste mögliche Energiezustand, bei dem alles entfernt worden ist und sich nichts mehr bewegen kann. Ergibt das Sinn?“

Wieder nickte Greg.

„Großartig. Die Energie sollte also null sein, aber wenn man die Energie misst, mathematisch, erreicht sie niemals null. Aufgrund des weiterhin bestehenden Partikelaustauschs bleibt immer eine gewisse Restschwingung übrig. Könnt ihr mir immer noch folgen?“

Greg nickte begeistert. Er hatte keine Ahnung gehabt, dass Mr. Jacoby heute über dieses Thema sprechen würde. Wie hoch war die Wahrscheinlichkeit? Er grinste. Es gab keine Wahrscheinlichkeit. Es war das Feld.

Er war so aufgeregt, dass die nächsten paar Minuten von Mr. Jacobys Vorlesung an ihm vorbeigingen. Doch das war egal. Er kannte sich mit dem Thema aus.

Als dann allerdings Kimberly Bergstrom den Finger hob, klinkte er sich wieder ein. Jedenfalls in gewisser Weise. Er hörte ihre Frage: „Ist das alles nur eine Theorie?“

Und er hörte auch den Anfang von Mr. Jacobys Antwort. „Nicht alles. Bedenken Sie, in welche Richtung sich Wissenschaft entwickelt. Vor der wissenschaftlichen Revolution …“

Da klinkte Greg sich wieder aus. Er war nun vollständig damit beschäftigt, Kimberly zu beobachten. Wer wäre das nicht? Lange schwarze Haare. Faszinierende grüne Augen. Hübscher als jedes Model, das Greg bisher gesehen hatte.

Greg spürte, wie er rot wurde, und er riss seinen Blick von Kimberly los, bevor noch jemand ihn dabei erwischte, wie er sie anstarrte.

Zu spät.

Hadi stieß ihn erneut an, und als Greg zu ihm hinüberblickte, sah Hadi ihn aus halbgeschlossenen Schlafzimmeraugen an. Greg richtete seine Aufmerksamkeit wieder auf Mr. Jacoby.

Als die Stunde vorbei war, verließ Greg wie immer als letzter Schüler den Klassenraum. Mr. Jacoby lächelte ihm zu, während Greg seine Sachen zusammenpackte, und Greg dachte erneut daran, sich an seinen Lehrer zu wenden. Dann spürte er, wie sein Telefon vibrierte. Er winkte Mr. Jacoby zu und zog sein Telefon aus der Tasche, während er hinaus auf den Gang trat. Er warf einen Blick auf den Bildschirm.

Hallo Greg. Wg?

Die Nummer war ihm nicht bekannt. Greg blickte sich um. Wer schrieb ihm da? Er tippte: ***Alles gut. Wer bist du?*** Dann starrte er auf den Bildschirm.

Fetch!

„Oh, sehr witzig, Hadi", murmelte Greg. Und das schrieb er auch.

Mit der Antwort hatte er nicht gerechnet:

?4U

Was willst du wissen?, schrieb Greg.

Warum bist du weg?

Greg verdrehte die Augen und schrieb: ***Du bist echt saukomisch.***

Thx. Deine Antwort?

Greg spürte, wie ihm jemand auf die Schulter tippte. „Du kommst zu spät zu Spanisch, Amigo", sagte Hadi.

Greg fuhr herum. Hadi hob eine Augenbraue. Und Cyril, der neben ihm stand, stolperte zurück.

„Warum schreibst du mir, wenn du hier bist?", fragte Greg Hadi.

„Alter, bist du doof? Sehe ich so aus, als würde ich dir gerade schreiben?"

Äh … *eigentlich nicht.* Hadis Handy war nirgends zu sehen.

Greg blickte wieder auf sein Telefon. Wer immer ihm da gerade schrieb, hatte es gerade wieder getan:

Deine Antwort

Greg sah Hadi an. „Hast du mir geschrieben?"

„Nein. ¿Por qué habría?"

„Keine Ahnung, warum du mir geschrieben hast. Und hör auf, Spanisch zu quatschen", erwiderte Greg.

Cyril ignorierte ihn. „Venga." Er zog an Gregs Ärmel.

„Ich hasse Spanisch", meinte Greg.

Cyril blickte an Greg vorbei und sagte: „Hola Manuel."

Greg wandte sich um und sah Manuel Gomez vor sich, der vor ein paar Wochen aus Madrid an die Schule gekommen war.

„Hola Cyril. ¿Como estas?"

„Estoy bien. ¿Et tú?"

„Bueno."

„Oye, Manuel, ¿conoces a Greg?", fragte Cyril und deutete auf Greg.

„Nein." Manuel lächelte Greg an und streckte die Hand aus. „Encantada de conocerte."

„Er hat gerade gesagt, dass er sich freut, dich kennenzulernen", erklärte Cyril Greg.

„Lo sé", erwiderte Greg. „Ich weiß. Ich bin ja kein Vollpfosten, wenn es um Spanisch geht."

„Aber kurz davor", meinte Cyril.

Manuel lachte.

„Greg tiene muchos problemas con el español", sagte Cyril zu Manuel.

„Ich helfe dir gern bei Spanisch", bot Manuel an. „Soll ich dir meine Nummer geben?" Er hielt sein Telefon hoch.

„Klar." Greg tauschte mit Manuel das Handy, und die beiden gaben jeweils ihre Nummer ein.

„Hey Mäuschen. Wie geht es deiner Mutter? Ist sie immer noch so ein Freak wie du?"

Greg wandte sich um und stellte sich dem Typ entgegen, der da gerade Cyril mobbte. Er räusperte sich und sagte laut: „Vergiss nie, Trent, drei Dinge sind im Leben wichtig. Erstens, freundlich zu sein. Zweitens, freundlich zu sein. Und drittens sollte man freundlich sein. Henry James hat das gesagt."

Trent schubste Greg. „Du bist ein Freak."

Während Trent davonschlenderte, stieß Hadi Greg an. „Du liest zu viel."

„Du liest nicht genug."

Dann sagten sie mit übertrieben tiefer Stimme und wie

aus einem Mund: „Das Universum hält immer alles in Balance.“ Sie stießen die Fäuste gegeneinander und vollendeten ihr Zitat mit einem inbrünstigen „Cha!“

Ein paar der Kinder im Flur stießen Greg absichtlich an, und eins sagte: „Ihr seid echt komisch.“

„Und stolz darauf“, entgegnete Greg.

Hadi schüttelte den Kopf.

Manuel berührte Gregs Schulter. „Ich mag Henry James auch.“ Er grinste und streckte ihm eine Faust entgegen.

Greg stieß seine gegen die Manuels. Dann schob er sein Telefon in die Tasche und folgte Cyril und Hadi zum Spanischunterricht. Er würde jetzt nicht mit ihnen über die Chat-Nachrichten sprechen. Aber er konnte sie auch nicht einfach vergessen. Wenn weder Hadi noch Cyril ihm geschrieben hatte, wer dann? War irgendjemand anders mit den Jungs am Samstagabend in dem Restaurant gewesen? Hatten sie deswegen die Tür schlagen hören? Oder hatte jemand sie beobachtet, als sie wieder aufgebrochen waren, war dann hineingegangen und hatte Fetch gesucht?

Der Gedanke, dass sie beobachtet worden waren, jagte Greg einen Schauer über den Rücken. Aber die Vorstellung, dass sie *nicht* beobachtet worden waren, erschien ihm auch nicht besser. Konnte das sein? Er wollte gar nicht darüber nachdenken. Zumindest nicht jetzt.

Schon am nächsten Tag dachte er darüber nach. Er grübelte geradezu. Inzwischen hatte er ein Dutzend Nachrichten von Fetch bekommen. Und allmählich wurde ihm klar, dass sie von der animatronischen Figur stammen *mussten*. Sie konnten von niemand anderem kommen, denn keiner wusste etwas davon, was Fetch schrieb. Es wurde schnell klar, dass Fetch sich in Gregs Telefon eingeklinkt hatte, und er versuchte, zu Diensten zu sein. Als Greg Fetch schrieb, dass er noch etwas mehr Zeit brauche, um ein paar Hausaufgaben fertig zu machen, schickte ihm Fetch einen Link zu einem Artikel über Time Management auf sein Telefon. Als Greg online nach Zufallsgeneratoren suchte, erhielt er von Fetch einen Link zu einem Artikel über die neueste Forschung zum Thema Manifestation und Zufallsgeneratoren. Als Greg den Artikel durchgelesen hatte, schrieb Fetch:

01001111 01101011 01100001 01111001 00111111

Das verblüffte Greg, bis er an den Artikel dachte, den er gerade gelesen hatte. Der Artikel handelte von den Experimenten, bei denen man Zufallsgeneratoren eingesetzt hatte, um zu messen, ob jemand einen Wunsch ausreichend manifestieren konnte, um das Ergebnis in der materiellen Welt zu beeinflussen. Greg wusste, dass diese Generatoren Einsen und Nullen nach dem Zufallsprinzip erzeugten. War das also möglich?

Greg kopierte Fetchs Nachricht in einen Umwandler, der binäre Darstellungen in Text konvertierte, und tatsächlich hatte Fetch in binärem Code „Okay?“ geschrieben.

Greg überlief ein Schauer, als er zurückschrieb: ***OK***. Er hatte nicht die geringste Ahnung, ob es okay war. Eigentlich war es vor allem unheimlich.

Dann wurde alles noch viel seltsamer … als ob es nicht schon bizarr genug war, von einem animatronischen Hund Textnachrichten zu bekommen.

Einmal sagte Greg seiner Mutter am Telefon, dass er Appetit auf Schokolade hatte. Sie erwiderte, was sie immer sagte, wenn er Süßigkeiten wollte. „Nicht gut für dich. Iss einen Apfel." Später am selben Tag, als sie vom Einkaufen kam, zog sie plötzlich einen Schokoladenriegel aus ihrer Tasche.

„Wie kommt der denn dahin?", meinte sie verärgert und schob sich ihr kinnlanges blondes Haar hinters Ohr. „Den habe ich nicht gekauft." Sie prüfte ihren Kassenbon und bemerkte, dass der Riegel sich tatsächlich auf der Bestellung befand, die sie online aufgegeben hatte.

„Muss ein Computerfehler sein", sagte sie. „Ich schicke denen eine E-Mail." Als ihr auffiel, dass Greg sie beobachtete, sagte sie: „Dann ist heute wohl dein Glückstag", und warf ihm den Schokoladenriegel zu.

Als er ihn auffing, war er sich ziemlich sicher, dass er ihn noch nicht essen konnte. Er war viel zu aufgeregt. Wenn er sich nicht irrte, hatte Fetch ihm gerade einen Schokoladenriegel besorgt.

Wozu war der animatronische Hund sonst noch in der Lage?

Und wie machte er das?

Dass Fetch sich mit seinem Smartphone synchronisiert hatte, konnte Greg gerade noch akzeptieren. Aber auf das Telefon seiner Mutter traf das doch wohl nicht zu, oder doch?

Und so ging es Tag für Tag weiter mit den Textnachrichten. Manchmal antwortete Greg einfach so. Manchmal auch nicht. In jedem Fall führte er ein Protokoll in seinem Tagebuch. So bekam er wichtiges Feedback für sein Projekt.

Viele seiner Nachrichten, die er mit Fetch austauschte, ergaben keinen Sinn. Wie an dem Tag, als Fetch schrieb:

TND

Warum sollte ich was Dummes tun?, erwiderte Greg.

Ka

Manchmal waren die Nachrichten eindeutig. Einmal schrieb Greg an Cyril, dass er Probleme mit den Spanisch-Hausaufgaben hatte, und er brauchte die Übersetzung von: *Ich weiß nicht, wie man Bananenbrot ohne Eier und Mehl macht*. Cyril antwortete nicht, aber Fetch schrieb:

No sé cómo hacer pan de plátano sin huevos ni harina

Cyril meldete sich erst spät am Abend. Seine Übersetzung entsprach genau der von Fetch.

War es an der Zeit, dass Greg seinen Freunden erzählte, was hier abging?

Er beschloss, noch zu warten.

Aber dann passierte die Sache mit der Spinne.

An einem Samstag, ein paar Wochen vor Weihnachten, war Greg zu Hause und kümmerte sich um den kleinen Jake, den er inzwischen regelmäßig betreute. Dare – oder „Onkel Dare" für Greg *und* Jake dank Dares enger Freundschaft mit Mrs. McNally – hatte vorgeschlagen, dass er mit einem „Picknick für einen Regentag" herüberkam.

Er hatte alles dabei. Eine Picknickdecke mit einem gelben Smiley darauf, ein paar Topfpflanzen, Spielzeuginsekten aus Plastik und einen Weidenkorb voller kreativer Leckereien wie Sandwiches mit Artischockensalat und Käse, Rosinen auf Pumpernickeln oder Huhn und Erdnussbutter auf Roggenbrot.

Glücklicherweise wusste Dare, dass Greg, was Essen anbetraf, nicht so experimentierfreudig war, wie er selbst, deswegen hatte er auch ein paar gewöhnliche Sandwiches mit Thunfischsalat dabei.

Sie ließen sich mit ihrem Picknick vor dem großen Panoramafenster im Wohnzimmer nieder, durch das man hinaus auf die Dünen und das Meer sehen konnte. Die See war durch den Regen allerdings kaum zu erkennen – ein grauer Schatten verschmolz mit dem nächsten.

Jake mit seinen vier Jahren liebte das Picknick, aber er war nicht besonders scharf auf die riesige Gummispinne, die am Rand der Picknickdecke lauerte. Den Kleinen regte sie so auf, dass Greg vorschlug, das Picknick zu unterbrechen. Er holte zwei Pfannenwender, fasste damit unter großem Aufheben die Spinne und verstaute sie in einer verschließbaren Plastiktüte. Doch Jake reichte das nicht.

„Raus!“, verlangte er und deutete mit seinem pummeligen Finger zur Tür.

Also zog Greg seine Jacke über und ging hinaus in den Regen. Während Dare und Jake aus dem Schutz des Hauses zusahen, grub Greg im Matsch ein Loch und beerdigte die Gummispinne darin.

Zufrieden und ohne ein weiteres Wort verspeiste Jake den Rest des Picknicks.

„Gute Arbeit, Junge“, meinte Dare.

Greg freute sich über das Lob. Von seinem Dad, der wie gewöhnlich arbeitete, bekam er fast nie eins. Wenn Dare zu Besuch war, schien ihn die Ablehnung seines Vaters nicht mehr so zu stören. Sein Onkel schaffte es, dass alles irgendwie schöner war.

Ein paar Tage vor Weihnachten sprachen Greg und Hadi am Telefon über Trent. „Er ist so ein Idiot“, sagte Greg. Er lag auf dem Bett, betrachtete seine Pflanzen und sandte ihnen ganz zielgerichtet Gedanken, wie man sie an einen Zufallsgenerator schicken würde. Und genau wie in Cleve Backsters Experimenten schienen seine Pflanzen gut auf seine neuesten Pläne zu reagieren.

„Ich beachte ihn nicht wirklich“, meinte Hadi, „aber ich weiß, dass er Cyril echt Angst macht.“

„Ja.“

„Man müsste ihm mal einen Streich spielen“, fuhr Hadi fort. „Ich dachte an Spinnen. Neulich habe ich gehört, wie er Zach erzählt hat, dass er sich vor Spinnen fürchtet.“

Greg lachte. „Ernsthaft? Ich hab eine aus Gummi in meinem Garten vergraben. Wenn es aufhört zu regnen, grabe ich sie vielleicht aus, bevor ich rüberkomme.“

„Ja, tu das. Ho, ho, ho! Das wäre eine schöne Überraschung für ihn vom Weihnachtsmann.“

Greg wartete ein paar Stunden, aber der Regen ließ nicht nach. Unablässig prasselte er aufs Dach. Hätte Greg nicht versprochen, Hadi beim Einpacken der Geschenke zu helfen, hätte er das Haus nicht verlassen.

Aber er hatte nun mal zugesagt, also zog er sich regenfest an und ging hinaus.

Beinah hätte er laut aufgeschrien, als er nach unten blickte und eine riesige Spinne auf der Türmatte seiner Mutter hocken sah. Er sprang zurück und starrte die Spinne an. Dann begriff er, was er da vor sich hatte.

Greg spürte, wie sein Puls sich beschleunigte.

Das. War. Nicht. Möglich.

Aber da war sie. Die Gummispinne, die er selbst vergraben hatte – und sie steckte immer noch in der verschlammten Plastiktüte.

Außer Dare und Jake hatte niemand gewusst, wo die Spinne war. Greg und seine Familie waren über Weihnachten nach Hawaii geflogen, und Dare war mit Freunden Skilaufen. „Ich wünschte, du könntest hier mit uns diese weißen Weihnachten feiern, Junge“, hatte Dare am Abend zuvor am Telefon gesagt.

Greg beugte sich hinunter, hob die Plastiktüte an einer Ecke auf, als würde sich darin ein totes Tier befinden, und hielt sie in die Höhe.

Waren das Zahnabdrücke da am unteren Rand?

Er ließ die Tüte fallen.

Sein Telefon brummte. Scharf sog er die Luft ein und zog das Handy aus der Tasche.

Fröhliche Weihnachten

***Dir auch Fröhliche Weihnachten,* Fetch**, tippte Greg, während er die Tatsache zu ignorieren versuchte, dass seine Finger zitterten.

Eine Antwort wartete er nicht ab. Am liebsten hätte er das Telefon ins Gebüsch am Rande des Gartens geworfen, doch stattdessen schob er es zurück in die Tasche. Es war wirklich Zeit. Er musste mit seinen Freunden sprechen.

Am Tag nach Weihnachten versammelten sich die Jungs in Gregs Zimmer auf dem Bett. Greg saß mit dem Rücken gegen das marineblau gepolsterte Kopfende gelehnt, seine Freunde lagen nebeneinander am Fußende. Er ließ den Blick durch den Raum schweifen. Die vertraute Umgebung beruhigte ihn ein wenig. An den Wänden wechselten sich Poster von Film-Musicals mit denen von Welpen ab. Zwei Regale voller Bücher rahmten das Fenster ein, das hinaus aufs Meer ging. Der Himmel draußen war matt grau, als habe ein Maler ohne jeden Sinn für Tiefe einfach Farbe über den Horizont gekleistert. An der Wand gegenüber dem Fenster standen seine Pflanzen in Reih und Glied auf Regalen unter tiefhängenden Pflanzenlampen. Sein antiker Schreibtisch, den man mit einem Rollladen verschließen konnte – ein Geschenk von Dare –, stand neben der Tür. Mitten auf dem Bett thronte ein Teller mit Lebkuchen, die Greg zwei Tage zuvor gebacken hatte.

Hadi nahm sich ein Stück und fragte: „Wieso treffen wir uns denn so dringend?"

„Ja", quietschte Cyril. „Ich wollte heute eigentlich mit meiner Mom einkaufen gehen. Es gibt jetzt doch die Angebote nach Weihnachten."

Hadi schüttelte den Kopf. „Im Ernst, Alter. Hörst du dir eigentlich manchmal selbst zu? Du könntest genauso gut ein T-Shirt tragen, auf dem steht: ‚Macht euch lustig über mich'."

Greg warf eine schmutzige Socke nach Hadi. „Lass ihn in Ruhe. Wenn er mit seiner Mom einkaufen gehen möchte, dann möchte er eben mit seiner Mom einkaufen gehen."

Hadi verneigte sich spöttisch vor Greg. „Ein Punkt für dich." Er nickte Cyril zu, dieses Mal aufrichtig, und sagte: „Tut mir leid."

„Schon okay."

In der Stille, die folgte, überlegte Greg, wie er alles erklären sollte. Nun ja, vielleicht würde er nicht *alles* erklären. Vielleicht nur ein paar Dinge. Jedenfalls musste er ihnen von Fetch erzählen.

Er blickte hinüber zu seinem Nachttisch, auf dem sich Bücher und Papier stapelten und wo auch sein Telefon lag, auf dem immer noch Nachrichten von Fetch eingingen. Die letzte, die eine Stunde vor Cyril und Hadi gekommen war, lautete:

Braucht ihr was zu essen?

Nein, danke, schrieb Greg zurück.

Er holte tief Luft und rümpfte die Nase über den Lufterfrischer mit Lavendelduft, den seine Mutter irgendwo in seinem Zimmer platziert hatte. (Er hatte schon danach gesucht, ihn aber noch nicht gefunden. Es war ja nett gemeint, aber ihm war der Geruch seiner verschwitzten Sachen lieber.)

„Okay, es gibt keinen anderen Weg, als es einfach auszusprechen“, begann er.

Hadi und Cyril sahen ihn an.

„Fetch hat mir Nachrichten geschickt.“

Seine Freunde rissen die Augen auf. Dann blinzelten sie synchron.

„Wer ist Fetch?“, fragte Hadi.

„Warte mal … du meinst dieses Hundeteil? Dieses Maskottchen aus der Pizzeria? Soll das ein Witz sein?“, wollte Cyril wissen.

Greg schüttelte den Kopf. Er nahm einen Stapel Papier von seinem Nachttisch – all die Nachrichten, die er ausgedruckt hatte – und hielt sie Cyril hin. „Sieh es dir an.“

Er wartete, während Cyril und Hadi zusammenrückten, damit sie die Nachrichten gleichzeitig lesen konnten.

„Das kann doch nicht sein“, meinte Cyril. Seine Stimme klang noch höher als sonst.

Hadi blätterte den Stapel durch. Er warf Greg einen Blick zu, dann sagte er zu Cyril: „So einen Streich würde er uns nicht spielen.“

„Nein, das würde ich nicht“, erwiderte Greg. „Wollt ihr mein Telefon sehen? Ich bin ja ganz clever, aber nicht clever genug, um solche Nachrichten auf meinem Telefon zu fälschen.“

Hadi schüttelte den Kopf. Abrupt stand er auf und fing an, auf Gregs blau-braunem Teppich kleine Kreise zu drehen.

„Er muss sich mit deinem Telefon synchronisiert haben, Alter“, sagte Hadi schließlich.

Greg nickte. „Ja, nur …“

„Hey, warte mal“, unterbrach Cyril. „Ich bin kein Technikfreak, aber ich kann mir nicht vorstellen, wie ein veralteter animatronischer Hund in der Lage sein sollte, sich mit einem modernen Smartphone zu synchronisieren. Das ist einfach nicht möglich.“

„Außer, dass es das offensichtlich doch ist“, entgegnete Hadi.

„Er synchronisiert sich ja nicht nur.“ Greg griff nach dem schmutzigen Plastikbeutel mit der Spinne darin und hielt ihn hoch. Beinah hätte er gesagt: „Beweisstück A“, aber er verkniff es sich.

„Was ist das?“ Cyril wich so schnell zurück, dass er mit einem lauten Plumps vom Bett fiel.

Greg unterdrückte ein Lachen, während Cyril aufsprang.

„Tut mir leid“, meinte Greg. „Sie ist nicht echt.“ Er erzählte ihnen von dem Picknick und wie danach die Tüte auf seiner Türschwelle aufgetaucht war.

Cyril bekam den Mund gar nicht wieder zu, dann blickte er von Hadi zu Greg und wieder zurück zu Hadi. „Ist nicht wahr.“

„Zeig mal her.“ Hadi zog die Tüte aus Gregs Fingern und untersuchte sie. „Das sind Zahnabdrücke!“

„Ist nicht wahr“, sagte Cyril noch einmal.

„Oh, doch“, entgegnete Hadi.

„Es ist wie mit meinen Pflanzen, glaube ich“, begann Greg. Es war Zeit, den anderen mitzuteilen, was seiner Meinung nach hinter der ganzen Sache steckte.

Hadi und Cyril starrten ihn an. „Was?“, fragte Hadi.

„Habt ihr mal von Cleve Backster gehört?“, erkundigte sich Greg, obwohl er ziemlich sicher war, dass sie ihn nicht kannten.

Sie schüttelten den Kopf.

„Er war Spezialist für Lügendetektoren und hat in den 1960er-Jahren angefangen, Experimente mit Pflanzen zu machen.“

„Okay“, meinte Hadi. „Und was hat das damit zu tun?“

„In den Sechzigern hatte Backster die Idee, eine Pflanze an einen Lügendetektor anzuschließen, weil er wissen wollte, ob er messen könnte, wie lange die Osmose dauerte. Obwohl er nichts über Osmose herausbekommen hat, ist er über etwas anderes gestolpert, etwas ziemlich Cooles.“ Greg hielt inne.

Cyril und Hadi starten auf die Spinne in der Tüte. Sie hörten ihm wahrscheinlich nicht einmal richtig zu, und selbst wenn sie es taten, wurde Greg klar, dass er nicht in der Lage sein würde, ihnen von seiner Theorie zu erzählen.

„Was ist, wenn jemand mit uns im Gebäude war und uns jetzt beobachtet?“, gab Cyril zu bedenken und bestätigte damit, dass Hadi und er nicht zugehört hatten.

„Wie jetzt? Wie ein Stalker?“, fragte Hadi.

„Und er hat mein Telefon verwanzt, oder was?“, meinte Greg. „Das ist doch verrückt.“

Aber war es in irgendeiner Weise verrückter als das, was seiner Meinung nach hier ablief?

Gregs Telefon brummte. Er griff danach und las die Nachricht. Dann ließ er das Telefon aufs Bett fallen.

Hadi und Cyril blickten von dem Telefon zu Greg.

Er deutete darauf. Als sie sich vorbeugten, um sich die Nachricht anzusehen, las er den Text erneut:

FL

„Was ist FL?“, fragte Cyril.

Hadi wurde blass. Er blickte Greg in die aufgerissenen Augen.

„Fieses Lachen“, sagten sie wie aus einem Mund.

Ein animatronischer Hund, der einfach nur hilfsbereit sein wollte, war die eine Sache. Ein animatronischer Hund, der hilfsbereit sein wollte und Sinn für Humor hatte, war auch okay. Aber ein animatronischer Hund, der offenbar eine Absicht verfolgte, war … nun ja, ziemlich unheimlich.

Greg verzichtete darauf, Hadi und Cyril weiter deutlich machen zu wollen, was seiner Meinung nach mit Fetch los war. Als sie sich also wieder beruhigt hatten, was Fetchs Nachricht anging, versprach Greg ihnen, dass er sie auf dem Laufenden halten würde und lieber erst noch ein paar Experimente durchführen wollte.

Schon ihr Ausflug zu dem verlassenen Restaurant war für sich genommen ein Experiment gewesen, und er war sich immer noch nicht sicher, was wirklich dabei herausgekommen war.

Es hatte damit begonnen, dass er eine Absicht geäußert, versucht hatte, etwas zu manifestieren. Einen Wunsch, der wahr werden sollte. Das wiederum hatte den Impuls nach sich gezogen, etwas zu unternehmen. Der Impuls hatte ihn zu dem Restaurant geführt, wo er auf Fetch gestoßen war. Aber was hatte Fetch am Ende mit dem Ganzen zu tun?

Er musste es herausfinden.

Greg beschloss, mit etwas zu beginnen, das klein und sehr speziell war.

Am nächsten Tag bekam er die Ergebnisse seines ersten Experiments. Im Kurs *Theoretische Wissenschaften* begann Mr. Jacoby, der heute in seinem kurzärmeligen blaukarierten Hemd unter einem Pollunder mit rot-blauen Rauten noch nerdiger aussah als sonst, seine Vorlesung mit den Worten: „Da wir jetzt das Nullpunktfeld verstanden haben, wollen wir uns damit beschäftigen, ob wir herausbekommen können, welche Bedeutung es für die reale Welt hat. Und dazu werden wir über Zufallsgeneratoren sprechen."

Wahnsinn!, dachte Greg.

„Ein Zufallsgenerator", erklärte Mr. Jacoby, „ist eine Maschine, die sozusagen eine Münze wirft. Natürlich nicht tatsächlich. Aber er ist eine Maschine, die Zufallsergebnisse produziert, genauso, als würden Sie eine Münze werfen und natürlich nicht betrügen." Mr. Jacoby grinste, dann fuhr er fort. „Anstatt Kopf oder Zahl erzeugen Zufallsgeneratoren einen positiven oder negativen Impuls, und dann wandeln sie diese Impulse in Einsen und Nullen um, was, wie Sie wissen, ein Binärcode ist, die Sprache der Computer. Sobald die Impulse in Binärcode umgesetzt sind, können sie abgespeichert und gezählt werden. Forscher haben Zufallsgeneratoren entwickelt, um herauszufinden, welchen Einfluss zielgerichtete Gedanken auf Ereignisse haben. Ergibt das Sinn?"

Greg nickte, und er bemerkte, dass Kimberly es ebenfalls tat.

„Fabelhaft." Mr. Jacoby klatschte in die Hände. „Mir ist es gelungen, einen kleinen Zufallsgenerator zu besorgen, und jetzt wollen wir damit jeweils zu zweit ein paar Experimente machen. Ich stelle die Partner zusammen."

Greg hielt den Atem an. *Wird es funktionieren?*

Er musste nicht lange warten, um das herauszufinden. Schon bald fiel sein Name. „Greg und Kimberly", verkündete Mr. Jacoby, „ihr arbeitet zusammen."

Anmutig drehte sich Kimberly auf ihrem Stuhl um, und ihr Haar schwang dabei um sie herum wie in einer Shampoo-Werbung. Sie lächelte Greg an, und er schmolz dahin. Er musste den Labortisch umklammern, um nicht vom Stuhl zu rutschen.

Sein Wunsch war Wirklichkeit geworden. Er hatte ihn manifestiert.

Greg grinste Kimberly an und winkte ihr so überschwänglich zu, dass ihr Lächeln ein wenig verblasste. Greg musste sich zwingen, sitzen zu bleiben. Er besaß genug Verstand, um zu wissen, wenn er jetzt noch einen kleinen Freudentanz aufführte, würde er sich für Jahre zum Gespött machen.

Mr. Jacoby veranstaltete ein großes Stühlerücken, bis alle Partner zusammensaßen. Er wies sie an, ihre Telefonnummern zu tauschen, weil sie in Kontakt bleiben sollten. Greg musste sich sehr konzentrieren, damit seine Hand nicht zitterte, als er Kimberly sein Telefon gab und ihres entgegennahm, das in einer hellvioletten Hülle steckte, um seine Nummer hineinzutippen. Nachdem sie einander die Telefone zurückgegeben hatten und Mr. Jacoby gerade den Versuchsaufbau erklärte, brummte Gregs Handy, und entsprechend den Schulregeln ignorierte er es. Erst als er draußen auf dem Flur war, nachdem Kimberly und er sich verabredet hatten, um den Versuch in Angriff zu nehmen, warf er einen Blick auf sein Telefon. Fetch hatte geschrieben.

Gratuliere

Am Abend konnte Greg gar nicht schnell genug nach Hause kommen, um seinem Tagebuch diesen Triumph anzuvertrauen. Leider hatte er am Morgen den Bus verpasst, und es war ihm nichts anderes übrig geblieben, als mit dem Fahrrad in die Schule zu fahren. Eigentlich war das kein Problem, aber jetzt kam der Wind aus Südost, und er kam nicht gegen die Böen an, die versuchten, ihn zurück zur Schule zu treiben. Irgendwann gab er es auf und schob sein Rad den Rest des Weges nach Hause. Er war so in Gedanken versunken, dass er den kleinen Mistköter, der nebenan wohnte, völlig vergaß.

Wie eine tollwütige bepelzte Rakete schoss das Biest mit Höchstgeschwindigkeit auf ihn zu. Er hüpfte vor Schreck fast bis zum Mars, als der Hund ihn mithilfe eines Gartentisches als Sprungschanze über den Zaun hinweg anfiel. „Scheiße!“ Er ließ sein Fahrrad los und den Rucksack fallen, packte den Hund, als der gerade gegen seine Brust prallte und versuchte, ihn in die Halsschlagader zu beißen. Was war bloß los mit dieser Töle? Instinktiv warf er das Tier zurück in den Garten.

Kaum war der Hund auf dem Boden gelandet, sprang er wieder auf, bellte und knurrte und warf sich gegen die Bretter des Zauns. Greg wartete nicht darauf, was er als Nächstes tun würde. Er griff sich sein Fahrrad und den Rucksack und rannte zu seinem Haus. Als er die Haustür hinter sich schloss, merkte er, dass er hyperventilierte. Er sank in der Pfütze, die sein tropfender Mantel verursachte, zu Boden und schrieb Hadi: ***Ein Höllenhund hat gerade versucht, mir die Kehle aufzuschlitzen. Hatte echt Angst.***

Alles okay?, erkundigte sich Hadi.

Ziemlich geschüttelt, aber nicht gerührt.

Hadi erwiderte: ***LOL.***

In dieser Nacht litt Greg unter Albträumen. Was nicht wirklich überraschte. Die ganze Zeit war er in der verlassenen Pizzeria und wurde abwechselnd von Fetch, einem gesichtslosen Mann und dem Hund von nebenan gejagt, während die Pflanzen in dem Restaurant so schnell wuchsen, dass er sich bald durch einen Dschungel kämpfen musste. Auf einer Bühne spuckte ein Zufallsgenerator so schnell Nullen und Einsen aus, dass man es mit bloßem Auge kaum noch erfassen konnte.

Schweißüberströmt wachte Greg auf. Bedeutete der Traum jetzt, dass es funktionierte … oder eben gerade nicht?

Er schüttelte sich einmal, dann spähte er durchs Fenster in den vom Wind waagerecht durch die Luft gepeitschten Regen. Noch mehr Wind? Offenbar hatte Dare recht, was die Winterstürme in diesem Jahr anging.

Schnell zog er sich etwas über, weil er für die Schule bereits spät dran war. Während er zur Tür lief, winkte er seiner Mutter zu, die gerade telefonierte. Seinen Dad, der konzentriert ein Tabellenblatt auf seinem Laptop betrachtete und dabei an seinem Kaffee nippte, überging er.

Greg warf seine Regenjacke über, schnappte sich den Rucksack, schlüpfte zur Tür hinaus und lief die Stufen hinunter. Und dort blieb er so abrupt stehen, dass er beinahe das Gleichgewicht verloren hätte und sich am Treppengeländer festhalten musste.

Er riss die Augen auf. Sein Puls schaltete schlagartig in den höchsten Gang, und sein Magen zog sich zusammen.

Das konnte nicht sein.

Er wandte sich ab, wankte zum nächsten Busch und übergab sich. Außer Wasser hatte er nichts im Magen, und das kam ihm auch gleich hoch, zusammen mit gelber Galle. Danach würgte er noch ein paar Mal trocken.

Schließlich sank er auf der untersten Stufe der Treppe zusammen und wischte sich den Mund ab. Seine Finger waren steif und kalt.

Er atmete ein paar Mal tief durch und zuckte zusammen,

als ihm der saure Geruch seines Erbrochenen in die Nase stieg und der Gestank von dem, das da neben seinem Fahrrad lag. Greg stand auf. Eigentlich wollte er das gar nicht, und seine Beine fühlten sich entsprechend schwach an, aber er musste irgendetwas unternehmen, bevor seine Eltern aus dem Haus kamen.

Er blickte sich um, als hoffe er, dass irgendjemand auftauchen und ihm helfen würde – was eigentlich das Letzte war, das er wollte –, während er sich den Kopf zermarterte, was er tun konnte. Nun ja, eigentlich wusste er, was er zu tun hatte.

Er musste es wegschaffen. Und das bedeutete, er musste es berühren.

Aber das würde er auf keinen Fall tun.

Er schlug sich mit der flachen Hand vor die Stirn. „Denk nach, du Idiot!"

Und diese Mahnung funktionierte. Er fischte die Schlüssel aus seiner Tasche und marschierte zum Gartenschuppen, der hinten am Haus stand. Zweimal fielen ihm die Schlüssel runter, bevor es ihm gelang, den richtigen ins Schloss zu stecken. Und als er endlich den Schuppen betrat und den schwarzen Müllsack fand, den er gesucht hatte, war er nass bis auf die Knochen.

Jetzt, da er endlich in Aktion war, bewegte er sich wie mit Lichtgeschwindigkeit. Er schlug die Schuppentür zu und verschloss sie wieder, ohne sich Gedanken um den Lärm zu machen, da der Wind und der Regen ohnehin alles übertönten. Dann rannte er zurück zu seinem Fahrrad.

Und wieder musste er sich dem zuwenden, was er eigentlich gar nicht sehen wollte. Und dieses Mal sah er ganz genau hin.

Der Nachbarshund lag tot neben dem hinteren Reifen von Gregs Fahrrad. Seine Kehle war aufgerissen, sein Bauch ausgeweidet, die Innereien auf dem Beton verteilt. Das Tier war steif, die Augen hatte es aufgerissen, anscheinend voller Entsetzen, vielleicht zum ersten und zum letzten Mal in seinem Leben. Greg zwang sich, die tödlichen Verletzungen des Hundes zu betrachten. Alles war genauso, wie sein Unterbewusstsein es ihm auf den ersten Blick gesagt hatte. Der Hund war nicht mit einem Messer oder irgendeinem anderen scharfen Gegenstand getötet worden. Er war grausam von Klauen und Zähnen zerrissen, von einem anderen Tier attackiert worden.

Greg würgte erneut. Während er durch den Mund atmete, zog er den Plastiksack auseinander und breitete ihn über den Hund. Dann zog er den Sack unter den Kadaver und benutzte die Plastikfolie ebenfalls, um die Innereien aufzusammeln. Schließlich trug er den Sack zu den Büschen zwischen seinem und dem Haus des Nachbarn und leerte ihn dort. Mit einem ekelhaften Klatschen fiel der tote Hund zu Boden.

Greg blickte zu seinem Haus, um sicherzugehen, dass seine Eltern nicht gerade aus dem Fenster sahen. Nein. Alles in Ordnung. Das Haus des Nachbarn hatte nur ein Stockwerk. Von dort konnte man nicht in den Garten sehen, und dieser Teil war auch von der Straße nicht einsehbar. Niemand beobachtete ihn. Auch wenn das, was er gerade tat, nicht unbedingt die beste aller Ideen war.

Aber es war die beste, die er im Moment hatte.

Wäre der Hund ein Mensch gewesen, würden die Gerichtsmediziner innerhalb einer Nanosekunde auf Greg kommen. Aber diese Leiche war ein Hund. Er ging nicht davon aus, dass es großartige Ermittlungen geben würde, wenn der Kadaver gefunden wurde. Alles wirkte so, als sei das kleine Miststück von einem Kojoten zerfleischt worden.

Aber das war es nicht.

Und so sehr Greg auch daran glauben wollte, wusste er doch, dass kein Kojote einen Hund töten und ihn dann neben seinem Fahrrad ablegen würde. Denn das Tier war mit Absicht dort positioniert worden. Obwohl ein wenig Blut neben Gregs Rad auf dem Beton zu erkennen war, passte seine Menge nicht zu den Verletzungen des Hundes. Er musste irgendwo anders getötet worden sein.

Nein, Kojoten hatten nichts mit dem Tod des Hundes zu tun.

Greg bemerkte, dass er immer noch wie angewurzelt neben dem Gebüsch stand. Er wickelte die Plastiktüte zusammen, ging zur Mülltonne, die unter seinem Haus stand, und stopfte sie zu den Küchenabfällen. Dann schloss er den Deckel wieder.

In diesem Moment brummte sein Telefon.

Wer es war, wollte er gar nicht wissen.

Aber es musste sein. Die Nachricht kam, wie Greg bereits geahnt hatte, von Fetch:

Gern geschehen

Greg starrte immer noch auf den Bildschirm, als eine weitere Nachricht eintraf, diesmal von Hadi: ***Wo bleibst du?***

Schon vor fünf Minuten hätte er Hadi abholen sollen, damit sie den Bus bekamen. Schnell schrieb er: ***Sorry. Bin spät.***

Dann sprang er auf sein Rad und strampelte durch den Regen, wobei er hoffte, dass der Rückenwind ihm helfen würde, bei Hadi zu sein, bevor der Bus kam.

Den ganzen Tag über achtete Greg nur wenig darauf, was um ihn herum geschah. Bei jeder Gelegenheit zog er sein Telefon aus der Tasche und scrollte durch seine Nachrichten, um alte zu löschen.

Die Spinne hatte ihn zutiefst erschreckt. Aber der Hund hatte alles übertroffen … Fetch hatte den Hund *getötet*, um Greg zu helfen. Welche „Hilfe" würde Fetch ihm noch anbieten? Greg brauchte nicht lange, um zu begreifen, dass Fetch alle möglichen hässlichen Dinge tun würde, um Gregs vermeintliche Wünsche zu erfüllen. Deswegen versuchte er nun, alte Nachrichten zu finden, in denen er vielleicht angedeutet hatte, dass er irgendetwas wollte oder brauchte.

Das Problem war allerdings, dass Fetch offensichtlich mehr tat, als nur auf Nachrichten oder Chats zuzugreifen. Fetch schien Gregs ganzes Leben zu belauschen. *Aber wie machte er das?*

Greg musste unbedingt mit Hadi und Cyril reden. Er brauchte ihre Hilfe.

Leider vergingen noch zwei weitere Tage, bevor es ihm gelang, Hadi und Cyril davon zu überzeugen, dass sie ihm dabei helfen würden, zu tun, was er tun musste. Erst nach der Schule würde er ihnen von dem Hund des Nachbarn erzählen können. Dass sie ausflippten, war vorherzusehen gewesen. Cyril wollte die ganze Sache in dem Moment wieder vergessen, als er sie hörte. Hadi dagegen wollte den Kadaver sehen. Also folgte er Greg nach Hause, und gemeinsam standen sie bald darauf im Regen und starrten auf den toten Hund, der nun nur noch ein Klumpen aus Eingeweiden und Fell war und einen grausigen Anblick bot.

„Ich möchte zurück in das Restaurant gehen", sagte Greg zu Hadi, sobald sie oben bei ihm im Zimmer waren.

Hadi starrte ihn an. „Danach ...", mit einer Hand deutete er in die Richtung, wo der tote Hund lag, „... willst du noch mal zurückgehen?"

„Also *wollen* ist nicht das richtige Wort. Aber ich muss es tun. Ich muss herausfinden, was los ist."

Hadi schüttelte den Kopf und meinte, er würde jetzt nach Hause gehen.

Doch Greg blieb hartnäckig. Gnadenlos verfolgte er Hadi und Cyril noch am selben Abend mit Nachrichten und am nächsten Morgen persönlich und am Nachmittag telefonisch, bis er sie überredet hatte, mit ihm in das Restaurant zurückzukehren. Nach Schulschluss steckten sie in der Eingangshalle die Köpfe zusammen, bevor sie durch den Regen zu ihrem Bus liefen.

„Heute Abend wird es immer noch regnen", verkündete Greg. „Dann sind weniger Leute unterwegs."

„Wenn du meinst", erwiderte Hadi.

„Wir werden sterben", sagte Cyril.

Greg lachte. „Wir werden nicht sterben."

Und warum schlug sein Magen dann Purzelbäume? Und warum war sein Herz in seinen Hals umgezogen?

An einem Mittwochabend war es ein wenig schwieriger, sich von ihren Familien loszueisen, doch es gelang ihnen, indem sie behaupteten, sie würden zusammen bei Greg Hausaufgaben machen. Seine Eltern waren wie üblich nicht zu Hause. Seine Mutter hatte einen Teilzeitjob am Empfang einer Jugendherberge übernommen. Er war sich nicht sicher, was sie da genau machte, aber er fragte sie auch nicht. Sein Vater arbeitete noch bis in den Abend an seinem neuesten Bauprojekt. „Ich hasse diese abschließenden Feinarbeiten", hatte er am Morgen geklagt. „Da werden die Kunden immer so pingelig."

Als sie das erste Mal dem Restaurant einen Besuch abgestattet hatten, waren Greg und seine Freunde nur mit einer Brechstange und mit Taschenlampen ausgerüstet gewesen. Diesmal nahmen sie auch große Küchenmesser mit, und Hadi steckte seinen Baseballschläger in den Rucksack.

Auch beim zweiten Mal war es einfach, in das Restaurant einzudringen ... eigentlich noch einfacher. Das Schloss der Hintertür, das sie aufgebrochen hatten, war weder repariert noch ausgewechselt worden. Sie brauchten die schwere Tür nur aufzuziehen und hindurchzuschlüpfen.

Sobald sie im Gebäude waren, knipsten sie ihre Taschenlampen an und leuchteten die Umgebung ab. Sie begannen mit dem Boden. Offensichtlich teilten sie alle denselben Gedanken. Sie suchten nach Fußspuren im Staub, der den rissigen blauen Linoleumboden bedeckte, die nicht ihre eigenen waren. Leider hatten sie bei ihrem ersten Besuch den Staub derart aufgewirbelt, dass man unmöglich mit Sicherheit sagen konnte, ob noch jemand anderes dort gewesen war.

„Haben wir eigentlich einen Plan?“, erkundigte sich Cyril, während sie hinaus in den Flur traten.

Greg fiel auf, dass sie alle drei schnell atmeten. Daher klang er auch atemlos, als er sagte: „Ich denke, zuerst sollten wir Fetch suchen.“

Schulter an Schulter gingen sie den Gang entlang. Diesmal war es im Gebäude viel ruhiger, weil der Regen, obwohl er beständig fiel, sehr weich war. Und es herrschte Nebel, was Geräusche zusätzlich dämpfte.

„Ich habe etwas über das Restaurant herausgefunden“, meinte Cyril. Seine Stimme klang zu laut und gezwungen.

„Und zwar?“, fragte Hadi.

„Es hat zu einer Pizzeriakette gehört, die … ihren Betrieb eingestellt hat, nachdem in einem der Läden etwas passiert war.“

„Und was ist passiert?“, wollte Greg wissen.

„Ich weiß es nicht. Es hat schon ziemlich lange gedauert, um überhaupt das herauszufinden, was ich entdeckt habe. Es war eine Meldung auf einem schwarzen Brett für Leute, die gern verlassene Orte erforschen.“ Abrupt blieb Hadi stehen. Der Lichtkegel seiner Taschenlampe zitterte auf dem Boden vor ihnen.

„Was ist?“, fragte Cyril.

Greg folgte dem Licht von Hadis Taschenlampe.

Cyril quiekte auf.

Greg konnte es ihm nicht verdenken.

Die Pfotenabdrücke eines Hundes kamen aus dem Speisesaal der Pizzeria und führten in die Lobby.

„Was zum …?“ Hadi hatte sich immer noch nicht von der Stelle gerührt.

„Du hast ihn tatsächlich eingeschaltet“, meinte Cyril zu Greg.

„Ja, klasse gemacht, Alter“, stellte Hadi sarkastisch fest.

Bevor Greg antworten konnte, ertönte hinter einer der geschlossenen Türen entlang des Flurs ein lautes Klappern.

Wieder quiekte Cyril auf. Hadi ließ seine Taschenlampe fallen.

„Wir müssen nachsehen, was in diesen Räumen ist“, sagte Greg.

Hadi hob seine Taschenlampe wieder auf und leuchtete damit in Gregs Gesicht. Greg kniff die Augen zusammen und wandte sich ab.

„Bist du verrückt geworden?“, fragte Hadi.

„Wahrscheinlich. Aber ich muss wissen, was hier los ist. Ich werde jedenfalls nachsehen. Ihr müsst ja nicht mitkommen, wenn ihr nicht wollt.“

„Ich will nicht“, erklärte Cyril sofort.

„Gut.“ Greg zog die Brechstange aus seinem Rucksack, betrachtete das Messer und begriff, dass er nicht genug Hände zur Verfügung hatte, um eine Brechstange, ein Messer und seine Taschenlampe zu halten. Also packte er die Brechstange und die Taschenlampe und ging fünf Schritte zur nächsten geschlossenen Tür. Dort fiel ihm ein kleines Schild auf, das er beim letzten Mal übersehen hatte. Darauf stand *Schaltraum*.

Er schob sich die Brechstange unter den Arm und griff nach dem Türknauf.

Hadi erschien an seiner Seite. „Ich kann dich da nicht allein reingehen lassen, Alter.“ Aus seinem Rucksack zauberte er den Baseballschläger hervor und umfasste ihn fest.

Cyril kam ebenfalls herüber. „Allein warte ich nicht hier draußen!“

„Danke“, meinte Greg.

Er drehte den Knauf, holte einmal tief Luft und stieß die Tür auf. Schnell griff er wieder nach der Brechstange.

Die Lichtkegel aller drei Taschenlampen durchschnitten die staubige Schwärze und beleuchteten eine Reihe alter Computermonitore, Tastaturen und Schaltpulte voller Drehregler und Schalter. Sonst befand sich nichts in dem Raum.

„Keine Ahnung, was diesen Lärm verursacht haben könnte“, meinte Hadi.

Greg nickte. „Sehen wir im nächsten Raum nach.“

„Warte.“ Hadi ging zu der Tastatur, die ihm am nächsten war, und tippte etwas in die Tasten. Dann verstellte er ein paar Drehregler auf den Schalttafeln. Nichts geschah. Er zuckte die Achseln. „Ich musste es einfach mal probieren.“

Auch Cyril fasste Mut und kam in den Raum. Er betätigte ebenfalls ein paar Knöpfe. Immer noch geschah nichts.

Greg trat wieder auf den Flur und ging zur nächsten geschlossenen Tür. Wie er vermutet hatte, folgten ihm seine Freunde.

An dieser Tür stand *Wachdienst*, und der Raum dahinter sah genauso aus wie der erste. Es gab noch mehr alte Computermonitore, die den Jungs leer entgegenstarrten. Keiner davon funktionierte.

Eine letzte geschlossene Tür gab es noch. Auf ihr stand *Lager*.

„Von hier muss das Geräusch gekommen sein“, meinte

Greg. Er griff nach dem Türknauf. Aber Cyril packte seinen Arm. „Warte!“

Greg sah Cyril an.

„Du hast uns nie gesagt, was du hier eigentlich willst. Warum sind wir hier?“

„Genau“, stimmte Hadi zu. „Du hast immer nur gesagt, du müsstest es dir ansehen. Was denn sehen? Fetch? Was willst du tun, wenn du ihn siehst? Ihn verhören? Mal vernünftig mit ihm reden? Alter, er ist eine Maschine.“

„Ja“, meinte Cyril, „und als wir ihn hier zurückgelassen haben, war er nicht da drin.“ Er deutete auf die Tür.

Greg wusste nicht, wie er erklären sollte, dass er unbedingt dort hingewollt hatte. „Ich muss einfach wissen, ob sonst noch jemand hier war und uns vielleicht einen Streich spielt. Wenn tatsächlich Fetch dahintersteckt, will ich wissen, wie das funktioniert.“

Warum er unbedingt in dem Raum nachsehen wollte, erklärte er nicht. Noch bevor seine beiden Freunde erneut protestieren konnten, öffnete er die Tür.

Sofort taumelte er zurück. Cyril schrie. Hadi schnappte nach Luft.

Im Licht ihrer Taschenlampen starten vier lebensgroße animatronische Figuren den Jungs entgegen. Sie waren mindestens fünfmal so groß wie Fetch, der ungefähr die Größe eines Beagles hatte.

Greg fing sich als Erster. Er ließ den Lichtkegel seiner Taschenlampe durch den Raum gleiten. Jedes Mal, wenn das Licht irgendetwas erfasste, stockte Greg der Atem. In dem Raum befanden sich nicht nur die vier Figuren. Er war voller animatronischer Teile und Kostüme.

Dutzende von blinden Augen starrten sie im Licht der Taschenlampen an. Zumindest hoffte Greg, dass sie nichts sehen konnten.

Seine Freunde hatten nichts mehr gesagt, seit sie die Tür geöffnet hatten. Plötzlich erfüllte ein tiefes Summen den Raum. Die Lichtkegel der Jungs huschten über die Wände und suchten nach der Quelle.

Eine der animatronischen Figuren schien ihr Bein zu bewegen, und dann schoss irgendetwas Kleines, Dunkles, Pelziges dahinter hervor, raste auf die Jungs zu, bellte sie an und stürmte dann durch die Tür hinaus. Noch bevor sie mehr tun konnten, als einmal nach Luft zu schnappen, war das Etwas schon wieder verschwunden.

Cyril quiekte und stürzte aus dem Raum. Greg und Hadi folgten ihm auf dem Fuße.

In diesem Moment dachte niemand mehr groß nach.

Es war Fetch gewesen, der auf sie zugesprungen war. Oder doch nicht?

Er musste es gewesen sein.

Obwohl Hadi oder Greg diesen Fetch – oder was immer das kleine Ding gewesen war – mit dem Baseballschläger oder der Brechstange durchaus hätten erwischen können, war dieser Gedanke Greg nicht einmal gekommen. Und Hadi offensichtlich auch nicht. Sie hatten beide nur einen einzigen Gedanken: *Weg hier!*

Während sie den Flur entlang in Richtung Ausgang stürmten, versuchte Greg, das Knurren und die Krallen, die ihnen hörbar auf dem harten Boden folgten, auszublenden. Und er wollte auch nicht tiefer ergründen, wie Fetch … *Nein! Gar nicht drüber nachdenken.*

Raus, raus, raus! Einen anderen Plan gab es in diesem Moment nicht.

Sie brauchten nur Sekunden, um die Hintertür zu erreichen und sich hindurchzuquetschen. Allen voran Cyril und Greg als Letzter. Kniff ihn da noch irgendetwas in die Ferse, bevor er seinen Fuß durch die Tür zog und sie zuschlug?

Darüber wollte er auch nicht nachdenken.

Ohne ein weiteres Wort zu wechseln griffen die Jungs sich ihre Räder, doch in dem Moment ertönte hinter ihnen ein Jaulen, und sie hielten inne. Mit zitternder Hand richtete Greg das Licht seiner Taschenlampe auf die Pizzeria.

Ein nasser, streunender Hund trottete auf sie zu, aber als Cyril vor Angst aufschrie, floh das Tier zwischen die Bäume, die das verlassene Gebäude umstanden.

„Das war nicht Fetch.“ Greg ließ sein Fahrrad los.

„Ist mir egal“, erwiderte Cyril.

„Mir nicht“, erwiderte Greg. „Ich will Fetch finden und herausbekommen, wie er das macht. Ich gehe wieder rein.“

„Ich fahre nach Haus“, erklärte Cyril.

Hadi blickte von Greg zu Cyril und wieder von Cyril zu Greg. Greg zuckte die Achseln – wenn auch ein wenig zittrig – und machte sich auf den Weg in Richtung Pizzeria.

„Du kannst da nicht allein reingehen.“ Hadi ließ sein Fahrrad ebenfalls los und folgte Greg. Er blickte Cyril an. „Der echte Hund hat den Lärm gemacht, den wir gehört haben, und die Spuren sind wahrscheinlich auch von ihm.“

Cyril schlang die Arme um seinen Oberkörper, dann seufzte er: „Wenn ich sterbe, kehre ich zurück und töte euch beide.“

„Das ist nur fair“, meinte Greg.

Wieder betraten die Jungs die Pizzeria. Sie blieben dicht beieinander, als sie den Flur entlangliefen, und schlossen im Vorbeigehen die Tür zum Lager. Ohne ein Wort zu sprechen liefen sie weiter in den Speisesaal.

Die Lichtkegel ihrer Taschenlampen glitten wie Scheinwerfer hierhin und dorthin, während sie quer durch den Raum zum Tresen mit den Preisen gingen. Sie hatten ihn noch nicht erreicht, als sie alle drei innehielten.

Sie brauchten nicht näher heranzugehen, um zu erkennen, weswegen sie eigentlich gekommen waren.

Fetch war nicht mehr auf dem Tresen.

Greg richtete seine Taschenlampe nach unten und leuchtete den Boden rings um den Tresen ab.

Kein Fetch.

„Vielleicht ist er hinter den Tresen gefallen", meinte Hadi, klang aber selbst nicht besonders überzeugt von seiner Theorie.

„Vielleicht."

Da sich keiner seiner Freunde von der Stelle rührte, holte Greg einmal tief Luft und trat vor. „Sagt Bescheid, wenn ihr irgendetwas seht", sagte er zu seinen Freunden.

„Wir geben dir Rückendeckung", versprach Hadi.

Greg war sich da nicht so sicher, aber er musste wissen, ob Fetch dort war. Ohne auf den Schweiß zu achten, der ihm zwischen den Schulterblättern hindurch über den Rücken rann, schlich Greg auf Zehenspitzen um den Tresen herum.

„Alter", sagte Hadi, „meinst du nicht, er hätte uns inzwischen längst gehört?"

Greg zuckte zusammen. Gutes Argument. Er lachte, aber

es klang mehr wie ein Krächzen. Also lief er auf die Rückseite des Tresens zu und leuchtete dort alles ab.

Fetch war nicht da.

Greg drehte sich um und blickte seine Freunde an. „Fetch ist weg."

„Und was willst du jetzt machen?", fragte Cyril.

„Ich … bin mir nicht sicher", gestand Greg.

Hadi, der ewige Optimist, hatte einen Vorschlag. „Wie wäre es, wenn du ihm schreibst, dass er aufhören soll? Oder dich in Ruhe lassen? Er muss auf dich hören. So ist er doch programmiert, oder nicht."

„Hab ich versucht." Greg seufzte. „Hat nicht funktioniert."

„Könntest du ihm nicht eine unlösbare Aufgabe geben?", schlug Cyril vor. „Irgendwas, das ihn auf ewig beschäftigt?"

„Was zum Beispiel?"

„Keine Ahnung, ich versuche nur eine einfache …"

„Es gibt keine einfache Lösung", fuhr Greg ihn an. „Ich brauche einfach … Zeit zum Nachdenken."

Wie ein Mann verließen die Jungs das Gebäude auf dem gleichen Weg, auf dem sie hereingekommen war. Keiner von ihnen schlug vor, sich noch weiter umzusehen. Nicht einmal Greg. Und keiner von ihnen sprach ein einziges Wort. Sie gingen einfach wieder nach draußen, stiegen auf ihre Räder und fuhren mit festem Tritt in den Nebel, der inzwischen so dicht war, dass das Restaurant darin verschwand. Schweigend rollten sie nebeneinander her, nur der prasselnde Regen, das Geräusch der Reifen auf dem nassen Beton und ihr keuchender Atem durchbrachen die Stille.

Selbst an der Ecke, an der sie normalerweise hielten, um sich zu verabschieden, bevor jeder zu seinem eigenen Haus radelte, verlangsamte keiner von ihnen das Tempo. Sie wollten alle nur noch nach Hause. Greg verstand das. Sie waren noch nicht bereit, darüber zu reden, was gerade geschehen war.

Greg bedauerte es nicht, dass seine Eltern noch nicht wieder zurück waren, als er nach Hause kam. Vielmehr war er erleichtert, dass sie ihn nicht sahen. Als er sich im Badezimmerspiegel betrachtete, war er so bleich, dass seine Gesichtszüge in seinem weißen Gesicht fast verschwanden.

Eine lange, heiße Dusche brachte wieder Farbe in seine Haut und klare Gedanken in seinen Kopf.

Wo war Fetch?

Obgleich er wusste, dass Fetch das Restaurant verlassen haben musste, um die Spinne auszugraben und den Hund des Nachbarn zu töten, hatte Greg sich eingeredet, dass Fetch zurück in die Pizzeria gelaufen war, nachdem er seine Aufgaben erfüllt hatte. Der Gedanke, dass er irgendwo dort draußen war, lauernd …

Gregs Nackenhaare stellten sich auf. Plötzlich fiel ihm sein Telefon ein, und er starrte auf die grüne Jogginghose, die er auf dem Boden hatte liegen lassen. Sein Handy steckte in einer der Taschen.

Er holte tief Luft, beugte sich hinunter, zog das Telefon hervor und sah nach, ob er irgendwelche Nachrichten versäumt hatte.

Natürlich. Da war Fetchs letzte Nachricht:

Hoffe, wir sehen uns bald.

„Klar, ich aber nicht“, murmelte Greg.

Greg gestattete es sich einfach nicht, all die Fragen zu formulieren, die nach ihrer letzten Begegnung mit Fetch eigentlich auf der Hand lagen. Stattdessen beschloss er, sich zur Abwechslung mal auf die Schule zu konzentrieren, insbesondere auf Spanisch. Wenn er seine Spanischaufgaben nicht in den Griff bekam, würde er durch die Prüfung rasseln. Deswegen schrieb er am Sonntagmorgen Manuel und fragte ihn, ob er Zeit hätte, ihm zu helfen. Manuel antwortete nicht.

Greg zuckte die Achseln. Okay, also würde er sich allein durch die Aufgaben kämpfen müssen. Er öffnete sein Spanisch-Arbeitsbuch und griff nach seinem Bleistift.

Dann brach er den Bleistift aus Versehen entzwei, als er begriff, was er gerade getan hatte.

„Oh nein!", rief Greg und sprang auf. Er musste …

„Scheiße!" Er hatte keine Ahnung, was er jetzt tun sollte.

Greg griff nach seinem Telefon und rief Cyril an.

„Ich gehe nicht dahin zurück", erklärte Cyril anstatt einer Begrüßung.

„Deswegen rufe ich nicht an. Weißt du, wo Manuel wohnt?"

„Klar. Ungefähr eine halbe Meile von mir die Straße runter. So haben wir uns kennengelernt." Er gab Greg die Adresse. „Wozu brauchst du …?"

„Ich muss auflegen. Sorry. Ich erkläre es später." Greg stieß das Telefon in seine Tasche und rannte aus dem Haus. Er schnappte sich sein Fahrrad, kümmerte sich nicht weiter um den beständigen Nieselregen und trat so fest, wie er konnte, in die Pedale.

Greg fiel vor Entsetzen fast um, als er Manuels Haus erreichte und sah, dass die Eingangstür weit offen stand. Kam er zu spät?

Gleich nachdem er Manuel geschrieben hatte, war ihm schlagartig klar geworden, dass Fetch seine Nachricht als Aufforderung verstehen konnte, Manuel zu holen. Wenn man bedachte, was Fetch mit dem Hund des Nachbarn gemacht hatte, fürchtete Greg, Fetch könnte Manuel dafür bestrafen wollen, dass er nicht erreichbar gewesen war, um Greg zu helfen. Oder schlimmer noch, Fetch könnte Manuel töten und seine Leiche zu Gregs Haus schleppen. Niemand wusste, wozu die animatronische Bestie noch fähig war.

Greg ließ sein Rad an der Auffahrt fallen, lief zu der weit offen stehenden Eingangstür und spähte in den gefliesten Eingangsbereich des kleinen einstöckigen Hauses. Als er matschige Pfotenabdrücke auf den grauen Quadraten sah, brach ihm der kalte Schweiß aus.

„Manuel?“, rief er und trat einen Schritt ins Haus.

„¿Que pasa?“, ertönte eine Stimme hinter Greg.

Ein Hund bellte.

Greg fuhr herum. Manuel und ein gelber Labrador standen in einer Ecke des Vorgartens. Der Hund hatte einen roten Ball im Maul, und seine Pfoten waren voller Matsch.

Gregs Herz, das einen Geschwindigkeitsrekord hatte aufstellen wollen, begann wieder ruhiger zu schlagen. „Hey Manuel.“

„Hi Greg.“ Manuels Lächeln war freundlich, aber er wirkte verwirrt.

Kein Wunder. Wie sollte Greg ihm erklären, dass er hier war?

„Äh … ich habe dir eine Nachricht geschickt, aber du hast nicht geantwortet. Ich wollte sowieso eine Runde mit dem Rad fahren, deswegen dachte ich, ich schau mal vorbei … Cyril hat mir gesagt, dass du in seiner Straße wohnst. Ich wollte fragen, ob du vielleicht Zeit hast, mir bei Spanisch zu helfen."

Manuels Verwirrung schwand. „Klar. Tut mir leid wegen der Nachricht. Ich habe mein Telefon im Haus gelassen. Ich kann es gleich machen, wenn Oro uns lässt." Der Hund neben ihm bellte.

Greg, der unglaublich erleichtert war, dass die Gefahr, die er vermutet hatte, gar nicht existierte, grinste den Hund an. „Hi Oro. Möchtest du, dass ich den Ball für dich werfe?"

Oro wedelte mit dem Schwanz, rührte sich aber nicht von der Stelle.

Manuel lachte. „Er spricht nur Spanisch. Sag: ‚Tráeme la pelota.'"

Greg wiederholte das Kommando.

Oro brachte ihm den Ball.

Greg lachte. „Vielleicht brauche ich deine Hilfe gar nicht. Vielleicht kann Oro mir helfen."

Auch Manuel lachte, und in der nächsten Stunde vergaß Greg Fetch vollkommen, während er mit Oro spielte und sein Spanisch verbesserte.

Der Rest des Wochenendes verging, ohne dass irgendetwas Verstörendes geschah, und als der Montag kam, war Greg bester Laune. Er freute sich über seinen jüngsten Triumph, Kimberly im Labor als Partnerin zu bekommen. Er hatte genau das zu manifestieren versucht, und es hatte funktioniert. Und nachdem seine letzte unbeabsichtigte Anforderung bei Fetch nicht geliefert zu werden schien, sah es aus, als würde Greg tatsächlich allmählich lernen, wie man das Nullpunktfeld nutzte. Volltreffer!

Am nächsten Tag nach der Schule trafen Greg und Kimberly sich das erste Mal im Labor. Jedes Team durfte den Zufallsgenerator, den Mr. Jacoby für ihre Experimente besorgt hatte, eine bestimmte Zeit lang nutzen. Greg und Kimberly waren als Zweite dran.

Ihre Aufgabe war, die Nullen und Einsen, die von der Maschine ausgeworfen wurden, mit Gedankenkraft zu steuern. Beide sollten sich jeweils zehn Minuten lang entweder auf die Nullen oder die Einsen konzentrieren. Greg entschied sich für die Nullen, und Kimberly nahm die Einsen. Sie sollten ihre Ergebnisse aufzeichnen und dann einen Aufsatz über einen Aspekt der Forschung mit Zufallsgeneratoren schreiben und in welcher Weise dies die Gesellschaft beeinflusste. Greg hatte gedacht, dass er sich ein Thema würde ausdenken müssen, aber Kimberly war schneller gewesen als er.

Nachdem sie den Zufallsgenerator ausprobiert hatten, saß Kimberly im Schneidersitz auf dem Boden, und er auf einem Stuhl. Sie sagte: „Ich habe eine Idee für den Aufsatz." Sie zog ihr Telefon hervor und tippte darauf herum. Greg starrte auf ihre Hände. Sie hatte die hübschesten Hände, die man sich vorstellen konnte. Heute waren ihre Nägel hellblau. Sie passten zu dem engen blauen Pullover, den sie trug. Er versuchte, nicht hinzustarren …

„Hörst du mir zu?"

„Sorry. Was?“

Obwohl Greg Kimberly seit sieben Jahren kannte, war er ziemlich sicher, dass er nie mehr als zwei Worte auf einmal mit ihr gewechselt hatte. Wann immer er die Möglichkeit gehabt hatte, mit ihr zu sprechen, war sein Hirn in seine Beine abgeflossen und hatte sich in seinen Schuhen gesammelt. Jetzt war sie seine Partnerin, aber wie sollte er vernünftig mit ihr reden?

„Ich hab gesagt, ich dachte, wir könnten darüber schreiben, wie Zufallsgeneratoren große Katastrophen beeinflussen.“

Wow. Sie wusste es?

Wenn er sie nicht schon geliebt hätte, jetzt tat er es ganz bestimmt.

„Ja“, stimmte er zu. „Das ist perfekt.“

„Du weißt davon?“ Sie blickte zu ihm auf.

Greg saß immer noch auf seinem Stuhl, aber jetzt glitt er hinunter zu ihr auf den beigefarben gefliesten Boden, damit er sie besser sehen konnte. Begeistert von ihrer Idee vergaß er, nervös zu sein. „Ja. Ich verfolge schon seit Jahren, wie man Zufallsgeneratoren einsetzt, um die Macht der Gedanken zu erforschen.“

„Das ist Gucci!“ Kimberly schenkte ihm eines ihrer strahlenden Lächeln.

Er grinste sie an wie ein Idiot.

Er war so angetan von ihrem Aufsatzthema, es grämte ihn gar nicht mehr, dass Kimberly mehr Erfolg mit dem Zufallsgenerator gehabt hatte als er. Egal, wie sehr er sich konzentriert hatte, die Ergebnisse der Maschine lagen bei ihm nur knapp über den Normalwerten.

„Ich habe versucht, mit meinen Eltern darüber zu reden“, sagte Kimberly. „Eigentlich sind sie ziemlich offen, aber Mom hat gemeint, das sei zu weit hergeholt, und Dad hat gesagt, die Generatoren würden wahrscheinlich so eingestellt, dass sie die Ergebnisse liefern, die die Leute haben wollen. Aber das sind sie nicht!“ Kimberly beugte sich vor, ihre Augen strahlten.

Greg konnte nicht glauben, dass sie genauso interessiert an diesem Thema war wie er. „Ich weiß“, erwiderte Greg und beugte sich ebenfalls vor.

„Wusstest du, dass es vor großen Sportereignissen Ausschläge gibt?“

Er zögerte nur eine Sekunde, bevor er sagte: „Hast du schon mal von Cleve Backster gehört?“

Kimberly blinzelte. „Nein. Wer ist das?“

„Er war Verhörspezialist bei der CIA, und er unterrichtet, wie man Lügendetektoren einsetzt.“

„Okay.“ Kimberly stützte die Ellbogen auf die Knie und konzentrierte sich ganz offensichtlich darauf, was er ihr erzählte.

Er konnte kaum glauben, dass er tatsächlich ihre volle Aufmerksamkeit besaß. Er gab sich Mühe, nicht von ihrem Pfirsich-Parfum abgelenkt zu werden.

„Also was ist mit ihm?“, fragte Kimberly.

Greg räusperte sich. „Er hat den Lügendetektor für Versuche mit Pflanzen benutzt und entdeckt, dass sie unsere Gedanken spüren können.“

„Meine Mutter singt immer für ihre Pflanzen, weil sie meint, dass sie dann schneller wachsen.“

Greg nickte. „Das tun sie wahrscheinlich auch.“

„Deswegen hat es mich überrascht, dass meine Mom nicht an die Sache mit dem Zufallsgenerator geglaubt hat."

„Ich denke, es erschreckt die Leute einfach", meinte Greg.

Kimberly nickte. „Und gibt es noch mehr zu berichten von diesem Typ mit dem Lügendetektor?"

„Ja. Backster hat damit experimentiert, wie die Pflanzen reagieren. Er hat zum Beispiel eine Pflanze angesengt, und er bekam eine Reaktion, aber nicht nur von der verbrannten Pflanze. Andere Pflanzen in der Nähe haben auch reagiert! Und dann hat er nur daran *gedacht*, die Pflanzen zu versengen, und in derselben Sekunde hat der Lügendetektor bei allen Pflanzen eine Reaktion aufgezeichnet. Als hätten die Pflanzen seine Gedanken gelesen."

„Wahnsinn!"

Greg nickte so heftig, dass er sich wie ein Wackeldackel vorkam. „Ja, ich weiß!" Er grinste. „Die meisten Leute haben Backster nicht geglaubt, als er seine Ergebnisse veröffentlicht hat. Aber er hat weiter experimentiert, nicht nur mit Pflanzen, sondern auch mit menschlichen Zellen, und er hat bewiesen, dass Zellen Gedanken spüren können. Sie haben ein Bewusstsein."

Kimberly wickelte sich eine Locke ihres schimmernden Haars um den Zeigefinger. „Wenn Zellen ein Bewusstsein haben, warum ist es dann so schwer, sich vorzustellen, dass unsere Gedanken eine Maschine beeinflussen können?"

„Ganz genau!"

„Das sollten wir in unserem Aufsatz erwähnen", meinte Kimberly. „Das ist interessant."

„Ja. Ich fand das so cool, dass ich selbst ein paar Experimente gemacht habe. Mein Onkel hat mir einen Lügendetektor besorgt, und ich habe ein paar Sachen mit meinen Pflanzen probiert. Es hat tatsächlich funktioniert. Sie wissen, was ich denke … also zumindest einfache Dinge."

„Wow!"

„Ja. Ich habe auch noch andere Sachen ausprobiert." Greg zögerte. Sollte er es ihr erzählen?

„Und was?", wollte sie wissen.

Greg nagte an seiner Unterlippe. *Ach, warum nicht?* Er rutschte näher an sie heran und senkte die Stimme. „Erinnerst du dich noch, was Mr. Jacoby über das Nullpunktfeld gesagt hat? Dass es bedeutet, dass alle Materie im Universum durch subatomare Wellen miteinander verbunden ist?"

„Ja, klar."

„Also, ich habe im Sommer viel über dieses Feld gelesen, das war wirklich spannend. Forscher sagen, dass man mit diesem Feld vieles erklären kann, was vorher völlig unerklärlich schien, Sachen wie das Chi und Telepathie und andere übersinnliche Fähigkeiten."

„Ich habe eine Cousine, die hellsichtig ist", meinte Kimberly. „Sie weiß immer vorher, wann wir in der Schule einen Test schreiben." Kimberly lachte. „Ich wollte, dass sie mir beibringt, wie man das macht."

Greg grinste. „Dann wirst du es verstehen."

„Was verstehen?"

„Mein Leben ist wirklich nicht schlecht, aber es gibt so viele Dinge, die ich hasse. Wie meinen Dad zum Beispiel und … Ach, eben noch andere Sachen. Deswegen dachte ich mir, ich könnte doch lernen, wie man das Feld benutzt, weißt du? Wie man mit ihm kommuniziert. Ihm sagen, was ich mir wünsche und es dazu bringen, dass es mir sagt, was ich tun soll. Deswegen habe ich mit meinen Pflanzen geübt, um herauszufinden, ob sie auf meine Bestellungen reagieren, und dann hab ich mich einfach auf Dinge konzentriert, die mir wichtig waren, weil ich sehen wollte, ob ich …"

„Hinweise bekomme?"

„Ja."

Kimberly nickte langsam. „Ich verstehe, was du da versuchst." Sie zog ihre perfekte Nase kraus. „Das Problem ist nur …", sie zuckte die Achseln, „… ich frage mich, wenn wir versuchen, das Feld zu nutzen, ob nicht genauso gut ein Affe versuchen könnte, ein Flugzeug zu fliegen. Er wird abstürzen und verbrennen, bevor er herausfindet, wie das geht."

Greg versuchte sich nicht anmerken zu lassen, dass ihre Worte sich für ihn anfühlten wie ein Tritt in die Magengrube. Doch offensichtlich merkte sie es. „Nicht, dass du ein Affe bist. Ich meine nur, dass diese ganze Geschichte mit den Quanten ziemlich harter Tobak ist. Mich interessiert das auch und ich habe versucht, etwas darüber zu lesen, aber ich kapiere es nicht. Nicht wirklich."

„Hey!" Trent White platzte in den Raum. „Knutscht ihr beide hier rum?"

Kimberly wurde knallrot.

„Halt die Klappe, Trent", entgegnete Greg.

„Halt sie selbst. Eure Zeit ist um. Wir sind dran." Trent deutete auf seinen Partner für dieses Projekt, Rory, ebenfalls eine Sportskanone wie er.

Greg konnte immer noch nicht glauben, dass sie im Fortgeschrittenenkurs für *Theoretische Wissenschaften* saßen.

„Wir sind fertig." Kimberly rappelte sich auf.

Gemeinsam mit Greg verließ sie den Raum. „Wir treffen uns am Wochenende. Dann reden wir weiter über den Aufsatz", schlug sie vor.

„Gern."

Als Greg nach der Schule nach Hause kam, schrieb er Hadi und Cyril und bat sie herüberzukommen.

Während er wartete, las er die neueste Nachricht von Fetch:

Zu leicht

„Was denn?", antwortete Greg.

Alles

„Alles was?", erkundigte sich Greg.

Alle Info

Was meinte Fetch damit? Redete er von Gregs Gespräch mit Kimberly? Wollte er sagen, dass Greg das Nullpunktfeld zu einfach darstellte? Und warum interessierte sich Greg überhaupt für die Meinung von einem animatronischen Hund?

Er beschloss, Fetch zu ignorieren, doch dann schrieb der:

Ich auch Zufallsgenerator

Und er schickte den Link zu einer Webseite, die kleine Zufallsgeneratoren verkaufte.

Greg verstand nicht, was Fetch mit „ich auch" meinte. Wollte er damit sagen, dass er auch einen Zufallsgenerator haben wollte? Oder meinte er, dass er selbst so ein Generator war? Oder ganz ähnlich funktionierte?

Greg runzelte die Stirn und schrieb zurück: ***Thx***. Er dachte, es war wahrscheinlich besser, es sich nicht mit Fetch zu verderben.

Hadi und Cyril brachten Pizza mit, als sie kamen. Überraschenderweise waren Gregs Eltern zu Hause, doch sie waren in irgendeine Diskussion vertieft und beide einverstanden, als Greg fragte, ob seine Freunde herüberkommen durften.

Die ersten fünfzehn Minuten verbrachten die Jungs damit, die Pizza hinunterzuschlingen und mit Cola nachzuspülen. Als Hadi laut rülpste, beschloss Greg, dass es Zeit war.

„Wir müssen darüber reden, was neulich Abend passiert ist."

„Müssen wir das wirklich?", fragte Cyril.

„Ja", erwiderte Greg. „Fetch ist irgendwo da draußen!"

„Jetzt benimmst du dich aber echt wie ein Idiot", meinte Hadi. „*Das* macht dir Sorgen? Dass er irgendwo da draußen ist? Ja, er ist da draußen. Ganz sicher sogar. Fetch ist eine animatronische Maschine, und du hast es irgendwie hinbekommen, ihn anzuschalten. Aber was ist damit, dass Fetch für dich eine Spinne ausgegraben und einen Hund *getötet* hat?"

„Ja, das lässt sich nicht leugnen", stimmte Greg ihm zu.

„Ich glaube, wir sollten ihn vernichten", meinte Hadi.

„Ich glaube, wir sollten uns von ihm fernhalten", entgegnete Cyril.

„Schon, aber wird Fetch sich auch von *uns* fernhalten?", gab Greg zu bedenken.

Hadi warf ihm einen ärgerlichen Blick zu. „Du bist derjenige, der ihn aktiviert hat."

Greg hob die Hände. „Ich hatte doch keine Ahnung, was ich da tue!"

„Darüber solltest du aber noch mal genau nachdenken", meinte Hadi. „Du bist hier derjenige mit Hirnschmalz."

„Genau", stimmte Cyril zu.

„Ihr klingt, als wärt ihr sauer auf mich", warf Greg seinen Freunden vor.

Cyril betrachtete angestrengt seine winzigen Füße.

Hadi meinte: „Nun ja ..."

„Ihr seid sauer auf mich! Was hab ich denn getan?"

„Du wolltest da ja unbedingt hin", sagte Cyril.

Greg öffnete den Mund, dann schloss er ihn wieder. Er stand auf. „Gut. Ihr zwei könnt nach Hause gehen. Ich kümmere mich darum."

Hadi und Cyril starrten ihn an, dann warfen sie einander einen Blick zu. „Wie du willst, Alter", meinte Hadi. „Komm." Er stand auf und bedeutete Cyril, ihm zu folgen.

Eine Stunde später lag Greg in einer abgewetzten Jogginghose und einem alten T-Shirt in der Dunkelheit auf dem Bett, starrte an die Decke. Schließlich sagte er: „Ich brauche Geld."

Wenn er Geld hätte, mehr Geld jedenfalls, als er mit Babysitten verdienen konnte, würde er sich alles besorgen können, was er für seine Experimente brauchte. Dann könnte er seine eigene Versuchsanordnung aufbauen. Dann würde er herausfinden, was er mit Fetch machen musste.

Greg griff nach seinem Telefon. Im Laufe des Sommers

hatte er einen Artikel über einen dreizehn Jahre alten Erfinder gelesen, der von zu Hause ein Geschäft gestartet hatte und Unmengen Profit machte. Greg war vierzehn, und er war schlau. Warum sollte er nicht auch ein Geschäft aufmachen? Also tippte er ins Telefon: *Wie man schnell Geld verdient.*

Die nächste Stunde verbrachte er damit, sich lauter Seiten zum Thema „schnelles Geld von zu Hause“ anzusehen. Doch bald war er frustriert, verwirrt und müde. Also machte er sich fürs Bett fertig. Kurz bevor er sich hinlegte, griff er noch einmal zu seinem Telefon und schickte Dare eine Nachricht: ***Kannst du mir beibringen, wie man Geld verdient?***

Dare antwortete nicht. Greg vermutete, dass er wahrscheinlich schlief. Normalerweise ging Dare früher ins Bett als Greg.

Noch bevor er das Licht ausmachte, brummte sein Telefon. Es war eine Nachricht von Fetch.

SGUTWS

„Träum du auch was Schönes“, antwortete Greg und ignorierte den kalten Schauer, der ihm über den Rücken lief.

Er runzelte die Stirn. Irgendetwas störte ihn, doch er war sich nicht sicher, was. Er war so müde, dass er nicht mehr klar denken, nicht mehr die Augen offen halten konnte. Also gab er seiner Erschöpfung nach und war im selben Moment eingeschlafen.

Als Greg aufwachte, war es draußen immer noch dunkel. Er fuhr auf und blinzelte heftig, um einen klaren Gedanken zu fassen. Seine letzte Nachricht! Was hatte er sich nur dabei gedacht?

„Idiot!“ Greg griff nach seinem Telefon und löschte seine Nachricht an Dare.

Dann rief er Dare an. Niemand antwortete.

Er suchte Dares Festnetznummer heraus und rief sie an. Selbst wenn Dare schlief, würde das Telefon ihn wecken.

Niemand antwortete.

Was sollte er tun?

Greg hatte keine Möglichkeit, selbst zu Dare zu fahren. Mit dem Rad war es zu weit. Und Busse fuhren nicht dorthin. Wie konnte er nur zu Dare kommen und ihn warnen?

Er brauchte jemanden, der ihn hinbrachte. Aber wer konnte das sein? Seine Eltern durfte er in keinem Fall fragen.

Er dachte an Mrs. Peters drei Häuser weiter. Sie war immer nett zu ihm. Vielleicht …

Greg riss sich seinen Schlafanzug vom Leib und schlüpfte in graue Jogginghosen und einen marineblauen Hoodie. Dann griff er nach seinem Telefon und rannte aus dem Zimmer.

Er wusste noch nicht genau, wie er Mrs. Peters erklären konnte, warum sie ihn fahren sollte und dann noch um … Wie spät war es überhaupt? Er sah auf die Uhr. Halb fünf Uhr morgens.

Er würde sich irgendwas einfallen lassen müssen.

Auf Strümpfen sprang er immer zwei Stufen der Treppe auf einmal hinunter. Vor der Haustür hielt er inne, um seine Regenstiefel überzustreifen. Dann zog er den Riegel zurück und riss die Tür auf. Er wollte gerade hinausstürmen, aber dann warf er noch einen Blick nach unten.

Seine Knie gaben einfach nach, und er sackte zu Boden. Keuchend presste er eine Hand auf den Mund und wandte den Blick von dem ab, was da vor ihm auf der Fußmatte lag. Direkt unter dem Wort *Willkommen.*

Doch wegzusehen, half auch nicht wirklich. Das Bild war in seine Netzhaut eingebrannt. Vor seinem geistigen Auge sah er Dares dicken Finger, der am Ansatz abgerissen war, und aus dessen blutigem Fleisch der Knochen ragte. Der Finger wirkte grau, darauf waren hellere Haarbüschel zu erkennen. Das Blut war hellrot. Selbst in der Erinnerung waren die Einzelheiten nicht zu ertragen. Greg hatte sogar bemerkt, dass das Blut geronnen war, bevor der Finger die Matte berührt hatte, denn die weißen Buchstaben, die das Wort *Willkommen* formten, waren nicht blutig.

„Greg? Was machst du hier unten?" Gregs Mom kam die Treppe herunter.

Greg dachte nicht lange nach. Er griff nach dem Finger und stopfte ihn in die Tasche seines Hoodies. Dann stemmte er sich auf die Füße und schloss die Tür.

„Ich glaube, ich bin schlafgewandelt", sagte er. *Wie lahm.* Aber er stand derart neben sich, dass ihm auf die Schnelle nichts Besseres einfiel.

Dann bemerkte er, dass seine Mutter weinte.

„Was ist?", fragte er.

Ihre Augen und ihre Nase waren rot. Ihr Mascara war verschmiert. Ihre Wangen glänzten feucht. Sie trug nur ihren rosafarbenen Fransenmorgenmantel über einem Rüschennachthemd. Sie wischte sich die Wangen trocken und sank auf die dritte Treppenstufe von unten.

„Was ist los?“, fragte Greg noch einmal. Er lief zur Treppe und setzte sich neben seine Mom.

Sie nahm seine Hand. „Es tut mir leid. Es ist nicht das Ende der Welt. Ich bin nur geschockt, das ist alles. Es geht um deinen Onkel Darrin.

Sofort versteifte sich Greg.

„Du wirst es nicht glauben!“, fuhr seine Mom fort und schluchzte. „Er ist von irgendeinem wilden Tier angefallen worden. Es hat ihm einen Finger abgerissen!“

Greg bekam keine Luft mehr. Er warf einen Blick auf die Tasche seines Hoodies und legte eine Hand darauf. Als Greg den Finger gesehen hatte, war ihm sofort klar gewesen, dass es sich um Dares handelte, auch ohne den Ring aus Gold und Onyx.

Jetzt füllten sich seine Augen mit Tränen. Er räusperte sich, um den Kloß in seiner Kehle loszuwerden und krächzte: „Das ist ja schrecklich!“

„Er hat auch noch viele andere Wunden, er ist geradezu zerfleischt. Man hat ihn mit dem Hubschrauber ins Krankenhaus geflogen. Ich kann das alles einfach nicht glauben.“

Greg war nicht in der Lage, sie zu trösten. Viel zu sehr war er damit beschäftigt, zu begreifen, was eigentlich vor sich ging.

„Oh nein, nein, nein“, stöhnte er.

Seine Mutter, die ihn natürlich falsch verstand, legte ihre Arme um ihn. „Es ist okay. Wirklich. Ich bin sicher, er wird wieder gesund. Wahrscheinlich wird er sich darüber lustig machen, dass er einen Finger verloren hat.“ Und wieder brach sie in Tränen aus.

„Nein, nein, nein“, wiederholte Greg. Es war wie ein Mantra, das er nur oft genug sagen musste, damit dieser Albtraum ein Ende fand und alles wieder so war wie vorher.

Er löste sich von seiner Mutter, berührte die Tasche seines Hoodies und sagte: „Ich brauche frische Luft.“ Er lief zur Haustür, riss sie auf und sprang die Stufen davor hinunter.

Es regnete nicht, aber selbst wenn, wäre ihm das egal gewesen. Er musste nur weg. Er konnte es nicht ertragen. Er konnte nicht damit leben, was er getan hatte.

Denn er war es gewesen. Ganz eindeutig war *er* es gewesen.

Greg wusste nicht, wo er eigentlich hinwollte, als er das Haus verließ, doch im nächsten Moment blieb er abrupt stehen. War das …?

Ja, das war er. Unter den Kiefern, die in einer Ecke des Gartens standen, neben dem Strandhafer am Rand der Dünen, saß Fetch. Seine Augen glühten rot in der Morgendämmerung, und seine Ohren waren aufmerksam nach vorn gerichtet, als erwarte er seinen nächsten Befehl.

Greg war so wütend, dass er keine Sekunde daran dachte wegzulaufen. Stattdessen griff er sich den Baseballschläger seines Vaters und ging einen Schritt auf Fetch zu. Dann noch einen. Und noch einen. Und dann rannte er los. Fetch erhob sich. Mit leuchtenden Augen blickte er Greg entgegen.

Wäre Fetch ein richtiger Hund gewesen, hätte Greg das durchaus niedlich gefunden. Aber Fetch war kein richtiger

Hund. Er war ein animatronischer Killer, der nur wie ein Hund aussah. Greg würde sich von seinem freundlichen Blick nicht aufhalten lassen. Als er Fetch erreichte, zögerte er nicht. Mit dem Baseballschläger schlug er zu.

Der erste Hieb spaltete Fetchs Kopf. Darin kamen ein Metallschädel und abgerissene Kabel zum Vorschein. Funken flogen, als Greg zum nächsten Schlag ausholte.

„Was hast du getan?!", schrie Greg Fetch an.

Fetch Maul hing schief in seinen Scharnieren, als würde er albern grinsen. Wieder schlug Greg zu. Metallstücke flogen durch die Gegend, und nackte Kabelenden, die jetzt aus der Maulöffnung hingen, sprühten noch mehr Funken.

Aber Fetch sah Greg immer noch mit diesem begeisterten Blick an.

„Hör auf!", schrie Greg.

Weit holte er aus und ließ den Schläger so hart er konnte auf Fetchs Kopf niederkrachen. Metall brach. Funken regneten in das nasse Dünengras. Und Greg ließ nicht nach. Immer wieder drosch er mit dem Schläger auf Fetch ein. Einmal, zweimal, dreimal, viermal. Bald war Fetchs Kopf geradezu pulverisiert. Aber Greg war noch nicht fertig. Erneut hob er den Schläger und zerschmetterte, was noch von der Maschine übrig war. Bald ähnelten die Überreste des animatronischen Killers nur noch einem Haufen Schrott. Und Greg hörte erst auf, als er Blasen an den Händen hatte und keuchend, mit weit offenem Mund, die kühle Seeluft in seine Lungen sog.

Schließlich ließ er den Schläger fallen.

Dann sank er im feuchten Dünensand auf seinen Hintern. Er starrte auf den Klumpen aus Metall, Gelenken, künstlichem Fell und Drähten, während er nach Luft rang. Donnernd brachen sich die Wellen am Strand. Es klang, als würden Millionen Männer ihre Wut skandieren. Für Greg war es die dröhnende Stimme des Gerichts, das ihn verurteilte. Wie konnte er es wagen zu glauben, dass er genug über das Feld wusste, um Geld von ihm zu erwarten? Und was hatte er sich nur dabei gedacht, Dare zu schreiben, dass er den magischen Glücksfinger brauche? Er war derjenige, der sich geirrt hatte. Wie hatte er Fetch dafür die Schuld geben können?

Fetch hatte vielleicht wie ein Zufallsgenerator gearbeitet, der auf Gregs Gedanken reagiert hatte, aber er *war* kein Zufallsgenerator. Oder doch?

Greg begriff das alles nicht, aber er war überzeugt, dass Fetch auf mehr reagiert hatte als nur seine Nachrichten. Auf irgendeine Weise hatte Fetch alles mitbekommen, was Greg tat, und vielleicht hatte er sogar seine Gedanken gelesen, wie es die Pflanzen taten. Fetch war nicht das Nullpunktfeld gewesen, aber er war ein Teil davon. Er hatte sich verhalten, als sei er der gehorsame Hund des Nullpunktfelds, der alles heranholte, wovon das Feld glaubte, dass Greg es haben wollte.

Was auch immer Fetch war, es war allein Gregs Schuld, dass Dare der Finger abgerissen worden war.

„Greg, bist du da draußen?“, rief seine Mom.

Greg betrachtete den zertrümmerten animatronischen Hund.

„Greg?“ Seine Mutter kam die Stufen der Vordertreppe herunter.

Greg und die Reste der Maschine wurden zum Teil vom

Dünengras verdeckt, doch sobald seine Mutter in den Garten kam, würde sie alles sehen. Greg blickte sich um und entdeckte eine Vertiefung unter dem angeschwemmten Treibholz, auf dem verstreut Fetchs Zähne lagen. Schnell schob er alles, was von Fetch übrig war, in das Loch und rief: „Ich komme."

Seine Mom wollte Greg nur wissen lassen, dass Dare noch eine Weile im OP sein würde, während man ihn wieder zusammenflickte. Es würde noch dauern, bevor sie ihn besuchen konnten, deswegen wollte sie bis dahin arbeiten. Bevor sie aufbrach, umarmte sie Greg. Sein Dad war bereits fort. Als Greg ins Haus ging, bemerkte er, dass er sein Telefon nicht mit nach draußen genommen hatte. Was, wenn jemand versucht hatte, ihn zu erreichen?

Jemand?

Er meinte natürlich Fetch. Hatte Fetch ihm eine Nachricht geschickt, bevor Greg ihn bemerkt hatte?

Ja. Fetch hatte tatsächlich geschrieben, entdeckte Greg, als er zurück in sein Zimmer kam. Fetch hatte ihn gefragt, wie er den magischen Glücksfinger benutzen wolle.

Bei dieser Frage rollte Greg sich auf dem Bett zusammen und brach erneut in Tränen aus. Kimberlys Worte liefen wie eine Schleife in seinem Kopf: „Er wird abstürzen und verbrennen, bevor er es herausbekommt.

Abstürzen und verbrennen.

Abstürzen und verbrennen.

Abstürzen und verbrennen.

Greg setzte sich auf. „Neeeeiiiin!", schrie er. Dann griff er nach einem der Bücher auf seinem Schreibtisch und feuerte es auf die größte Pflanze in seiner Sammlung. Samt

Topf flog sie vom Regal, und Erde verteilte sich explosionsartig überall auf dem Boden. Greg griff sich ein weiteres Buch und warf es ebenfalls. Und noch ein Buch. Immer wieder, bis alle seine Pflanzen inmitten ihrer Erde auf dem Boden lagen. Der würzige Geruch der feuchten Erde stieg ihm in die Nase. Er legte sich erneut hin und versuchte, seinen Atem zu beruhigen. Wieder stiegen ihm Tränen in die Augen, aber das war okay. Er lag da und weinte, bis er irgendwann einschlief.

Als er aufwachte, sank die Sonne dem westlichen Horizont entgegen. Es war bereits Nachmittag.

Allmählich kam er vollständig zu sich, und dann fiel ihm alles wieder ein.

„Ich bin doch ein Vollidiot", schalt er sich.

Was hatte er sich bloß gedacht? Hatte er wirklich geglaubt, er könnte das herausfinden, was bisher niemand herausgefunden hatte – nicht die CIA oder die Universitäten oder irgendwelche Fachleute? Wenn das alles möglich war, wäre es dann nicht längst Allgemeinwissen?

Was für ein egoistischer kleiner Schwachkopf er gewesen war. Spätestens jetzt wurde ihm klar, wie wenig er wusste und das bedeutete, was immer er auch geglaubt hatte zu wissen, was immer er für das Richtige gehalten hatte, konnte auch genau das Gegenteil davon gewesen sein. War er wirklich zu dem Restaurant geführt worden? Oder war er selbst auf diese blöde Idee gekommen? Und wenn er geführt worden war, was hatte ihn geführt? Er war davon ausgegangen, dass er etwas tat, um das zu bekommen, was er haben wollte, aber …

Er erstarrte, weil sein Telefon klingelte.

Doch dann wurde ihm klar, dass er sich völlig dämlich verhielt. Fetch rief nie an. Er schrieb. Greg warf einen Blick auf sein Telefon. Es war Hadi.

„Hey Alter, alles okay? Du warst nicht in der Schule."

Greg sah hinüber zu seinen Pflanzen, die nun zerfetzt am Boden lagen. Die Schule hatte er völlig vergessen. Er hatte das Leben vergessen.

„Ja. Dare ist was passiert."

„Alter. Das tut mir leid."

Greg hörte, wie Hadi mit jemand anders sprach.

„Cyril sagt, ihm tut es auch leid", meinte Hadi.

„Danke."

„Können wir irgendwas tun?"

„Nur, wenn ihr zaubern könnt."

„Da müssen wir dich leider enttäuschen, Alter."

„Klar."

„Hey, ich bin mir nicht sicher, ob dir das in irgendeiner Weise hilft, aber Kimberly hat gerade nach dir gesucht."

Greg setzte sich auf, fuhr sich mit den Fingern durchs Haar. Dann verdrehte er die Augen. Sie war ja schließlich nicht bei ihm im Zimmer. „Ehrlich?"

„Absolut. Sie meinte, du hättest eine gute Idee für einen Aufsatz gehabt, und sie möchte gern daran arbeiten."

Natürlich. Der Aufsatz. Wieder sackte er in sich zusammen. Er war so begeistert davon gewesen, und nun wollte er nicht einmal mehr über die ganze Sache nachdenken.

Auf der anderen Seite … wenn er dann Zeit mit Kimberly verbringen konnte …

Ihm fiel auf, dass Hadi etwas sagte.

„Was? Sorry?“

„Ich habe gesagt, nachdem ich dich schon ewig von dem Mädchen habe schwärmen hören, wäre es nett, euch auch zusammen zu sehen.“

„Nicht schon ewig. Erst seit der zweiten Klasse.“

Liebte er Kimberly wirklich schon so lange?

„Wie auch immer. Verpass deine Chance nicht. Ruf sie an, und dann macht euch an den Aufsatz. Gewinn sie für dich, Alter!“

Greg grinste. Dann runzelte er die Stirn. Nach allem, was Dare passiert war, fühlte es sich falsch an, sich einer solchen Hoffnung hinzugeben.

„Ich muss Schluss machen“, sagte er.

„Klar. Sag Bescheid, wenn wir was zusammen machen wollen.“

„Okay.“

Greg beendete das Gespräch und ging erst einmal heiß duschen. Er stank nach Schweiß und salziger Seeluft.

Als er wieder aus der Dusche kam und sich anzog, griff er nach dem Telefon, um Kimberly anzurufen. Und da sah er die Nachricht von Fetch … Sie war vor *fünf Minuten* gekommen. Sie lautete:

Wird erledigt

„Neeeeiiiin“, stöhnte Greg.

Er schob das Telefon in seine Jackentasche und stürzte aus dem Raum. Er galoppierte geradezu die Stufen hinunter und rannte hinaus in die Dünen.

Würde Fetch überhaupt noch dort sein? Als er das Ende des Gartens erreichte, wurde er langsamer. Fast hatte er Angst, überhaupt nachzusehen. Aber er musste es tun.

Langsam ging er in die Dünen und warf einen Blick unter das Treibholz.

Gregs Knie gaben nach. Im nassen Dünengras sank er zu Boden.

Zwar lagen unter dem Holz noch ein paar Schräubchen, Metallstücke, Kabel und ein Scharnier, aber das meiste war weg. *Weg.*

Greg blickte sich um. Die einzigen Fußspuren, die er im Sand entdeckte, waren seine eigenen. Trotzdem erzählte ihm der Sand eine Geschichte. Um das Stück Treibholz herum waren im feuchten Sand mehrere gezackte Schleifspuren zu erkennen. Sie führten aufeinander zu, bis sie sich zu einer einzigen vereinigten, die an einer Stelle endeten, wo das Dünengras zu einem Klumpen zusammengedrückt war.

Greg rappelte sich auf und wich zurück. Dann drehte er sich um, rannte zum Haus und hinauf in sein Zimmer. Dort sank auf den Boden und vergrub seinen Kopf in den Händen.

Bilder der vergangenen Wochen rauschten durch seinen Kopf. Die Spinne. Der tote Hund – der zerrissene tote Hund. Dares abgetrennter Finger.

Und Greg hatte sich nur ein wenig Glück gewünscht. Den Finger seines Onkels hatte er nicht gewollt. Aber Fetch nahm alles wörtlich.

Greg zweifelte nicht daran, dass Fetch wieder aktiv war. Aber wie? Greg wusste es nicht, musste es auch nicht wissen. Er wusste nur, dass Fetch immer noch tätig war.

Wenn Fetch seine Bitte um Glück so deutete, dass er Dares Finger abreißen musste, was genau wollte er dann jetzt erledigen oder *wen*? Ganz besonders jetzt, da Greg ihn zertrümmert hatte?

„Nein!"

Greg sprang auf und steckte sein Telefon in die Tasche. Dann schlüpfte er in schwarze Laufschuhe und flog geradezu aus dem Haus.

Kimberley lebte in derselben Straße wie er, ungefähr eine Meile weiter Richtung Süden. Es war also nicht kompliziert, zu ihr zu kommen.

Er sprang auf sein Rad und trat hart in die Pedale. Natürlich nahm der Wind jetzt wieder zu, und er kam von Süden. Seine Lungen brannten bereits, als er erst die halbe Strecke zu ihrem Haus zurückgelegt hatte. Doch er ignorierte den Schmerz und fuhr weiter. Er musste Kimberly erreichen, bevor Fetch es tat.

Wenn es nicht schon zu spät war.

Als er bei Kimberlys Haus ankam, sprang er vom Rad und wollte gerade zur Tür laufen, als er bemerkte, dass das Haus dunkel war. Auch stand kein Auto in der Einfahrt. Es war niemand zu Hause.

Kimberley hatte erwähnt, dass ihre Mutter sie normalerweise nach der Schule abholte und dass sie dann auf dem Weg nach Hause Besorgungen machten. Wenn Kimberly noch in der Schule gewesen war, als Hadi angerufen hatte, war Greg wahrscheinlich einfach schneller gewesen.

Keuchend rang er nach Luft und hob sein Rad auf. Er trug es zu den Büschen am Rand von Kimberlys Garten. Dort hockte er sich ins Gestrüpp und wartete.

Kurz überlegte er, sich auf die Suche nach Fetch zu machen. Aber er wusste nicht, wann Kimberly nach Hause kommen würde, und wenn er jetzt Fetch suchte, konnte er sie verpassen. Das durfte er nicht riskieren.

Also wartete er.

Und während er wartete, versuchte er sich mit Yoga-Atmung zu beruhigen. Doch es funktionierte nicht.

Als die Sonne um halb fünf begann unterzugehen, war er so verspannt, dass er das Gefühl hatte, seine Beine würden durchbrechen, wenn er sich aus seiner hockenden Position erheben wollte. Wahrscheinlich war es am besten, es jetzt zu versuchen, bevor Kimberly nach Hause kam.

Gerade als er begann, seine Beine zu strecken und sich aufzurichten, bemerkte er Scheinwerfer, die die Straße entlangkamen. Schnell zog er wieder den Kopf ein.

Das Auto fuhr vorbei, aber bevor er sich aufrichten konnte, kam noch ein zweites. Es war das, auf das er wartete.

Ein dunkelblauer SUV bog in die Einfahrt ein. Die Beifahrertür wurde geöffnet, und Kimberly sprang aus dem Wagen, während sie mit ihrer Mutter schwatzte. Sie trug Jeans und ein niedliches grünes Top, das zu ihren Augen passte. „Ich denke, wenn wir Oregano reintun, wäre das gut."

„Und ein bisschen Basilikum", meinte ihre Mutter.

Mrs. Bergstrom war Mitte 60. Sie hatte ein hübsches Gesicht, kurzes, allmählich ergrauendes Haar, und sie war groß und schlank. In der zweiten Klasse hatte Kimberly ihm erzählt, ihre Mutter sei einundfünfzig gewesen, als Kimberly geboren worden war. „Ich war ein richtiges kleines Wunder", hatte Kimberly gesagt. „Das bedeutet wohl, dass ich nett zu meinen Eltern sein muss." Ihr melodiöses Lachen klang ihm noch im Ohr.

Greg wusste, dass Kimberlys Dad sogar noch älter war als ihre Mutter. Er war bereits in Rente. Er hatte ein paar Hotels in Ocean Shores besessen, die er ein Jahr zuvor verkauft hatte.

Greg hatte gehört, wie Kimberly einer Freundin erzählte: „Jetzt spielt er vor allem Golf."

Greg hatte bereits beide Bergstroms kennengelernt. Während Mr. Bergstrom ein wenig mürrisch wirkte, war Mrs. Bergstrom sehr nett.

Aber würde sie ihm glauben?

Gerade wollte Greg zwischen den Büschen hervortreten und Kimberly sagen, dass sie in Gefahr sei, doch im selben Moment wurde ihm klar, wie verrückt seine Geschichte klingen musste. Vielleicht sollte er zuerst allein mit ihr sprechen.

Noch bevor er sich entscheiden konnte, was er tun sollte, bog hinter dem Geländewagen eine schwarze Limousine in die Auffahrt ein. Knirschend kam sie auf dem Kies zum Stehen, und Mr. Bergstrom stieg aus.

Als seine Füße den Boden berührten, nahm der Wind zu. Er blies ihm die rote Baseballkappe vom Kopf, und Kimberly jagte ihr nach.

„Danke, Süße", rief Mr. Bergstrom. Er strich sich sein dünnes weißes Haar zurück und umarmte seine Tochter.

Die See war jetzt nicht mehr so laut wie noch am Morgen, als Greg in die Dünen gelaufen war. Hatte er tatsächlich erst heute von der Sache mit Dare erfahren und versucht, Fetch zu vernichten? Es fühlte sich an, als sei das schon ein Jahr her. Mindestens.

Auch wenn das Rauschen der Brandung nicht allzu laut war, übertönte es doch, worüber Kimberly und ihre Eltern sprachen, während sie zum Haus gingen. Langsam erhob sich Greg wieder, obwohl er immer noch nicht sicher war, was er tun sollte.

Während er sich langsam aufrichtete, wurde Mr. Bergstrom erneut die Kappe vom Kopf geweht, und er lief ihr nach. Die Kappe landete direkt vor dem Busch, in dem Greg sich versteckte, und Mr. Bergstrom entdeckte ihn.

„Hey, Junge, was machst du da in den Büschen?“ Mr. Bergstroms Stimme klang scharf.

Greg nahm die Schultern zurück. Er musste versuchen, sie zu warnen.

„Hallo Mr. Bergstrom“, sagte er.

„Wer bist du? Nein, warte. Ich habe dich schon mal gesehen.“

„Greg, was machst du hier?“, rief Kimberly herüber. Sie kam zu Greg und ihrem Vater. Mrs. Bergstrom folgte ihr.

„Äh … Kimberly, ich weiß, das wird sich jetzt verrückt anhören.“

„Was wird sich verrückt anhören? Was hat das alles zu bedeuten?“, fuhr Mr. Bergstrom ihn an.

Greg holte tief Luft und hob zu einer Erklärung an. „Kimberly, du bist in Gefahr. In ernster Gefahr. Ich glaube … also ich glaube, jemand … äh … versucht, dich zu töten.“

„Was?“, riefen Mr. und Mrs. Bergstrom wie aus einem Mund. Mr. Bergstrom klang rau und entrüstet. Mrs. Bergstrom quiekte entsetzt.

Kimberly sagte nichts, aber ihre Augen waren geweitet.

„Kimberly, du erinnerst dich, worüber wir gesprochen haben … den Zufallsgenerator, die Pflanzen, die Zellen, das geteilte Bewusstsein, die Führung?“

Sie nickte.

„Ich habe keine Ahnung, wie ich es erklären soll, aber diese Führung hat mir vermittelt, dass ich wissen muss, was sich in der verlassenen Pizzeria befindet. Also habe ich Cyril und Hadi überredet, dort mit mir einzubrechen …“

„Du hast was?“, fragte Mr. Bergstrom.

Greg ignorierte ihn. „Da haben wir einen animatronischen Hund gefunden, der sich mit meinem Telefon synchronisiert hat.“

Wieder versuchte Mr. Bergstrom, ihn zu unterbrechen, aber Greg redete einfach lauter und schneller. „Ich war neugierig und hab an ihm herumgefummelt, aber ich konnte ihn nicht einschalten. Oder zumindest habe ich das geglaubt. Aber offensichtlich habe ich es doch getan, denn seitdem schreibt er mir Nachrichten und tut irgendwelche Sachen für mich. Zuerst war das durchaus hilfreich, aber dann hat er Dinge gemacht, die ich nicht wollte. Er hat den Hund von unserem Nachbarn getötet, der mich genervt hat …“

Kimberly, die Hunde liebte, wie Greg wusste, sog scharf die Luft ein.

Er zuckte die Schultern. „Ja, ich weiß. Es war furchtbar. Ich meine, der Hund war fürchterlich, aber es war schließlich ein Hund, und wie er getötet worden ist … Jedenfalls habe ich mir dann ein bisschen Glück gewünscht, und mein Onkel besaß immer diesen magischen Glücksfinger, und ich wollte den auch gern haben, und dann habe ich seinen …“

„Junger Mann!“, rief Mr. Bergstrom dazwischen.

Greg ignorierte ihn erneut und redete noch lauter. „Ich habe seinen Finger gefunden. Und heute Nachmittag habe ich gesagt, dass ich gern bei dir wäre, und jetzt habe ich Angst, dass Fetch …“

„Junger Mann!“, brüllte Mr. Bergstrom.

Greg verstummte, denn was hätte er sonst auch noch sagen sollen?

Da bemerkte er, dass Mr. Bergstrom ein Handy an sein Ohr hielt. „Ja, könnten Sie bitte eine Streife zu meinem Haus schicken? Ein verrückter Teenager stalkt meine Tochter. Ich möchte, dass er verhaftet wird.“

Greg blickte zu Kimberly. Sie formte mit den Lippen ein stummes „Sorry“.

Er schüttelte den Kopf.

Wieder hatte er versagt.

Während der Polizist Greg wegen des Einbruchs in das Restaurant befragte, sagte Greg sich immer wieder, dass Kimberly nichts passieren würde. Ihr ging es gut, und wenn Fetch die Ereignisse durch Gregs Telefon verfolgte, würde ihm klar sein, dass Kimberly nach Gregs Willen nichts geschehen sollte.

„Ich hatte die alte Pizzeria ganz vergessen“, sagte der Polizist mittleren Alters, als Mr. Bergstrom Gregs Einbruch meldete. „Steht sie da immer noch?“

Steht sie da immer noch?, dachte Greg. Konnte sie denn verschwinden wie Brigadoon?

Als der Polizist Greg in seinen Geländewagen setzte und ihn mit zur Polizeiwache nahm, sagte Greg sich immer wieder, dass Kimberly nichts geschehen würde. Ihre Eltern würden auf sie aufpassen. Fetch würde es nicht gelingen, sie zu holen.

Doch wie oft er sich auch sagte, dass alles in Ordnung sei, fürchtete er sich doch davor, zurück nach Hause zu kommen. Die Polizei brauchte zwei Stunden, um ihn erkennungsdienstlich zu behandeln und ihn zu vernehmen. Weitere zwei Stunden benötigte die Polizei, um seine Eltern zu verständigen, und noch einmal anderthalb Stunden vergingen, bis die beiden auf der Wache eintrafen, denn sie waren in der Stadt gewesen. Was war, wenn Fetch inzwischen bei Kimberly gewesen war?

Seine Mutter hatte rot geweinte Augen, und sein Dad war total sauer. Die Polizei hatte beschlossen, Greg in die Obhut seiner Eltern zu übergeben. Er würde frei sein, was auch bedeutete, dass er Kimberly im Auge behalten konnte. Sobald seine Eltern im Bett waren, würde er sich hinausschleichen und sie bewachen. Er würde das so lange tun, bis es ihm gelungen war, Fetch aufzutreiben und einen Weg zu finden, ihn unschädlich zu machen.

Als Gregs Vater den Pick-up in die Garage gefahren hatte, schaffte Greg es kaum, aus dem Wagen zu steigen. Langsam öffnete er die Autotür und kletterte hinaus. Vorsichtig ging er zur Treppe, die zur Eingangstür führte. Dann atmete er tief durch und blickte sich um.

Alles schien normal zu sein. Weder unter dem Haus noch auf der Türmatte lag Kimberlys Leiche.

Vor Erleichterung fiel er fast in Ohnmacht.

„Was zum Teufel ist los mit dir?“, fragte Gregs Dad, als er gegen das Treppengeländer sank.

„Nichts.“

Als Greg und seine Eltern das Haus betraten, packte Gregs Dad ihn am Arm. Greg biss die Zähne zusammen.

„Ich würde ja sagen, dass ich enttäuscht bin von dir“, meinte sein Vater, „aber ich erwarte seit Jahren nichts Gutes mehr von dir.“

Gregs Mutter seufzte. „Steven.“

„Hillary.“

Greg ignorierte sie beide und stieg die Treppe hinauf zu seinem Zimmer.

Dort zog er sich im Dunkeln aus und ging ins Bad, um noch einmal zu duschen. Er stank … schon wieder. Nicht nur die anstrengende Fahrt mit dem Rad und die Angst um Kimberly hatten ihn eimerweise Schweiß gekostet. In dem Geländewagen des Polizisten hatte er das Gefühl gehabt, in getrocknetem Urin zu sitzen.

Er dachte, die heiße Dusche würde seine Lebenskräfte wiederbeleben. Er musste die Energie aufbringen, um zu Kimberlys Haus zu fahren. Sein Fahrrad lag immer noch auf der Ladefläche des Pick-ups seines Vaters. Der Polizist hatte es im Geländewagen mitgenommen, als er Greg zur Wache gefahren hatte, und er hatte es ihm zurückgegeben, als seine Eltern ihn abholten.

Doch als Greg aus der Dusche kam, war er völlig fertig. Er warf einen Blick auf die Uhr in seinem Telefon. Er sah auch nach, ob er Nachrichten hatte. Nichts. Das war doch gut, oder?

Vielleicht konnte er kurz etwas schlafen, bevor er zu Kimberly fuhr, um sich davon zu überzeugen, dass es ihr gut ging. Verdammt, vielleicht hatte er sich ja auch geirrt.

Vielleicht besorgte Fetch ihm etwas zu essen oder irgendeine Information, von der er gar nicht ahnte, dass er um sie gebeten hatte. Vielleicht brauchte er sich überhaupt keine Sorgen zu machen.

Greg zog ein gelbes T-Shirt an und ein paar graue Schlafanzughosen aus Flanell. Dann stieß er die Badezimmertür auf.

Nur knapp konnte er einen Schrei unterdrücken. Er taumelte zurück und fiel auf den Fliesenboden. Er hatte Mühe zu begreifen, was er vor sich sah.

Dort lag etwas, in ein Laken gewickelt. Das eigentlich beigefarbene Laken färbte sich langsam tiefrot, und es glänzte feucht.

Was lag unter dem Laken? Oder wer? Greg war nicht in der Lage, auch nur einen Finger zu rühren, um es herauszufinden.

Und das brauchte er auch gar nicht. Er wusste alles, was er wissen musste.

Sein Telefon brummte. Er konnte nicht anders, er nahm es hoch und blickte darauf.

Fetch hatte geschrieben.

Wir sehen uns

LONELY FREDDY

Böse, so hatte Alec schon immer behauptet, sei eine ungemein subjektive Bezeichnung. Es wurde durch die Meinung eines anderen definiert. Es war ein Wort, das nur einem Zweck diente: zu verurteilen. Und Alec war sein ganzes Leben lang verurteilt worden.

Seine erste Erinnerung daran war eine ausgesprochen schreckliche. Er war zur Vorschule gegangen und größer als die anderen Kinder gewesen. Schon früh hatte er diesen Vorteil für sich erkannt und herausgefunden, dass er dadurch überraschend leicht an die Spitze einer Schlange gelangen konnte. Die anderen Kinder spielten bereitwillig die Spiele, die er diktierte, und er brauchte niemals lange nach einem Platz am Tisch zu suchen. Erst als seine Vorschullehrerin ihn zur Seite zog an diesen ersten Tag, der sich ihm wirklich eingeprägt hatte, begriff er, dass er „böse" war.

„Du bist ein Tyrann", hatte die Lehrerin zu ihm gesagt, ein Wort, dass er für etwas Positives hielt, deswegen hatte er gelächelt, als sie ihn so bezeichnete. Doch anstatt ihm auf die Schulter zu klopfen, wie seine Mom es tat, wenn er seinen Teller leer aß, wich die Lehrerin voller Entsetzen einen Schritt zurück. Genau dieser Ausdruck auf dem Gesicht der Lehrerin war es, den Alec in Erinnerung behalten hatte. Mehr noch als die blauen Plastikstühle im Klassenzimmer, die im Sommer immer an seinen Beinen klebten. Mehr noch als der Geruch einer Schachtel mit neuen Wachsmalstiften. Mehr noch als das Gefühl, wie die Dosenpfirsiche, die es als Zwischenmahlzeit gab, auf seiner Zunge herumglitschten und wie leicht metallisch sie schmeckten.

Noch nicht einmal an den Namen seiner Vorschullehrerin erinnerte sich Alec. Er hatte einfach nur noch ihren entsetzten Gesichtsausdruck vor Augen, als er nicht verstand, was „böse" war.

Als er älter wurde, erkannte Alec, dass „böse" immer durch einen Vergleich definiert wurde. Und das war ein Konstrukt, mit dem Alec etwas anfangen konnte.

Bis er Hazel begegnete.

Hazel war nach seiner geliebten Großmutter benannt worden, die Alec niemals kennengelernt hatte. Hazels feine Locken waren zu steifen Zöpfen geflochten, und sie schlief die ganze Nacht durch, ohne auch nur einen Mucks von sich zu geben.

Alec war nach niemandem benannt. Sein Name war einfach ein Kompromiss aus „Alexander", dem Wunsch seiner Mom, und „Eric", was im Sinne seines Vaters gewesen wäre. Alecs strohblonde Locken waren widerspenstig, und er bändigte sie mit Wasser aus dem Hahn und einer Haarbürste aus Holz. Alecs Nächte wurden von Albträumen und Schlaflosigkeit bestimmt.

In den ersten fünf Jahren seines Lebens war Alec mehr

oder weniger auf der Suche nach der Mauer, die Gut und Böse trennte. Nachdem Hazel geboren war, sprang Alec dann über diese Mauer und landete in einem unbekannten Land. Dort war er nicht so leicht aufzuspüren. Manchmal war er „böse“, ja, aber meistens einfach nur zügellos. Doch niemand bekam es mit. In diesem neuen Land gab es kein „Gut“ oder „Böse“. Wenn es niemanden gab, der ihm seine Grenzen aufzeigte, wenn ihn niemand beobachtete, wurde sein Verhalten auch nicht bewertet.

„Nimm ihn vielleicht nicht so oft in die Pflicht, Meg“, hatte Alecs Tante Gigi gesagt. „Kinder reagieren so viel besser auf positive Verstärkung.“

Tante Gigi hatte Alecs Mom bei demselben Gespräch auch vorgeschlagen, ihm nur noch Biomilch zu geben. Die vielen Hormone in normaler Milch sollten laut einiger Studien das Aggressionspotenzial in Kindern erhöhen. Tante Gigi hatte selbst keine Kinder und wollte auch keine. Alecs Mom holte sich öfter Rat bei ihr, und ihre ältere Schwester gab ihn ihr nur allzu gern.

„Gigi, es ist nicht die Milch“, hatte Alecs Mom entgegnet. „Die beiden trinken dieselbe Milch. Und er ist nicht aggressiv. Er ist einfach nur … keine Ahnung … er lebt in seiner eigenen Welt. Es scheint, als würden Regeln für ihn einfach nicht gelten.“

„Dann weißt du jedenfalls, dass er mal eine Führungspersönlichkeit wird, wenn er älter ist. Das ist doch toll!“, hatte Tante Gigi gemeint.

„Ja“, hatte Alecs Mom geantwortet. „Vielleicht. Keine Ahnung. Er scheint andere Menschen nicht besonders zu mögen.“

„Er ist zehn, Meg. In dem Alter hassen sie jeden."

„Nicht jeden", hatte seine Mom entgegnet. „Sieh dir Gavin an."

„Wen?"

„Beccas Sohn."

„Der Junge, der immer jeden anlächelt?"

„Das ist nicht schlecht", hatte seine Mom gemeint.

„Nein, es ist unheimlich", hatte Tante Gigi erwidert. „Glaub mir, du möchtest nicht wirklich, dass noch mehr von solchen kleinen Gavins in der Welt herumlaufen. Das sind die Kinder, die sich irgendwann nachts mit einem Schlachtermesser in der Faust über dein Bett beugen. Oh nein, vielen Dank!"

Es waren solche Augenblicke, in denen Alec sich fragte, ob er vielleicht von der falschen Schwester geboren worden war und eigentlich Tante Gigi seine richtige Mutter war. Aber seine Stupsnase und das strohblonde Haar waren ohne Frage ein Erbe seiner Mutter.

Und es waren auch solche Momente, in denen Alec sich wünschte, dass er nicht derart gut lauschen konnte. Seine Eltern hatten ihn deswegen oft verwarnt, doch er fand sich immer wieder oben am Treppenabsatz wieder, wo er dann hockte und den Gesprächen lauschte, die zu verbergen sich allerdings auch niemand wirklich bemühte. Es schien fast, als wollten sie, dass er sie hörte.

Und in einer solchen Situation erfuhr er auch von dem Großen Plan.

Eigentlich hätte Alec es kommen sehen müssen. Schließlich war April. Der magische Wundermonat, auch bekannt als jener Monat, in dem ihre geliebte Hazel geboren worden war. Alec bekam einen Tag, seinen Tag, den 18. August, um genau zu sein. Und das war ein ganz besonderer Tag, an dem seine Eltern so taten, als sei er kein problematisches Kind. Aber Hazel? Hazel bekam volle dreißig Tage, an denen sie vergöttert wurde.

„In zwei Wochen hat jemand seinen ganz besonderen Tag", meinte sein Dad dann.

„Freust du dich auf deine Party?", fragte seine Mom. Und Hazels Augen leuchteten und sie tat so, als sei das alles viel zu viel Aufhebens um ihre Person. Sie habe es verdient, sagten ihre Eltern dann. Sie solle es genießen. Schließlich blickten sie immer Alec an und warteten darauf, dass er zustimmte, was er jedoch nur selten tat. Wozu auch? Ändern würde es sowieso nichts. Ihre Party würde seine Schwester trotzdem bekommen. Vielleicht wäre es anständiger von ihm gewesen, hin und wieder nett zu Hazel zu sein, aber Alec konnte sich einfach nicht vorstellen, seinen Eltern diese Befriedigung zu verschaffen.

Und als er dann hörte, wie seine Eltern über den Großen Plan sprachen, war er offen gestanden überrascht, dass sie so lange gebraucht hatten, um ihn sich einfallen zu lassen. Sie mussten mit ihrer Lektüre im Rückstand gewesen sein.

„Es steht in Kapitel fünf. Bist du schon bei Kapitel fünf?", hatte Alecs Mom seinen Dad über den Küchentisch hinweg gefragt, wo sie an diesem Abend saßen und in ihrem entkoffeinierten Kaffee rührten.

„Ich dachte, in Kapitel fünf geht es darum, das Kind seinen eigenen Weg wählen zu lassen", hatte sein Dad erwidert. Immer öfter schwang in seiner Stimme eine gewisse Erschöpfung mit.

„Nein, nein, nein, das ist aus *Das strahlende Kind*“, korrigierte ihn Mom. „Ich rede von *Der Große Plan.* Darin schreibt dieser Arzt, dass die Theorien aus *Das strahlende Kind* alle falsch sind!“

Alec erinnerte sich gut an die Methode aus *Das strahlende Kind.* Dessen Autor glaubte offenbar, dass jedes Kind einfach ein Klumpen Ton war, der nur darauf wartete, sich selbst zu formen, wozu ein paar völlig bescheuerte Übungen gehörten, bei denen Alec sich zum Beispiel einen neuen Namen geben sollte. Er entschied sich für Captain Donnerhose und verbrachte die ganze Woche damit, das Haus vollzufurzen und zu behaupten, dass er nichts dafür könne – das sei der Fluch seines Namens.

Noch lächerlicher wurde es, als seine Eltern lasen, dass sie mit ihm einen Garten anlegen sollten, damit er etwas besaß, worum er sich kümmern konnte. Oder als es hieß, sie sollten gemeinsam zelten gehen, um sich wieder auf den Kern ihrer Familie zu besinnen.

Das Gartenexperiment endete, als Alec den Ehering seiner Mom in der Erde vergrub, um auszuprobieren, ob noch mehr Diamanten daraus wachsen würden. Der Campingausflug erinnerte schnell an eine Situation wie in *Der Herr der Ringe*, nachdem Hazel eine Mücke in die Nase gekrochen war, und Alec sie vielleicht – oder vielleicht auch nicht – davon überzeugt hatte, dass die dort Eier legen würde. Danach hatte dieser ganze Ansatz auch keine Chance mehr.

„Ehrlich gesagt, Meg, je mehr wir lesen, desto mehr komme ich zu der Überzeugung, dass keiner dieser sogenannten Ärzte weiß, wovon er überhaupt redet“, meinte sein Dad, doch Alecs Mom ließ sich nicht beirren.

„Und was, Ian, ist die Alternative? Wollen wir aufgeben?“

Es war nicht das erste Mal, dass Alec ein solches Gespräch belauscht hatte. Immer wieder kam es dazu zwischen den einzelnen Büchern, die seine Eltern nur lasen, um zu verstehen, warum ihr Sohn so völlig anders war als sie selbst.

Es war nicht das erste Mal, dass er ein solches Gespräch mitbekam, und doch zog sich ihm jedes Mal der Magen zusammen. Denn egal, wie viele Bücher sie lasen oder wie viele Gärten sie mit ihm anlegten oder wie viele Liter Biomilch sie in ihn hineingossen, eins taten sie nie. Sie sprachen einfach nicht mit ihm.

„Natürlich geben wir nicht auf“, sagte sein Dad zu seiner Mom und rührte mit seinem kleinen Teelöffel in seinem Kaffeebecher herum, bis Alec überzeugt war, dass er entlang des Porzellanrands lauter kleine Strudel erzeugen musste.

„Fragt mich doch einfach“, flüsterte Alec, und nur eine Sekunde lang – zum ersten Mal in seinem 15-jährigen Leben – schwiegen seine Eltern beide, und er dachte, dass sie ihn vielleicht gehört hatten. „Fragt mich doch einfach, was los ist.“

Hätten sie ihn gefragt, hätte er vielleicht gesagt: „Ich bin nicht wie ihr, und ich bin nicht wie Hazel, und das sollte einfach okay sein.“

Doch seine Eltern unterhielten sich einfach weiter.

„Du musst gleich zu Kapitel fünf springen“, sagte seine Mom.

„Können wir es nicht so machen, dass du mir sagst, was wir tun wollen?“, meinte sein Dad.

„Lies einfach das Kapitel, Ian. Die Party ist nächste Woche, und ich denke, wir müssen vor Sonnabend unbedingt noch ein paar Vorbereitungen treffen."

Sein Dad seufzte so schwer, dass Alec es von der Treppe aus hören konnte, deswegen wusste er, dass sein Dad nun wieder einmal ein nutzloses Buch über irgendeine nutzlose Methode lesen würde, um ihr Rätsel von einem Kind zu verstehen.

Es war jedes Mal das Gleiche.

Und da seine Eltern ihre Sammlung von Erziehungsbüchern an irgendeinem supergeheimen Ort aufbewahrten, den Alec bisher nicht gefunden hatte, war er stets im Nachteil und musste einfach abwarten, was sich aus *Der Große Plan* und *Kapitel fünf* im Laufe der nächsten Woche ergeben würde. Oben in dem Badezimmer mit den zwei Waschbecken zwischen Hazels und seinem Zimmer starrte er in den Spiegel und versuchte, sich so zu betrachten, wie seine Eltern es taten. Sie sahen dasselbe blonde Haar, dieselben hellgrünen Augen, die entschlossene Kinnlinie, den Mund, der niemals vor Staunen offen stand oder sich gar zu einem unerwarteten Lächeln verzog. Man konnte vieles über Alec sagen, aber nicht, dass er unbedacht war.

Nur Hazel konnte ihn gelegentlich überraschen.

„Bist du okay?", fragte sie von ihrer Badezimmertür aus, und er zog sofort ein genervtes Gesicht, doch es war ein bisschen zu spät und er fürchtete, sie könnte bemerkt haben, dass sie ihn erschreckt hatte.

„Wieso nicht?", fragte er und antwortete ihr so mit einer seiner üblichen Gegenfragen. Inzwischen war er ein Meister darin, von jedem beliebigen Thema abzulenken.

Hazel zuckte die Achseln und griff nach ihrer Zahnbürste, wobei sie versuchte, ebenfalls völlig unbeteiligt zu wirken, doch das konnte sie nicht annähernd so gut wie er.

„Mom und Dad benehmen sich wieder komisch“, sagte sie. Eigentlich bedeutete es: „Mom und Dad hacken wieder auf dir herum.“ Doch so leicht ließ Alec sich nicht aufs Glatteis führen. Seine Schwester war die Schlimmste von allen. Sie täuschte alle anderen mit ihren angeblich unschuldigen Fragen und ihrem Lächeln, das jeden Unbeteiligten hätte glauben lassen können, sie würde es auch so meinen.

„Keine Sorge“, sagte er. „Das hat keinen Einfluss auf deine Party.“ Er hatte es eigentlich als Spitze gemeint, doch sie missverstand ihn und dachte, er meine es tatsächlich nett.

„Die Party ist mir gar nicht so wichtig, weißt du“, sagte sie und richtete ihren Blick auf sein Spiegelbild, anstatt ihm direkt in die Augen zu sehen. Da wusste er, dass sie log.

Sie begann, sich die Zähne zu putzen, und als sie sich hinunter ins Waschbecken beugte, um die Zahnpasta auszuspucken, betrachtete Alec sie einen Moment.

Es kam ihm fast vor, als sei sie in der Lage, willentlich alles an sich zu perfektionieren. Ihr Haar war nie zerzaust. Auch ihre Nase lief nie. Ihre Sommersprossen waren so gleichmäßig verteilt, als seien sie mit ruhiger Hand aufgemalt worden. Selbst ihre Zähne waren gerade. Wahrscheinlich hatte sie nie eine Spange getragen. Alec dagegen fürchtete allmählich, dass er seine Zahnspange niemals loswerden würde.

„Red keinen Quatsch“, meinte er schließlich. „Natürlich ist dir deine dämliche Party wichtig.“

Eine vollkommen gleichmäßige Röte breitete sich auf ihrem Gesicht aus. „Ich glaube nicht, dass besonders viele Leute kommen werden“, erwiderte sie.

Auf ein derartig lächerliches Flehen um Aufmerksamkeit fiel Alec nicht mal eine Antwort ein. Er stieß nur ein Schnauben aus.

„Ja, okay“, meinte er und ging hinaus, während sie sich die Zahnpasta vom Mund wischte. Der Tag, an dem er sein eigenes Badezimmer in seinem eigenen Haus mit seinen eigenen Regeln hatte, wo sich niemand darüber wunderte, dass er so anders war … dieser Tag konnte nicht früh genug kommen.

Am dunklen Nachthimmel blinkten inzwischen Sterne, als Alec vom Knarren der Badezimmertür auf Hazels Seite aus seinen Gedanken gerissen wurde. Er hoffte, dass schnell wieder Ruhe einkehren würde, doch je länger er wartete, desto deutlicher wurde, dass Hazel nicht aufs Klo wollte. Nach ein paar weiteren Sekunden wurde seine Badezimmertür einen Spaltbreit geöffnet, und die blonden Locken seiner Schwester schoben sich hindurch, womit sie eine grundlegende Regel brach.

„Raus hier“, fuhr er sie an, und ihr Kopf verschwand schlagartig wieder im Badezimmer. Doch dabei blieb es nicht.

Stattdessen öffnete sie die Tür ein Stück weiter, und ungläubig beobachtete Alec, dass sie es wagte, einen Schritt in sein Zimmer zu machen.

Eine Sekunde lang blickte sie sich um, als würde sie eine

neue, fremde Welt betreten, und in gewisser Weise stimmte das ja auch. Falls er vermutet hatte, sie würde zu ihm hineinschleichen, wenn er nicht da war, dann wurde diese Frage jetzt dadurch beantwortet, wie sie sich umsah. Sie befolgte Regeln, auch wenn niemand sie beobachtete.

„Bist du lebensmüde?“, fragte er und hörte, wie sie schluckte.

Dann trat sie einen weiteren Schritt auf ihn zu.

Ihm blieben jetzt mehrere Möglichkeiten.

Die übliche verbale Einschüchterung funktionierte diesmal offenbar nicht. Also könnte er brutale Gewalt einsetzen. Schmerz war immer höchst motivierend. Er könnte so tun, als würde er sie angreifen. Seine Decke zur Seite werfen und aus dem Bett springen und sie allein dadurch in die Flucht schlagen.

Oder er könnte es mit Psychologie versuchen. Er könnte einfach daliegen, absolut regungslos, und kein einziges Wort mehr sagen. Er könnte sie weiterhin so genau beobachten, wie er es im Moment tat, und einfach darauf warten, dass sie sich ihm weiter näherte, um ihr verrücktes Ziel zu verfolgen, das sie offenbar haben musste, wenn sie einfach so zu ihm hereinkam, nur um zu sehen, wie ihr dann der Mut schwand, je weiter sie sich in sein Zimmer vorwagte.

Vielleicht reizte es ihn einfach, ein solches Maß an Kontrolle über die Situation auszuüben, oder vielleicht war er auch einfach nur neugierig, was sie tun würde. Jedenfalls entschied er sich für die dritte Möglichkeit.

Er wartete.

Seltsamerweise musterte Hazel ihn genauso eindringlich

wie er sie. Sie kam einen weiteren Schritt auf das Bett zu und dann noch einen, und obwohl er sah, dass sie zitterte, es schon in dem Moment bemerkt hatte, als sie den Kopf zur Tür hereingesteckt hatte, ging sie weiter. Erst als sie nur noch zwei Schritte vom Bett entfernt war, fiel ihm auf, dass sie etwas in der Hand hielt.

Schnell machte sie die letzten beiden Schritte, als würde sie sonst aller Mut verlassen, und legte das Ding auf Alecs Fußende. Dann wich sie wieder zwei Schritte zurück, fuhr auf dem Absatz herum, rannte zurück ins Badezimmer und zog die Tür, die von dort in sein Zimmer führte, hinter sich zu.

Eine Weile starrte er auf das Buch, das auf seinem Fußende lag, bevor er schließlich danach griff.

Es war grün, der Titel in fetter weißer Schrift, genau zentriert und leicht hochgeprägt. Ein pinkfarbener Klebezettel markierte den Anfang von Kapitel fünf. Und als er es aufschlug, fand er in der sauberen Handschrift seiner Mutter Notizen für seinen Dad und sie, wie Hazels Party vorzubereiten war.

Entgegen aller Logik und allen Regeln hatte Hazel den Großen Plan aus der geheimen Bibliothek ihrer Eltern gestohlen, während die beiden schliefen.

Und sie zeigte ihm diesen Plan.

Alecs Herz hämmerte, während er die sorgfältig beschriebenen Schritte im Kapitel fünf durchlas. Jene Methode, die versprach, aus ihrem bösen Kind ein gutes zu machen und eine familiäre Harmonie zu erreichen, die, wie seine Eltern immer wieder gelesen hatten, absolut im Bereich des Möglichen lag.

Nachdem er die Seiten durchgeblättert hatte, in die sein Vater bisher noch nicht einmal einen Blick geworfen hatte, deren Inhalt er aber bereit war, bei ihrem problematischen Erstgeborenen auszuprobieren, starrte er hinüber zur Badezimmertür, die seine Schwester zu öffnen gewagt hatte, obwohl sie wusste, welchen Zorn sie dadurch auf sich ziehen würde. Den Rest des Abends grübelte er darüber nach, warum sie es getan hatte. Was für ein Spiel spielte sie? Was für eine Art von Zauberei praktizierte sie, um ihm ein trügerisches Gefühl von Zusammengehörigkeit zu vermitteln?

Dann ging er zurück in seiner Erinnerung. Noch einmal rief er sich ins Gedächtnis, wie er sie in der Vergangenheit verwirrt hatte. Dachte an jene Augenblicke, in denen er einfach angenommen hatte, sie wolle ihn lediglich aus dem Konzept bringen. Einmal hatte sie ihm in ihrem Spielzeugofen Kekse gebacken, als seine Eltern im Supermarkt sein Flehen überhört und ihm keine Süßigkeiten gekauft hatten. Auf einem Campingtrip, der ziemlich schiefgegangen war, hatte sie einmal über einen eigentlich unbeabsichtigten Witz von ihm gelacht, während sie gleichzeitig verzweifelt nach einer Mücke auf ihrer Nase schlug. Und an einem Muttertag hatte sie einmal seinen Namen mit auf die Karte gesetzt, weil er es vergessen hatte.

Den Rest der Nacht starrte Alec aus dem Fenster, bis die Sterne im Licht der aufgehenden Sonne verblassten. Es war zu verlockend zu glauben, dass seine Schwester ihm das Buch gebracht hatte, weil ihr ein Bündnis zwischen ihnen plötzlich als vorteilhaft erschien. Nachdem er zehn Jahre beobachtet hatte, wie sie seine Eltern und auch den

Rest der Welt in ihren Bann zog, fiel es ihm nicht besonders leicht, ihr einfach zu vertrauen.

Nein, dachte er, als bereits der Tag anbrach. *Das ist nur wieder einer ihrer Tricks.*

Bis zu diesem Moment war es ihr gelungen, alle außer ihm zu täuschen. Ein scheinbares Friedensangebot würde ihn nicht dazu verleiten zu glauben, dass sie plötzlich auf seiner Seite stand. Trotzdem beunruhigte es ihn ein wenig, dass er nicht wusste, was sie vorhatte. Und dieses Geheimnis ließ sich nur auf einem Wege lösen.

„Ich spiele mit", flüsterte er vor sich hin. „Irgendwann wird sie die Karten auf den Tisch legen."

„Du machst es zu kompliziert", sagte Hazel. Überraschend entspannt sprach sie mit ihrem neuen Verbündeten.

Sie saßen im Garten am Pool und ließen ihre Füße in das Chlorwasser hängen, während die Sonne ihnen auf den Rücken brannte. Alec brauchte keinen Spiegel, um zu wissen, dass sein Genick allmählich rot zu glühen begann.

„Was redest du da? Es ist der perfekte Plan", entgegnete er.

Alec war so daran gewöhnt, seine Schwester kalt abprallen zu lassen, dass es ihm ausgesprochen schwerfiel, so zu tun, als würde er sie ernst nehmen. Aber wenn er herausfinden wollte, in welche Falle sie ihn zu locken versuchte, musste er überzeugend wirken.

Seltsamerweise begann er sie jedoch allmählich mit anderen Augen zu sehen, während er vorgab, ihren Rat anzunehmen. Es war schon komisch, wie dieser Mensch, mit dem er so eng verwandt war, plötzlich vor ihm erst Gestalt anzunehmen schien, als habe er bisher nur mit einem leeren Hologramm zusammengewohnt.

Sie war wahrlich eine perfekte Betrügerin.

„Damit ich das richtig verstehe“, sagte sie und verdrehte die Augen. „Dein toller Plan, Mom und Dad davon zu überzeugen, dass du nicht völlig gestört bist, besteht darin, dich völlig gestört zu verhalten?“

In Kapitel fünf hatte er am Abend zuvor erfahren, dass „der Große Plan“ eine grob vereinfachte Sicht auf das Gehirn von Teenagern war. Wenn Eltern sich ein gut erzogenes, berechenbares Kind wünschten, mussten sie es nur wie das genaue Gegenteil davon behandeln. Es war der schlimmste Ansatz, den es in dieser blödsinnigen umgekehrten Psychologie gab, und nichts nervte Alec mehr, als wenn man an seiner Intelligenz zweifelte.

Sein Gegenzug war daher einfach. Er würde sich einfach noch schlimmer verhalten … viel, viel schlimmer. Natürlich tat er nur so. Er wusste, sein Gegenschlag war brutal. Aber es war wichtig, dass Hazel auf diese Idee kam, nicht er. Nur so konnte er sie glauben machen, dass er auf ihre Geste aus angeblicher schwesterlicher Liebe hereinfiel.

Sobald sie ihre Schilde heruntergefahren hatte, würde es ihm gelingen herausfinden, was sie *tatsächlich* vorhatte.

„Inwiefern bin ich in diesem Szenario der Gestörte?“, wollte er wissen, und hatte Mühe, nicht beleidigt zu sein. Es war nur ein Spiel. „Sie glauben, der beste Weg, aus mir noch etwas Gutes zu machen, besteht darin, mich so zu behandeln, als sei ich böse!“ Und gespielt wütend fügte Alec hinzu: „Wenn du mich fragst, ist *das* ziemlich gestört.“

Jetzt tat er so, als sei vorgeblich schlechtes Benehmen der beste Weg, sich gegen den angeblichen Ärger seiner Eltern, über sein tatsächlich schlechtes Benehmen zur Wehr zu setzen. Langsam wurde das alles ziemlich metamäßig. Alec spürte, wie er Kopfschmerzen bekam.

„Pass auf", sagte Hazel und klang plötzlich älter als ihre fast zehn Jahre. „Versteh mich nicht falsch, aber du bist irgendwie anders geworden."

„Anders?", fragte Alec und legte eine Hand über die heißeste Stelle in seinem Nacken, um sie zu beschatten. Gestern noch hätte Hazel es nicht gewagt, so direkt zu ihm zu sein. Vielleicht verlor er wirklich seine Fähigkeit, sie einzuschüchtern.

„Du warst immer ziemlich gut darin, es zu verstecken", fuhr sie fort und blickte ihn streng an. Er wusste, sie wartete darauf, dass er es begriff.

Als er nicht antwortete, seufzte sie und meinte: „Du bist schon mit ganz anderen Sachen durchgekommen."

„Wieso soll das meine Schuld sein?", erwiderte er, und es gefiel ihm überhaupt nicht, dass er ziemlich mürrisch klang.

Sie ließ ihn nicht aus den Augen.

„Dass ich der Böse bin, haben sie erst angefangen zu glauben, nachdem sie herausgefunden hatten, dass du die Gute bist."

Hazel betrachtete wieder die Wasseroberfläche, und dieses Mal glaubte er, einen kurzen Blick auf die alte Hazel zu erhaschen, die immer mit einer Entschuldigung auf den Lippen auf Zehenspitzen um ihn herumgeschlichen war, als sei es verlorene Liebesmühe, darauf zu hoffen, dass sie jemals Freunde sein könnten.

Zu Alecs großer Verblüffung spürte er einen Stich des Bedauerns darüber. Es war ein Gefühl, das er lieber schnell verdrängte.

„Okay, was schlägst du vor?“, fragte er.

Die Lösung war zu einfach.

„Sei lieb“, sagte sie.

Alec lachte. Was hätte er auch sonst tun sollen?

„Das ist also dein Plan, um unsere Eltern zu manipulieren? Die umgekehrte Psychologie umkehren?“

Sie zuckte die Achseln. „Wenn du dich ein bisschen netter benimmst und ich mich ein bisschen schlechter, gleicht sich das vielleicht aus und sie lassen uns endlich einmal in Ruhe.“

Alec sperrte den Mund auf. Er zeigte sich so schockiert, wie er sich schon lange gefühlt hatte und das vor dem Menschen, bei dem er es sich am wenigsten hätte vorstellen können: der lieben Hazel. Dem Kind, das tat, was man ihm sagte und wann man es ihm sagte. Die Einser-Schülerin und begabte Klavierspielerin, die stets abwusch und das Klassenzimmer aufräumte. Über die sich nie ein Lehrer beschwerte. Das perfekte Kind.

Vielleicht wollte sie nicht mehr perfekt sein.

Wieso war er noch nie darauf gekommen, dass ihr Los in der Familie vielleicht genauso belastend war wie das seine? Wieso war ihm nie das kleine Funkeln in ihren Augen aufgefallen, das sagte: „Lass uns heute mal die Plätze tauschen.“ Als sie aufgehört hatte, die brave Hazel zu sein und einfach nur noch Hazel war: ein Kind.

Umso wichtiger, ihr nicht zu trauen, dachte er voller Entschlossenheit. Sie hatte es satt, so zu tun, als sei sie das brave Mädchen. Sie wollte endlich auch ein böses Kind werden. Und das bedeutete, sie hatte ohne Frage etwas vor.

„Meinst du, das kannst du schaffen?", wollte er wissen und meinte die Frage völlig ernst. „Wirklich böse zu sein?"

„Kannst du denn lieb sein?", entgegnete sie herausfordernd.

Sie kamen überein, an diesem Abend eine Art Probelauf für ihre Theorie zu starten. Ihre Eltern wollten ganz offensichtlich ihrerseits mit dem Experiment beginnen, das im Großen Plan beschrieben war. Schon den ganzen Tag hatten sie sich auf Alec konzentriert. Sie hatten mit ihm geschimpft, weil er seine Sachen nicht von der Wäscheleine geholt hatte. Sie hatten ihn ermahnt, weil er sich in Videospiele vertieft hatte, bevor seine Hausaufgaben fertig waren, obwohl doch Frühlingsferien waren. Sogar über die Wichtigkeit seiner Zahnpflege hatten sie ihm einen Vortrag gehalten, was seltsam anmutete, da der Zahnarzt beim letzten Check-up nichts zu beanstanden gehabt hatte.

Als das Abendbrot näherrückte, schmerzte Alecs Gesicht vom vielen Lächeln. Sein Nacken tat weh, weil er so oft genickt hatte. Innerlich jedoch hatte er oft gekocht, und es wunderte ihn, dass er sich nicht in Rauch aufgelöst hatte. Jeden Tadel hatte er heruntergeschluckt und war nie der Versuchung erlegen, sich zur Wehr zu setzen.

Und getreu ihrem Versprechen war Hazel an diesem Tag bei jeder Auseinandersetzung zur Stelle gewesen, um Alec etwas von dem Stress abzunehmen. Gleich am Morgen hatte sie ihrer Mom die nicht so gute Note für ihren Rechtschreibtest aus der vorangegangenen Woche gezeigt. Sie hatte das Hemd ihres Vaters „aus Versehen" in den Dreck fallen lassen, als sie es von der Wäscheleine nahm. Und nach der großen Zahnpflegedebatte am Nachmittag war aufgefallen, dass es eine Premiere gegeben hatte: Hazel hatte zum ersten Mal den Mund aufgemacht.

„Wie viele Löcher hattest du bei deinem letzten Checkup?“, murmelte sie in Hörweite ihrer Mutter.

„Junge Dame, was ist denn heute in dich gefahren?“, fragte ihre Mutter.

Und als Alec und Hazel sich nach dem Abendbrot in ihre Zimmer zurückzogen, berührten sie sich auf der Treppe mit den Fingerspitzen und verbargen ihr Lächeln.

Doch sobald Alec seine Zimmertür hinter sich geschlossen hatte, ließ er sich noch einmal jeden Augenblick dieses Tages durch den Kopf gehen, um das Verhalten seiner Schwester zu analysieren: wie sie zu schnell für ihn in die Bresche gesprungen war, um die Standpauke abzufangen, die für ihn bestimmt gewesen war; wie sie ihrer Mutter eine freche Antwort gegeben hatte; wie sie ihm beim Essen verschwörerisch zugezwinkert hatte. Alles in dieser Show, die sie für ihn aufgeführt hatte, war etwas zu perfekt gewesen.

Für dieses Spiel bist du nicht schlau genug, dachte er an jenem Abend, bevor er ins Bett ging. *Die Sache ist eine Nummer zu groß für dich, Schwesterherz.*

Fünf Jahre länger als sie überhaupt lebte, hatte er jetzt die Rolle des kleinen Teufels gespielt. Wenn sie glaubte, dass sie diesen Titel an sich reißen konnte, stand ihr ein böses Erwachen bevor.

Der nächste Tag war mehr oder weniger eine Wiederholung des vergangenen.

Als ihre Eltern am Frühstückstisch von Alecs mangelnden Manieren anfingen, rülpste Hazel vernehmlich. Als Alecs Dad ihm vorwarf, mit seinem Fahrrad die Autotür zerkratzt zu haben, nahm Hazel die Schuld auf sich. Als Alecs Mom zur Diskussion stellte, wann Alec wohl das letzte Mal Gemüse gegessen hatte, warf Hazel sofort ein, wann ihre Eltern denn das letzte Mal welches gekocht hätten, um es zu essen.

Am Abend gesellte sich Hazel zu Alec, der auf dem oberen Treppenabsatz hockte, und gemeinsam lauschten sie, wie ihre Eltern über die Ereignisse der letzten beiden Tage rätselten.

„Kommt mir das nur so vor oder hat Hazel auch gerade irgendeine … Phase?“, flüsterte ihre Mom ihrem Dad zu, während die Teelöffel der beiden in den Kaffeetassen klirrten.

„Zuerst habe ich gedacht, es sei reine Einbildung“, stimmte ihr Dad zu.

Die Verblüffung der Eltern war unüberhörbar.

„Hast du gehört, was sie heute Nachmittag zu mir gesagt hat?“, fragte ihre Mom. „Sie hat tatsächlich gesagt, sie fände, ich würde langsam ‚verhärmt‘ aussehen! Verhärmt, Ian! Sehe ich verhärmt aus?“

„Nein, aber du *klingst* verhärmt“, murmelte Alec.

Hazel musste ein Lachen unterdrücken, aber Alec war viel zu irritiert, um zu erkennen, was daran komisch sein sollte. Seine Eltern gingen ihm tierisch auf die Nerven. War es wirklich so unvorstellbar, dass Hazel noch gehässiger sein konnte als der bekanntermaßen völlig verdorbene Alec?

„Könnte es dir jemand verdenken, wenn du verhärmt wärst?", meinte ihr Dad.

„Oooh, falsche Antwort", flüsterte Hazel. Diesmal begriff Alec den Witz, und sein Lachen überraschte ihn selbst.

„Also sehe ich doch verhärmt aus?", fragte ihre Mom, und Alec hörte, wie einer der Teelöffel immer schneller gegen die Tasse klirrte. Einer der beiden rührte geradezu zwanghaft in seinem Kaffee.

„Natürlich nicht, Meg. Können wir bitte bei den Kindern bleiben?", erwiderte er, und ihre Mom stieß ein ungnädiges „Ha!" aus.

„Ach, sieh an, wer jetzt hier den Erwachsenen herauskehren will", schimpfte ihre Mom, und Alec und Hazel lehnten sich auf ihrem Treppenabsatz zurück und zogen eine Grimasse.

„Das wird nicht gut enden", meinte Alec.

„Im Ernst, Meg?"

„Ich finde nur …"

„Oh, ich weiß, was du findest. Du hast das sehr deutlich gemacht."

„Meine Güte, Ian, werd erwachsen."

Doch als Alec hinüber zu Hazel sah, lächelte sie nur. Als würde alles genau nach Plan laufen. Klar, aus ihrer Sicht tat es das ja auch.

Dann lächelte sie ihn an. Wenn Alec sie nicht längst durchschaut hätte, wäre er versucht gewesen, ihr Lächeln für aufrichtig zu halten. Wenn er der Typ gewesen wäre, der auf eine solch offensichtliche Manipulation hereinfiel, hätte er sogar eine gewisse Wärme ihr gegenüber empfunden, einer Schwester, die tatsächlich die Absicht zu haben schien, eine Beziehung zu ihrem Bruder aufzubauen.

Irgendwie war es niedlich, dachte er, wie sie glaubte, ihn austricksen zu können.

„Okay, okay", sagte ihr Dad, und Alec hörte, wie er tief Luft holte. „Wir dürfen uns nicht auch noch in die Haare geraten."

Ihre Mutter seufzte. „Du hast recht. Lass uns einfach ins Bett gehen. Es war ein langer Tag. Oh, und damit du es weißt, ich kann das Buch nicht finden."

„Vergiss es einfach", erwiderte ihr Dad. „Wir suchen morgen danach."

Zwei Stühle wurden kratzend auf dem Küchenboden zurückgeschoben. Alec und Hazel sprangen auf und schlüpften schnell in ihre Zimmer, als auch schon das Licht auf der Treppe eingeschaltet wurde und ihre Eltern ankündigte.

Als er im Bett lag, ging Alec noch einmal alle Varianten seines eigenen Plans durch, den Gegenschlag gegen den Gegenschlag sozusagen.

Morgen sollte die Party durchgeplant werden. Er hatte gehört, wie seine Mom seinen Dad mindestens tausendmal daran erinnert hatte, auch wenn das eigentlich egal war, da er bei der Arbeit sein würde und auf dem Weg dorthin Alec und Hazel mitnahm, damit sie sich mit Tante Gigi in der Pizzeria treffen konnten.

Dort würde Alec seine Ermittlungen dann vorantreiben. Wollte er herausfinden, was Hazel tatsächlich vorhatte, dann würde ihm das an jenem Ort gelingen, wo alle Pläne und Gegenaktionen aufeinanderprallen würden. Ihm fiel kein anderer Grund ein, warum Hazel so entschlossen war, ihre eigene Geburtstagsfeier zu sabotieren, indem sie Alec erlaubte … nun ja, er selbst zu sein. Es musste etwas mit ihrem Geburtstag am Sonnabend zu tun haben. Was immer sie auch vorhatte, dann würde es über die Bühne gehen.

Alec hatte eigentlich nur die Möglichkeit abzuwarten, bis Hazel ihre Karten auf den Tisch legte. Es war nur eine Frage der Zeit, und obwohl sie sich als gerissener erwiesen hatte, als er es ihr eigentlich zutraute, war sie auch kein teuflisches Genie.

Dieser Titel war für Alec reserviert.

Eine Weile nachdem Alec gehört hatte, wie sich die Schlafzimmertür seiner Eltern für die Nacht schloss, wurde die Tür zu dem Badezimmer, das er sich mit Hazel teilte, geöffnet, und sie streckte ihren Kopf in sein Zimmer.

„Das hat heute richtig Spaß gemacht“, meinte sie, und Alec schlüpfte sogleich wieder in die Rolle des Bruders, der mit ihr unter einer Decke steckte.

„Ja“, erwiderte er. „Das mit dem Kochen hast du gut gemacht“, sagte er.

„Danke.“

Hazel lachte schüchtern.

Ach, bitte, dachte Alec, doch er verkniff es sich, die Augen zu verdrehen.

„Hey, du glaubst doch nicht, dass wir sie in einen Nervenzusammenbruch treiben, oder?“, fragte Hazel.

„Nein“, entgegnete er. „Die kommen damit klar. Glaub mir, ich habe ihnen schon viel härtere Sachen zugemutet.“

Hazel nickte, dann lächelte sie ihm noch einmal schüchtern zu, bevor sie die Tür wieder schloss und quer durch das Badezimmer zurück in ihren eigenen Raum tappte.

Erst ein paar Minuten später fiel Alec auf, dass er ebenfalls lächelte. Und zwar nicht deswegen, weil ihm einfiel, bei welchen Gelegenheiten er seine Schwester mit ihren eigenen Waffen geschlagen hatte. Nicht deswegen, weil er ihre Betrügereien entlarven würde, damit ihre Eltern und Freunde und die ganze Welt sie durchschauten. Noch nicht jedenfalls.

Er lächelte, weil er ihre Gesellschaft genoss.

Reiß dich zusammen, Alec, tadelte er sich.

Dann sagte er sich wieder und wieder, dass sie nicht so gut war, wie sie glaubte zu sein, dass sie ihn lediglich benutzte. Dass diese Verbrüderung nur vorgetäuscht und vorübergehend war und dass sie beide, sobald er sie als Betrügerin entlarvt hatte, in ihre Zimmer zurückkehren würden und er wieder das tun konnte, was er wollte – nur mit dem Unterschied, nun nicht mehr mit der engelsgleichen Hazel verglichen zu werden.

Damit erlosch das seltsame Lächeln auf seinem Gesicht, und voller Rachegelüste schlief er ein.

„Gigi, was meinst du? Sollten wir auch die Fazbear Funwiches noch ins Paket nehmen?"

Am Mittwoch war Alecs und Hazels Mom ein einziges Nervenbündel. Sie hatte den Wecker verschlafen und musste Alec und Hazel, ohne geduscht oder sich auch nur die Zähne geputzt zu haben, ins Auto setzen. Ihr Haar stopfte sie unter eine alte Baseballkappe, und mit ihren dunklen Augenringen wirkte ihr Gesicht im Schatten der Kappe fast wie ein Totenkopf.

Hazel hatte es nicht unbedingt besser gemacht, als sie mit äußerst besorgter Stimme fragte, ob ihre Mom sich etwas eingefangen habe, weil sie so kränklich wirke. Und dass Alec so nett zu ihr gewesen war, hatte auch nicht wirklich geholfen.

„Du siehst gut aus, Mom", hatte er gesagt, was ihre Mutter so aus der Fassung brachte, dass sie die beiden nur anstarrte, bevor sie sie aufforderte, sich anzuschnallen. Dann überfuhr sie zwei Stoppschilder, um sich pünktlich mit Tante Gigi im Freddy Fazbear's treffen zu können.

Nun stand sie mit einer lustlosen Partyplanerin, die ungeduldig auf Antworten wartete, was die Feier am Sonnabend anging, im Partyraum.

„Was um alles in der Welt ist ein Funwich?", fragte Tante Gigi, wobei sie sich mit einer Hand auf einem Tisch abstützen wollte. Doch sie zog die Hand schnell zurück, als sie merkte, dass sie in etwas Klebriges gefasst hatte.

„Das ist … äh … das ist …", versuchte ihre Mom zu erklären, doch der Anblick von Alec und Hazel lenkte sie ab, denn die beiden schienen sich einträchtig mit einem Skeeball-Automaten zu beschäftigen.

„Bei diesem Spiel bist du eine echte Niete", stichelte Alec.

„Bin ich gar nicht!", erwiderte Hazel, doch nachdem sie den dritten Ball versenkt hatte, lachte Alec nur noch.

„Okay, es liegt mir nicht besonders", gab sie zu. „Beim Flippern bin ich besser."

„Kannst du überhaupt schon über den Rand gucken?", fragte er und wuschelte ihr nicht gerade zärtlich durchs Haar.

Hazel schenkte Alec ein Lächeln, und er erwiderte es, aber aus einem anderen Grund. Er hatte gut geschlafen und fühlte sich gestärkt für sein Vorhaben, seiner Schwester endgültig den Rest zu geben.

„Das ist ein leckeres halbmondförmiges Brötchen, ganz nach Wahl gefüllt mit gebratenen Makkaroni, Kartoffelkroketten oder Schokoladen-Marshmallows", erklärte die Partyplanerin augenzwinkernd Tante Gigi.

„Das klingt ja absolut ekelhaft", erwiderte Tante Gigi.

Die Partyplanerin widersprach nicht.

„Ja, aber es kostet nur zwanzig Dollar mehr, und offen gesagt weiß ich nicht, ob in dem Super-Überraschung-Partypaket genug Essen enthalten ist", gab Mom zu bedenken, während sie ihren Blick von den Kindern losriss und sich wieder ihrer eigentlichen Aufgabe widmete.

„Dann nehmen wir also die Fazbear-Funwich-Platte mit extra vielen Dips?", fragte die Partyplanerin, die offensichtlich allmählich genug von dem ganzen Hin und Her hatte.

„Ja. Machen wir das", erwiderte ihre Mom, sichtbar erleichtert, diese große Entscheidung getroffen zu haben. „Ich habe noch Gutscheine aus der Zeitung für Foxys Piraten-Megaparty. Kann ich die einlösen?"

Während ihre Mom und Tante Gigi die letzten Einzelheiten klärten, liefen Alec und Hazel durch die leere Pizzeria und entfernten sich aus der Hörweite ihrer Mutter und ihrer Tante.

„Was hat es mit diesem Laden überhaupt auf sich?“, sagte Alec und fürchtete sofort, sich verraten zu haben.

Die abgründige Wahrheit war, dass er gern selbst seinen Geburtstag im Freddy Fazbear’s gefeiert hätte, doch er hatte nie genug Freunde gehabt, um die Kosten für eine derart große Party zu rechtfertigen. Stattdessen hatten seine Eltern immer eine kleine improvisierte Feier zu Hause veranstaltet und sie Pool-Party genannt, wobei es schwer zu übersehen war, dass alle Kinder dort Hazels Freunde waren, die sie hatte einladen dürfen, damit überhaupt jemand kam.

Hazel zuckte die Achseln. „Keine Ahnung.“

„Lügnerin“, erwiderte er. „Du hast die letzten vier Jahre deinen Geburtstag immer hier gefeiert.“

Es war das perfekte doppelte Psychospiel. Er würde sie dazu bringen, ihm zu erzählen, was dieses Jahr so wichtig an ihrer dämlichen Party war, und sie glaubte offenbar, er wollte nur mal von Bruder zu Schwester mit ihr reden.

„Warum sagst du es mir nicht?“, forderte sie Alec auf und erwischte ihn dabei, wie er sie anstarrte. Ihm war das gar nicht aufgefallen, und er blickte schnell zur Seite.

„Netter Versuch“, meinte sie und deutete mit dem Kopf zu dem lebensgroßen Yarg Foxy.

Dort stand er, ganz der holzbeinige, hakenschwingende orangefarbene Piraten-Fuchs mit seiner Augenklappe. In diesem Restaurant hatte man ihn als lebensgroße Plüschfigur neben der Bühne positioniert, vermutlich, damit Fotos mit ihm gemacht werden konnten. Doch in jedem Freddy Fazbear’s übernahm er eine andere Rolle. Manchmal begrüßte er die Gäste an der Tür, oder er spielte auf der

Bühne in einer Band. Doch wo immer er auch war, Alec entdeckte ihn. Er war ohne Zweifel Alecs Lieblingsfigur. Es war nicht völlig abwegig, dass er früher einmal seinen Fuß in einen Blumentopf aus Plastik gesteckt und sich eine Papprolle über die Hand geschoben hatte und dann so getan hatte, als sei er Yarg Foxy.

Und natürlich war es möglich, dass Hazel ihn irgendwann einmal dabei beobachtet hatte.

„Wie auch immer", meinte er. „Das ist dämlicher Kinderkram. Und außerdem reden wir von dir, nicht von mir."

Sie standen jetzt in dem Gang zwischen der Bühne und der Spielhalle. Er betrachtete das Podest, auf dem Freddy Fazbear und alle seine Freunde ihre animatronisch gesteuerten Auftritte absolvierten. Es war immer ein bisschen unheimlich, wie still die Roboter nach der Show einfach nur dastanden, während das Restaurant vom Klingeln und Tröten der Spielautomaten widerhallte.

Unbewusst wich er von der Bühne zurück und merkte erst, dass er sich bewegt hatte, als er mit einer Hacke gegen irgendetwas stieß. Er drehte sich um, und direkt vor ihm, auf einem Podest, ragte eine kleinere Version des großen Bären auf. Nur an diesem Bären war ein unbeleuchtetes Schild angebracht, auf dem stand: LONELY FREDDY.

Es war ein seltsamer Name für ein Spielzeug. Unbeweglich stand der Bär da, fast, als habe er Haltung angenommen. Seine Augen starrten blicklos hinüber zur Bühne, aber Alec hatte das komische Gefühl, dass er ihn trotzdem beobachtete.

„Vielleicht möchte ich, dass es dieses Jahr mal anders wird", meinte Hazel, und beim Klang ihrer Stimme zuckte

Alec leicht zusammen. Er war so mit dem geradeaus starrenden Freddy beschäftigt gewesen, dass er total vergessen hatte, dass sie ganz in seiner Nähe stand.

„Und zwar? Möchtest du mehr Geschenke?“, fragte er. „Du weißt doch, dass du sowieso alles bekommst, was du dir gewünscht hast“, meinte er und ließ es zu, dass er ein wenig giftig klang. Er konnte nicht anders. Wie undankbar konnte sie eigentlich noch sein? Er war es, den niemand mochte, der um alles kämpfen musste, der ständig missverstanden wurde.

„Es gibt ein paar Dinge, die nicht einmal Mom und Dad hinbekommen“, sagte sie ein wenig trotzig.

„Glaub mir, für dich versetzen sie Berge.“

Hazel runzelte die Stirn. „Sie werden es zumindest versuchen.“

„Ja, sie versuchen es für *dich*.“

Sie verzog das Gesicht. „Sie tun nur so viel für *mich*, weil sie ein schlechtes Gewissen haben, dass sie sich so viel Sorgen um *dich* machen. Hast du auch nur die geringste Ahnung, wie viel Zeit Dad damit verbracht hat, den Campingausflug vorzubereiten?“

Das wusste Alec tatsächlich. Er hatte oben auf dem Treppenabsatz gelauscht, als sie jedes Detail des Ausflugs geplant hatten, um ihn ruhig zu halten. Als sei er eine Art Bombe, die jederzeit explodieren konnte.

Sein Blick glitt erneut zu dem Bären. Plötzlich hatte Alec das seltsame Gefühl, dass sie sich woanders weiter streiten sollten.

Lonely Freddy, dachte Alec bei sich. Vielleicht aber gar nicht so einsam, sondern vielmehr neugierig.

Hazel stemmte die Hände in die Hüften. „Ich wette, du weißt nicht einmal, dass sie wegen dir hierhergezogen sind."

„Wovon redest du?", erwiderte Alec nun ernsthaft verwirrt. Seine Wachsamkeit ließ nach, doch mit dieser Wendung der Geschehnisse hatte er nicht gerechnet.

„Der einzige Grund, warum wir hier leben und nicht in unserem alten Haus, ist der, dass wir jetzt näher bei Tante Gigi sind, und sie glauben, dass du sie lieber magst als unsere Eltern, weil sie dich ‚versteht'", sagte Hazel und zeichnete mit den Fingern Anführungszeichen in die Luft.

„Also …", begann Alec, aber ihm fiel nichts ein, was er dagegen hätte sagen können. Er mochte seine Tante tatsächlich lieber als seine Eltern.

„Glaubst du nicht, das könnte sie ein bisschen verletzt haben?", meinte Hazel. „Dass du Moms Schwester lieber magst?"

Was lief hier ab? Woher kam all diese Wut? Alec war völlig durcheinander. Hazel benahm sich wie … wie … er!

„Wenn sie so toll sind und ich so schlecht", sagte Alec und verlor seinen Plan, wie er zum Gegenschlag ausholen wollte, völlig aus den Augen, „warum hilfst du dann mir und nicht ihnen?"

Hazel brauchte nur eine Sekunde, um sich zusammenzureißen und war damit schneller als Alec, was ihn noch wütender machte. Irgendwie war es ihr trotz seiner fünf Jahre mehr Erfahrung gelungen, die Oberhand zu gewinnen.

„Hazel! Hazel, wo bist du?"

Bis eben hatten Hazels grüne Augen noch ein Loch durch Alec gebohrt, doch jetzt wandte sie kurz den Blick ab und antwortete ihrer Mom.

„Ich komme!"

Sie drehte sich auf dem Absatz um und verschwand um die Ecke in Richtung Partyraum. Nun war Alec allein mit Freddy, der sie die ganze Zeit belauscht zu haben schien.

„Was guckst du?", knurrte er den Bären an, und er musste kurz den Schauer abschütteln, der ihm über den Rücken lief, denn er hätte schwören können, dass er in den Augen des Bären ein Glitzern gesehen hatte. Wie ein Blitz war es durch ihn hindurchgeschossen.

„Ekelpaket", sagte er zu der Figur, bevor er seiner Schwester folgte.

Die Partyplanerin war mit einer weiteren Frage zurück und ihre Mom war nicht mehr in der Lage, irgendwelche Entscheidungen zu treffen.

„Hazel, Süße, möchtest du auch in den Windtunnel?"

Sie deutete auf das lange, röhrenförmige Gebilde, über dem das Wort WINDTUNNEL zu lesen war. Man hatte es in Form eines Tornados gestaltet. Im Inneren lagen noch Papierschlangen und Konfetti von der letzten Party.

„Ist mir egal", erwiderte sie, doch das war offensichtlich gelogen. Alec ließ sich nicht täuschen und ihre Mom auch nicht.

„Aber Schatz, dann hättest du die Chance einen Yarg Foxy zu gewinnen. Wolltest du das nicht?"

„Jetzt warte mal", stieß Alec hervor und fühlte sich nun wirklich hintergangen. Er konnte nicht anders. Es war der ultimative Verrat.

Alec hatte Hazel noch nie so rot werden sehen. Ihr ganzes Gesicht und ihr Hals brannten geradezu. Als könne sie seinen Blick an ihrem Hinterkopf spüren, fuhr sie herum und erkannte, dass Alec alles mitbekommen hatte.

Oh, ich habe es gesehen, dachte er. Das Einzige, das absolut *Einzige,* von dem du wusstest, dass ich es mir wünsche.

„Okay, jetzt mal langsam", meinte Tante Gigi, denn sie verstand kein Wort. „Was ist ein Yarg Foxy?"

Die Partyplanerin deutete lediglich auf das obere Regal der Wand mit den Preisen. Auf einem großen roten Schild stand: 10 000 Tickets.

„Das ist dieser Piraten-Fuchs", sagte ihre Mom abfällig.

Tante Gigi ging hinüber zu den Preisen, um sich das Ganze genauer anzusehen. „Ich kapiere es nicht", sagte sie.

Die Partyplanerin seufzte.

„Ich auch nicht", erklärte ihre Mom, „aber Kinder sind völlig verrückt nach dem Ding."

Hazel blickte zu Boden, ihre Ohren glühten.

„Macht es denn irgendetwas?", wollte Tante Gigi wissen.

„Es schwenkt einen Haken", erklärte ihre Mom.

„Oh. Und was ist mit dem Ding, das Kindern folgt?", fragte Tante Gigi an ihre Mom gewandt.

„Wie?"

„Du weißt schon", erwiderte Tante Gigi und schnippte mit den Fingern. „Dieser Bär oder was immer das ist."

„Ach so", entgegnete ihre Mom und wandte sich wieder der Partyplanerin zu, deren Augen sich nur langsam von ihrem Smartphone lösten.

Ohne die Frage ihrer Mom zu beantworten, drückte sie zwei Tasten auf dem Walkie-Talkie, das sie an ihrer Hüfte trug, und presste dann das Headset gegen ihr Ohr.

„Holt mal Daryl. Wir wollen einen Lonely Freddy in Aktion sehen.

Obwohl die Frau das Headset fest gegen ihr Ohr presste, konnten alle die Antwort hören. „Daryl ist in der Pause."

Die Partyplanerin stieß einen tiefen und sehr langen Seufzer aus. Alec war überrascht, dass sie mangels Sauerstoffs nicht in Ohnmacht fiel. Dann ging sie ohne ein weiteres Wort durch den Speisesaal zu einem Podest, auf dem ein vertraut wirkender, einen Meter zwanzig großer Bär stand. Die anderen folgten ihr im Gänsemarsch.

Die Partyplanerin deutete mit ausgestreckter Hand auf den Bären, der genauso aussah wie jener, dem Alec noch vor Kurzem zwischen der Bühne und der Spielhalle gegenübergestanden hatte. Er war genauso stocksteif. Und sein ausdrucksloser Blick ging in die Ferne.

„Das ist ein Lonely Freddy", erklärte die Frau mit leiernder Stimme, als würde sie einen Text ablesen.

„Wir im Freddy Fazbear's glauben, dass kein Kind seine Abenteuer in der Freddy Fazbear's Familien-Pizzeria allein erleben sollte. Durch unsere patentierte Technologie und einen Hauch der Magie von Freddy Fazbear kann ihr Kind den Bären persönlich kennenlernen. Freddy wird alles herausfinden, was ihrem Kind besonders am Herzen liegt, ganz wie ein echter Freund."

Tante Gigi beugte sich hinüber zu ihrer Mom. „Bilde ich mir das nur ein, oder klingt das Konzept vom Lonely Freddy wie eine Therapie für das typische ungeliebte Kind?"

„Gigi!“

„Meg, im Ernst, das ist doch eine mechanisch umgesetzte letzte Chance. Wenn niemand mit einem Kind spielen will, übernimmt das eben eine Maschine.“

Die Partyplanerin, die nahe genug stand, um das gehört zu haben, hob eine Augenbraue, widersprach aber nicht.

Alec hustete und murmelte nur: „Loser.“ Das war schlecht gespielt. Wenn überhaupt ein Kind auf einer Geburtstagsparty unter die Obhut eines Lonely Freddys gestellt worden wäre, dann ganz bestimmt Alec. Und wenn er jemals zu einer Party eingeladen gewesen wäre, hätte er das auch gewusst.

„Zur Sicherheit Ihrer Kinder müssen wir Sie bitten, darauf zu achten, dass sie die Lonely Freddys weder besteigen, noch auf ihnen reiten oder sie sonst in irgendeiner Weise missbrauchen. Die Eltern oder Erziehungsberechtigten übernehmen die volle Verantwortung für die Gesundheit und das Wohlergehen ihrer Kinder in Anwesenheit dieser patentierten Technologie.“

Damit war die Partyplanerin am Ende ihres Scripts angekommen, und sie ging zurück in den Partyraum. Alle anderen folgten ihr, wobei die Entscheidung, was den Windtunnel anging, immer noch offen war. Der kleine Ausflug zu dem Lonely Freddy hatte nichts zur Lösung der anstehenden Frage beigetragen, und die Partyplanerin war allmählich am Ende ihrer Geduld.

Tante Gigi beugte sich hinüber zu ihrer Mom und murmelte: „Kannst du den Fuchs nicht einfach kaufen und das ganze Drama drumherum weglassen? Was ist, wenn sie das Siegerlos im Windtunnel nicht zu fassen bekommt?“

Ihre Mom wirkte mitgenommen. „Das ist nicht das Gleiche, als wenn man ihn *gewinnt*.“

Hazel lauschte der Debatte, und obwohl Alec merkte, dass sie versuchte, cool zu bleiben, huschte Hazels Blick doch zum obersten Regal an der Wand mit den Preisen, wo ein brandneuer Yarg Foxy in einer durchsichtigen Schachtel thronte und nur darauf wartete, mit nach Hause genommen zu werden. Darüber befand sich ein knallrotes Schild, auf dem stand: GEWINN MICH IM WINDTUNNEL!

Es war offensichtlich, dass sie den Fuchs haben wollte. Warum tat sie dann so, als sei das nicht der Fall? Aber natürlich zählte nur, dass sie ihn wollte.

Und wenn du ihn nicht kriegst, werden alle erleben, was für eine verwöhnte Heuchlerin du bist.

Endlich konnte Alec seinen Gegenschlag ausführen.

„Hazel, du solltest in den Windtunnel gehen“, sagte er in sorgfältig gewählter Lautstärke, sodass sowohl seine Schwester als auch seinem Mom ihn hören konnten.

Mit schräg gelegtem Kopf betrachtete Tante Gigi Alec, dann sagte sie zu seiner Mom: „Hast du ihn auf Biomilch umgestellt?“

Seine Mutter zwickte sich in die Nasenwurzel, wie sie es immer tat, wenn sie spürte, dass eine Migräne im Anzug war. Dann wandte sie sich der Partyplanerin zu.

„Wir nehmen den Windtunnel dazu“, sagt sie.

Wieder zu Hause setzten Alec und Hazel ihr neues Spiel fort, wobei Alec den Helden gab und Hazel die Böse. Ihre Mom befahl Alec, sich von dem frisch gewischten Küchenfußboden fernzuhalten, woraufhin Hazel mit ihren schlammigen Schuhen gleich mal über die Fliesen lief. Ihre Mom bat Alec, alles fürs Recycling zu sortieren, doch Hazel stopfte Flaschen und Zeitungen einfach in den Hausmüll.

„Hazel, was um Himmelswillen ist in dich gefahren?“, brach es schließlich aus ihrer Mom hervor, und Tante Gigi starrte sie mit aufgerissenen Augen an.

„Ich habe keine Ahnung, wovon du redest“, erwiderte Hazel, lief die Treppe hinauf und knallte ihre Zimmertür hinter sich zu.

Alec setzte sich auf seinen üblichen Platz oben am Treppenabsatz.

„Es kommt mir vor, als sei sie besessen!“, sagte ihre Mom.

„Sie ist nun mal zehn“, erwiderte Tante Gigi, und Alec musste innerlich lachen, weil Tante Gigi nicht die geringste Ahnung hatte, dass sie ihre kleine Scharade auch noch unterstützte. Je mehr ihre Eltern sie für verrückt hielten, desto mehr würden sie versucht sein, alle Erziehungsratgeber beiseite zu legen, um sich bewusst zu machen, dass Alec nicht einfach nur ein Problem war, das man lösen konnte. Oder in diesem Fall wohl eher Hazel.

„Es ist, als hätten sie die Plätze gewechselt, Gigi. Das ist unheimlich!“, meinte ihre Mom.

„Was ist das?“, wollte Tante Gigi wissen, aber Alec konnte von seinem Lauschort aus nicht sehen, was sie meinte.

„Nur eins der Bücher“, erwiderte Mom, und die Erschöpfung in ihrer Stimme machte deutlich, dass sie das Vertrauen in den Großen Plan verloren hatte.

„Meg, weißt du, ich finde es toll, wie viel Mühe du und Ian euch gebt, in keinem Fall zwei Serienmörder aufzuziehen."

„Vielen Dank, Gigi", erwiderte ihre Mom trocken. „Freut mich, dass man das merkt."

„Ich meine es ernst. Ich halte euch beide für wirklich gute Eltern", sagte Tante Gigi.

„Irgendwo höre ich da ein Aber", stellte ihre Mom fest.

„Aber fragt ihr euch nie, ob ihr durch all eure Mühe, normale Kinder aus ihnen zu machen – was immer das bedeuten mag –, ob ihr dabei nicht …"

„Ob wir was?" Ihre Mutter klang nicht abweisend, sondern eher, als würde sie die Antwort fürchten.

„Vielleicht habt ihr sie zu dem gemacht, was sie sind", sagte Tante Gigi und hielt einen Moment inne, bevor sie hinzufügte: „Hazel ist die Brave. Alec ist der Komplizierte. Es kommt einem vor, als hättet ihr beide jeweils auf eine eigene Insel verfrachtet."

„Gigi, ich liebe dich", sagte seine Mom.

„Irgendwo höre ich da ein Aber", meinte Tante Gigi.

„Aber wenn mir noch jemand erklären will, wie ich meine Kinder zu erziehen habe, schreie ich", erklärte seine Mom.

Zu Tante Gigis Ehrenrettung musste man sagen, dass sie danach schwieg.

„Ich möchte einfach nur, dass wir eine Familie sind. Eine richtige Familie", erklärte Alecs Mom und er fand, dass sie nie erschöpfter geklungen hatte.

„Dann herzlichen Glückwunsch", entgegnete Tante Gigi trocken. „Ihr seid nämlich eine."

Als Alec sich erhob, um in sein Zimmer zu schleichen, hörte er, wie seine Mom über Tante Gigis Witz lachte, obwohl daran überhaupt nichts komisch war.

Genau wie Hazel hatte Alecs Mom alles, was sie wollte, aber trotzdem wollte sie immer noch mehr. Sie wollte perfekte Kinder mit perfekten Manieren in einem perfekten Haus. Es reichte nicht, dass Hazel jede Menge Freunde hatte und jedes Jahr zu ihrem Geburtstag eine legendäre Party schmeißen konnte. Sie musste unbedingt auch einen dämlichen Foxy haben. Und wieso? Weil es das Einzige war, das sie in ihrem verwöhnten Dasein nicht besaß.

Alec verstand das jetzt. Er begriff, dass seine Schwester diese Hazel nur spielte, und sie hatte ihr Bestes gegeben, um ihn als den Verwöhnten hinzustellen, nur damit er nicht ihren großen Tag ruinierte.

Netter Versuch, Schwesterherz, dachte er, und er spürte, wie sich sein klopfendes Herz verhärtete. *Netter Versuch, aber dir steht bei deiner Party eine ziemliche Überraschung bevor.*

Sein Gegenschlag gegen den Gegenschlag war bereits erfolgt.

Alecs Eltern waren kurz davor zu verzweifeln. Hazel hatte am Abend einen Scherz machen wollen, als sie sich erkundigt hatte, ob Alec meinte, dass sie die beiden in den Wahnsinn treiben würden, doch ihre Frage schien eine gewisse Wahrheit zu beinhalten.

Am Donnerstag waren sie schließlich am Rande eines Nervenzusammenbruchs. Alec und Hazel hatten sie fast zu Tode gequält. Alec hatte eine Wolfsspinne als Haustier mitgebracht, und Hazel hatte sie im Bett ihrer Eltern freigelassen. Hilfsbereit hatte Alec zum Abendessen eine Pizza bestellt, aber Hazel hatte heimlich eine doppelte Portion Sardellen unter den Käse legen lassen. Als sie später gemeinsam Scharade spielten und das Wort Ziege dargestellt werden musste, hatte Hazel es in ihrer Pantomime so erklärt: Wie Mom riecht!

Der Freitag flog mehr an ihnen vorbei, wobei ihr Dad alles in seiner Macht Stehende tat, um am Tag vor Hazels Party Frieden zu halten, obwohl keiner ihrer Eltern besondere Lust darauf hatte, Hazel zu feiern.

„Das müssen die Hormone sein", hörten sie ihren Dad sagen, als Alec und Hazel oben vom Treppenabsatz aus lauschten. „Wahrscheinlich ist sie nervös, ob alle ihre kleinen Freunde auch Spaß auf der Party haben werden."

„Ian, ich bin letzte Nacht aufgewacht, weil eine Spinne von der Größe meiner Handfläche durch mein Haar gekrochen ist", sagte ihre Mom mit zitternder Stimme, weil sie zum zigsten Mal in dieser Woche den Tränen nahe war.

„Oh Mann, ich dachte, die hätten sie gestern gefunden", flüsterte Alec, der tatsächlich kurz ein schlechtes Gewissen bekam.

„Haben sie auch", erwiderte Hazel. „Ich habe sie wieder ausgesetzt."

Alec starrte diese Fremde an, von der er gedacht hatte, sie sei seine Schwester. Seine Entschlossenheit, sie zu entlarven, mochte sich vielleicht verdoppelt haben, aber er konnte nicht leugnen, dass er wirklich beeindruckt war. Ihm wäre nicht die Hälfte der kleinen Gemeinheiten eingefallen, die sie im Lauf der vergangenen Woche inszeniert hatte. Er bedauerte sogar schon, dass sie, sobald die ganze Aktion vorbei war, wieder auf ihre eigenen Inseln zurückkehren würden. Unabhängig von den Gründen und trotz der gegenseitigen Täuschungen würde er sie vermissen. Er konnte sich nicht daran erinnern, wann er sich diesem kleinen, fremden Wesen das letzte Mal so verbunden gefühlt hatte.

Vielleicht erinnerte er sich nicht daran, weil es noch nie geschehen war.

Am Samstagmorgen taten ihre Eltern etwas, was sie seit Jahren nicht mehr gemacht hatten: Sie ließen Alec und Hazel so lange schlafen, wie sie wollten. Hazel wachte viel früher als Alec auf, doch sie blieb in ihrem Zimmer und spielte dort ruhig, bis Alec um neun Uhr schließlich aufstand.

Sobald seine Bettfedern quietschten und er sich aufsetzte, hörte er Hazels bloße Füße, die von ihrem Zimmer zu seinem getappt kamen. Die Badezimmertür wurde einen Spaltbreit geöffnet, und sie kam mit einer Selbstverständlichkeit zu ihm herein, wie sie noch eine Woche zuvor nicht denkbar gewesen wäre.

„Der große Tag“, sagte Alec und suchte in ihrem Gesicht nach einer Reaktion.

Er hatte mit einer gewissen Aufregung gerechnet oder mit Selbstzufriedenheit, vielleicht sogar mit einem Anflug von Schuldbewusstsein wegen all der Qualen, die sie ihren Eltern zugefügt hatten, denn daran war sie ja eigentlich nicht gewöhnt, egal, wie entschlossen sie auch war, nicht mehr ganz so brav zu sein.

Doch nichts davon entdeckte er in ihrem Gesicht. Er sah die bekannten, gleichmäßig verteilten Sommersprossen, die großen hellgrünen Augen, die perfekt sitzenden Locken, die ihren Kopf umspielten. Aber da war noch mehr. Und wenn er sich nicht täuschte, war es tatsächlich tiefe Traurigkeit.

„Du wirst gleich wieder alles bekommen, was du dir wünschst", sagte er und musterte sie eindringlich, aber sie gab nicht preis, was sie dachte.

„Ja", antwortete sie, obwohl deutlich war, dass sie ihm nicht zustimmte.

„Weißt du, danach brauchst du wahrscheinlich einfach nur wieder nett zu sein, und sie werden dir alles verzeihen", sagte er.

Er dagegen konnte danach wieder sein übliches Verhalten an den Tag legen und würde keinerlei Anerkennung dafür bekommen, dass er sich in der letzten Woche äußerst anständig verhalten hatte.

„Ja, du hast wahrscheinlich recht", meinte sie und setzte sich neben seinem Bett auf den Boden.

Als sie anfing, Fusseln aus dem Teppich zu zupfen, fragte Alec sich plötzlich, ob sie das tatsächlich wollte – wieder das brave Mädchen sein.

Und überrascht erkannte er, dass es das war, was *er* wollte, völlig unabhängig von ihren Wünschen. All diese Pläne zu schmieden und die Gegenschläge zu entwickeln laugten ihn aus. Er hatte gedacht, er könne seine Schwester ausstechen und seine Position als der faule Apfel im Korb verteidigen, und vielleicht konnte er das auch. Aber wozu war das alles überhaupt gut? Dafür, dass er sich auf seine eigene kleine Insel in diesem Haus zurückziehen konnte?

War die letzte Woche mit ihr wirklich so schlimm gewesen?

Ohne Alec anzusehen, erhob Hazel sich und ging wieder in Richtung Badezimmer, und Alec hörte sich zu seiner eigenen Überraschung sagen: „Herzlichen Glückwunsch." Und diesmal wandte sie sich zu ihm um und sah ihn an.

Und sie lächelte.

Er fand, dass es ein ehrliches Lächeln war. Etwas anderes wollte er auch gar nicht glauben. Dieser Morgen war ausgesprochen verwirrend.

Wie schon in den vergangenen Jahren entwickelte sich die Party zu einem kaum beherrschbaren Chaos. Kinder standen auf Stühlen und rieben sich gegenseitig Luftballons übers Haar, um statische Energie zu erzeugen.

Eltern riefen: „Wo ist Jimmy? Hat irgendjemand Jimmy gesehen?" Das Personal im Freddy Fazbear's umrundete geschickt Pfützen aus Orangensaft und nahm Bestellungen für mehr Tomatenketchup entgegen.

Inmitten des Durcheinanders bemerkte Alec ein oder zwei Kinder, die mit einem einen Meter zwanzig großen Lonely Freddy im Schlepptau herumliefen. Man hätte es vielleicht als niedlich betrachten können, wäre es nicht irgendwie unheimlich gewesen, wie dieser nicht wirklich große, aber auch nicht wirklich kleine Bär seinem „Freund" überallhin folgte, ihm zuhörte und auf Stichworte wartete, um dann völlig selbstständig zu reagieren. Und Tante Gigis Kommentar hatte für Alecs Geschmack die Sache vielleicht etwas zu sehr auf den Punkt getroffen, doch an diesem Tag war die raue Realität nicht zu übersehen.

Die Kinder, die etwas zu grob miteinander spielten, deren Nasenlöcher ganz verkrustet waren und die mürrische Gesichter machten, waren es, denen die Bären folgten.

Hazel war nicht ganz so brav, wie man sie in den vergangenen Jahren erlebt hatte, doch sie war wieder mehr oder weniger die Alte. Höflich bedankte sie sich bei ihren Freunden, die mit Geschenken gekommen waren, von denen sie angeblich vollkommen überrascht war. Sie half ihrer Mutter, den Kuchen an alle Gäste und deren Eltern zu verteilen, bevor sie sich selbst einen Bissen nahm. Sie verbrachte mit jedem der anwesenden Kinder gleich viel Zeit und achtete darauf, dass sich niemand ausgegrenzt fühlte, während sie in der Spielhalle von Game zu Game eilte.

Alec hockte in einer Ecke und spielte seine gewohnte Rolle des schmollenden älteren Bruders. Wenn er wirklich gewollt hätte, wäre es für ihn ein Leichtes gewesen, auch einen Lonely Freddy zugewiesen zu bekommen.

Überraschenderweise schienen seine Eltern geradezu erleichtert zu sein, dass nun alles wieder seinen gewohnten, wenn auch unbefriedigenden Gang ging. Während sie ihn in den vergangenen Jahren dazu gedrängt hätten, mit seiner Schwester zu spielen, mal zu lächeln und ihn genötigt hätten, dabei zu helfen, die Geschenke zum Auto zu tragen, schien es ihnen heute recht zu sein, dass er auf seinem Stuhl hockte und missmutig die Partygäste beobachtete.

„Ich finde, es läuft alles ziemlich gut", sagte sein Dad zu seiner Mom und zu Tante Gigi.

„Hat irgendjemand das Personal daran erinnert, dass Charlotte keine Schokolade verträgt? Wahrscheinlich sollte ich noch einmal darauf hinweisen", meinte seine Mom.

„Es läuft toll“, stimmte Tante Gigi zu und warf Alec einen Seitenblick zu. Der zuckte nur die Schultern.

Und es lief tatsächlich wunderbar. Seine Eltern erkannten ihre Tochter endlich wieder, und die Party würde nur noch eine Stunde gehen. Auch hatte sich bisher niemand verletzt oder war vergiftet worden. Alles in allem konnte man also von einem beachtlichen Erfolg sprechen.

Abgesehen davon, dass es kein wirklicher Erfolg war.

Alec hatte noch keine Gelegenheit gehabt, seinen eigentlichen Trumpf auszuspielen. Und das kam einzig und allein daher, dass Hazel ihre Rolle nicht mehr spielte.

Sie hatte alles gemacht: Skeeball gespielt, auf dem virtuellen Schlachtfeld Zombies bekämpft, ungefähr eine Million Körbe geworfen, sich zwei vollständige Auftritte der „Freddy Fazbear Band“ angesehen … Doch jedes Mal, wenn die Partyplanerin hereingekommen war, um sie zu überreden, doch nun in den Windtunnel zu gehen, um sich das Siegerlos für ihren Preis zu holen, fand sie einen Grund, es nicht zu tun. Stattdessen warf sie dann Alec einen Blick zu und sagte zu der Partyplanerin: „Ich weiß nicht, ob ich das noch will.“

„Aber Schatz, du hast doch seit Wochen von nichts anderem mehr geredet, als davon, den Yarg Foxy zu gewinnen“, meinte ihre Mom dann, doch jedes Mal ließ Hazel die Partyplanerin abblitzen und begann mit ihren Freunden ein anderes Spiel.

Tante Gigi zuckte die Achseln. „Vielleicht will sie keinen mehr. Kinder sind wankelmütig.“

Alec hatte sich so gut vorbereitet. Er hatte sich davongeschlichen, ohne dass es jemand gesehen hatte. Drei ganze Eimer voller Lose, Eintrittskarten und Konfetti, die danach wie Spinnweben an ihm klebten, hatte er durchsucht, bis er schließlich das eine Los fand, mit dem man im Windtunnel einen Yarg Foxy gewinnen konnte. Er hatte das Los eingesteckt und sich weiterhin mürrisch gegeben, und niemand hatte etwas bemerkt.

Doch wenn Hazel ihre Chance im Windtunnel gar nicht nutzen würde, war alles umsonst gewesen.

Alec erkannte, dass er eine aktivere Rolle einnehmen musste als bisher, wenn er sie als das Miststück entlarven wollte, das sie war.

„Vielleicht fürchtet sie einfach, enttäuscht zu werden", sagte er zu seiner Mom, und seine Mom schien das für eine ziemlich naheliegende Idee zu halten.

„Alec, ihr zwei habt euch in letzter Zeit so famos verstanden. Vielleicht könntest du sie überzeugen. Ich fürchte einfach, dass sie nachher wegfährt, ohne es auch nur versucht zu haben und es später bereuen wird."

„Klar, Mom", erwiderte Alec und trug vielleicht ein bisschen zu dick auf, aber seine Mom merkte es nicht, sondern nickte zustimmend, woraufhin er zur Spielhalle ging, um seine Schwester zu holen.

Er fand sie am Tisch mit der Maulwurfsjagd.

„Oh, Hazel, kann ich dich kurz sprechen?", bat er und zog sie mit einem süffisanten Lächeln am Ellenbogen mit sich. Dann stand er mit ihr wieder in dem Gang zwischen der Fazbear-Bühne und der Spielhalle. Nur diesmal war kein unheimlicher Bär in der Nähe, der blicklos in die Ferne starrte. Das Podest mit der Figur war entfernt worden. Nur im Teppich war noch der Abdruck zu erkennen.

„Was ist los?“, fragte Alec, sobald sie außer Hörweite waren.

„Was meinst du?“, fragte sie und wand sich aus seinem Griff, während sie sich zu ihren Freunden umdrehte und ihnen zuwinkte.

„Ich meine, du bist wieder die perfekte kleine Hazel, und Mom und Dad kapieren es langsam“, sagte er und hoffte, dass sie den Köder schlucken würde.

„Wovon redest du? Mom und Dad sind begeistert. Alles ist wieder normal.“

Aus irgendeinem Grund schien sie wütend auf ihn zu sein, und er fragte sich eine Sekunde lang, ob sie durchschaut hatte, dass er sie bloßstellen wollte.

Und deswegen ging er vielleicht ein wenig zu aggressiv vor.

„Du weißt, dass die Party fast vorbei ist. Du wirst noch ohne diese dämliche Figur nach Hause fahren, wenn du nicht in den Windtunnel gehst.“

Sie zuckte die Achseln und senkte den Blick. Sie errötete so tief, dass ihre Sommersprossen fast verschwanden.

„Vielleicht brauche ich den Fuchs einfach nicht mehr“, entgegnete sie.

„Natürlich brauchst du ihn!“, fuhr er sie wütend an. Sie tat offensichtlich alles, um ihn an den Rand seiner Beherrschung zu treiben. „Es wird nicht so bleiben, dass du immer alles bekommst. Du wirst älter, und irgendwann bist du nicht mehr das Nesthäkchen, und wer wird dich dann noch mögen?“

In all den zehn Jahren seit sie ein Baby gewesen war, hatte Alec seine Schwester nie weinen sehen. Vielleicht hatte sie als Kleinkind den einen oder anderen Trotzanfall gehabt, doch dann hatte er sich immer rechtzeitig verdrückt.

Doch in diesem Moment bemerkte er, ohne dass er wusste, warum, wie sich ihre hellgrünen Augen mit Tränen füllten. Und es kostete sie anscheinend unglaubliche Überwindung, ihnen nicht freien Lauf zu lassen.

„Gut“, sagte sie und sonst kein weiteres Wort. Sie drückte sich an ihm vorbei und ging zwischen ihren Freunden hindurch geradewegs in den Partyraum und verlangte, ohne ihre Mom und ihren Dad und ihre Tante auch nur einmal anzulächeln, nun in den Windtunnel gelassen zu werden.

„Oh … oh, natürlich! Okay!“, erwiderte ihre Mom nicht unbedingt so begeistert, wie sie erwartet hatte. „Sie ist bereit für den Windtunnel!“, rief sie dann den Angestellten zu, als seien die ihr Hofstaat.

Zwei Mitarbeiterinnen bereiteten die Kammer vor, indem sie die Eimer mit den Losen und mit klebrigem Zellophankonfetti von oben in die Röhre kippten, bevor sie einen Schalter umlegten. Ein zuckendes Stroboskop sprang an. Man konnte nicht lange hineinsehen, ohne dass einem übel wurde.

Noch ein Schalter wurde umgelegt, der im Tunnel einen Sturm entfachte. Papier und Konfetti wirbelten durch die Röhre.

Die Mitarbeiterinnen schalteten die Maschine noch einmal aus, dann packten sie Hazel ohne viel Aufhebens an den Handgelenken und zogen sie zu der kleinen Tür, durch die man den Tunnel betrat. Das zuckende Stroboskop lockte ihre Freunde an, die aus der Spielhalle in den

Partyraum strömten wie die Motten zum Licht, um dabei zu sein, wenn das Geburtstagskind versuchte, das Los mit dem Hauptpreis zu erhaschen.

„Bist. Du. Bereit?“, fragte einer der Angestellten.

Hazel nickte nur, und Alec beobachtete mit einer gewissen Ehrfurcht, wie sich um sie herum der Sturm erhob, ihr die blonden Locken ins Gesicht peitschte und sie dabei fast zwischen den wirbelnden Papierschnitzeln verschwand.

„Schnapp dir die Lose!“, riefen ihre Freunde, die hinter Alec standen.

„Oh! Oh, das Los mit dem Yarg Foxy! Hol es dir, Baby! Du schaffst das!“, schrie ihre Mom und hüpfte auf und ab, als ob das helfen würde. Aber Alec wusste es besser. Er legte eine Hand auf die Tasche seiner Jeans, wo sich das einzige zerknitterte Los befand, für das es den Yarg Foxy gab.

Hazel allerdings reagierte kaum auf die Schreie. Ohne sich besonders anzustrengen, versuchte sie wahllos einige der herumflatternden Papierschnitzel zu fassen.

„Ist alles in Ordnung mit ihr?“, erkundigte sich ihr Dad und blinzelte in das Papiergestöber innerhalb des Tunnels. „Sie wird sich doch nicht übergeben, oder?“

„Oh je, das wäre ja eine Schweinerei“, erwiderte Tante Gigi, und Alec musste ein Schnauben unterdrücken.

„Komm schon, Hazel!“, rief er laut und tat so, als würde er sie zusammen mit den anderen anfeuern. „Hol dir das Los! Hol dir den Fuchs!“

Aber es hatte keinen Sinn. Entweder konnte sie nichts hören, oder es war ihr einfach egal.

Als die Zeit abgelaufen war und ein Summen ertönte, schaltete ein Mitarbeiter vom Freddy Fazbear’s pflichtschuldig den Windtunnel ab, und der Sturm innerhalb der Röhre fiel abrupt in sich zusammen.

„Okay, Jungs und Mädchen!“, rief der Mitarbeiter in ein Mikrofon. „Dann wollen wir mal sehen, was das Geburtstagskind gewonnen hat!“

Die Gäste der Party drängten sich um den gläsernen Zylinder, und als Hazel herauskam, wich sie den gierigen Händen aus, die nach den Losen grabschten, als seien es Geldnoten.

„Also Hannah, was haben wir denn?“, erkundigte sich der Mitarbeiter.

„Sie heißt Hazel“, korrigierte Tante Gigi.

„Okay!“, fuhr der Mitarbeiter fort, ohne auf Tante Gigi einzugehen, und lief hinüber zu Hazel, die ihm einen skeptischen Blick zuwarf. „Dann zeig mal her!“

Sie gab ihm alle Lose, die sie aus dem Tunnel hatte mitbringen können. Er sah sie durch und verkündete jeden einzelnen Preis, als habe sie im Lotto den Jackpot abgeräumt.

„Ein Freigetränk an der Limonadenfontäne! Eine Bonusrunde am Sky Dunk! Ein … nein, sogar zwei Becher mit Freddy-Fazbear-Aufdruck!“

Als der Angestellte zum letzten Los kam, begann ihre Mom nervös von einem Fuß auf den anderen zu treten.

„Den Fuchs hat sie wohl nicht erwischt“, hörte Alec sie zu seinem Dad sagen.

„Meg, entspann dich. Sie will ihn ja noch nicht einmal haben.“

„Doch, sie will ihn, Ian. Sie versucht nur, ein großes Mädchen zu sein.“

„Na, Hannah, das ist ja eine schöne Ausbeute“, meinte der Mitarbeiter, nachdem er alle Preise laut vorgelesen hatte.

„Hazel!“, brüllte Tante Gigi. Diesmal warf der Mann einen Blick über die Schulter und musterte sie kurz von Kopf bis Fuß.

„*Hazel*“, korrigierte er sich dann.

„Moment!“, rief das Mädchen, das Charlotte hieß und keine Schokolade vertrug. „In ihrem Haar!“

Und tatsächlich. Als ihre Freunde sie umdrehten, hatte sich ein glitzerndes Los, das völlig anders aussah als die anderen, die sie im Tunnel eingefangen hatte, in ihren blonden Locken verfangen.

Aber Alec erkannte es sofort.

„Es ist der Yarg Foxy! Es ist der Yarg Foxy!“, schrie Charlotte.

Das ist nicht möglich, dachte Alec. Wut kochte in ihm hoch, und er war kurz davor zu platzen. Er dachte an den Tunnel, bevor die Windmaschine angestellt worden war. Von der letzten Runde hatten sich noch Papierstücke darin befunden. Und mit dem glitzernden Konfetti und den Losen musste auch eins für den Yarg Foxy zurückgeblieben sein, das dann vom künstlich erzeugten Sturm wieder aufgewirbelt worden war.

Alec war sich sicher, dass seine Schwester das nicht beabsichtigt hatte, aber ihre Miene nahm einen völlig anderen Ausdruck an. Es geschah nur für eine Sekunde, aber er sah sie gerade im richtigen Moment an. Und in diesem kurzen Augenblick erkannte er grenzenlose Erleichterung in ihren Zügen darüber, dass sie den Preis gewonnen hatte.

Und niemand würde den legendären Wutanfall der braven Hazel zu sehen bekommen, dem Mädchen, das alles besaß, nur den Fuchs nicht.

„So ist es, Leute! Hazel hat einen Yarg Fox gewonnen!", rief der Mitarbeiter, und die anderen Kinder flippten vollkommen aus.

Sie folgten dem Mann bis zu der Theke, hinter der die Preise ausgestellt waren, und umringten ihn, als er die Schachtel mit dem Yarg Foxy vom höchsten Regal nahm und ihn Hazel überreichte, als sei sie gerade zur Königin gekrönt worden.

„Was für eine Erleichterung!" Ihre Mom seufzte und ließ sich zurück in ihren Stuhl sinken.

Alec starrte sie an, als sei ihr gerade ein zweiter Kopf gewachsen. Eine Erleichterung?

„Das ist doch ein Witz", meinte er, und sie warf ihm einen finsteren Blick zu.

„Wie kannst du so etwas sagen? Du weißt, wie sehr sie sich diese Figur gewünscht hat."

„Sieht sie so aus, als wollte sie die dämliche Figur haben?", schimpfte er immer noch wütend darüber, dass Hazel alles in ihrer Macht Stehende tat, um die Tatsache zu verbergen, dass sie die verwöhnte Tochter war.

Alec sah zu, als sie den Fuchs auspackte und in die Höhe hielt. Sie strahlte ihn an, als sei es ein seit Langem verschollener Schatz.

„Zeig mal her, zeig mal her!", flehten ihre Freunde, aber Hazel lächelte schüchtern und schüttelte den Kopf.

„Schatz, warum willst du denn nicht damit spielen?", fragte ihr Dad, doch Hazel weigerte sich einfach. Erst als ihre Freunde das Interesse verloren und zurück in die Spielhalle strömten, nahm ihre Mom Hazel schließlich zur Seite.

„Schätzchen, was ist los? Willst du den Fuchs nicht mehr haben?“, erkundigte sie sich, und Alec war am Rande dessen, was er ertragen konnte.

„Natürlich nicht! Sie bekommt alles, was sie will, und sie ist immer noch nicht zufrieden! Aber ist es nicht furchtbar, dass Hazel den Fuchs nicht mehr haben will?“, schnauzte Alec. Er spöttelte, er grinste, aber niemand hörte ihm zu.

Und dann entschuldigte sich Hazel für eine ganze Weile. Sie musste schon mindestens zehn Minuten verschwunden sein.

„Ich habe dir ja gesagt, dass sie sich übergeben wird“, meinte ihr Dad. „Ich sehe mal nach ihr.“

Doch gerade als er sich in Richtung der Tür in Bewegung setzen wollte, hinter der Hazel verschwunden war, tauchte sie wieder auf. Den Fuchs hielt sie immer noch umklammert, als sei er ihr eben doch ausgesprochen wichtig.

„Hazel, Schätzchen, geht es dir gut?“, fragte ihre Mom und strich ihr über die blonden Locken. Und plötzlich wirkte Hazel gar nicht mehr so mürrisch oder verstört (oder krank, wie ihr Dad gemeint hatte). Stattdessen beugte sie sich vor und flüsterte ihr etwas zu, woraufhin ihre Mom praktisch auf der Stelle dahinschmolz.

Und dann tat ihre Mom etwas völlig Unerwartetes.

„Alec, komm her, Schatz“, sagte sie, und Alec betrachtete die beiden misstrauisch. Fairerweise darf nicht verschwiegen werden, dass ihr Dad und Tante Gigi das ebenfalls taten.

„Komm einfach her", sagte ihre Mom und verdrehte dabei die Augen, aber sie lächelte immer noch.

Vorsichtig näherte sich Alec seiner Mom und seiner Schwester. Er konnte sich einfach des Gefühls nicht erwehren, direkt in eine Falle zu tappen.

„Na los, Hazel. Sag ihm, was du mir gesagt hast", meinte ihre Mom.

Hazel wirkte äußerst verlegen. Sie hatte das Gesicht praktisch in dem Plüschfell des Fuchses vergraben.

„Sieh dich nur an. Schüchtern wie immer", flötete ihre Mom, und Alec war kurz davor, aus der Haut zu fahren.

„Was zum Teufel soll das?", zischte er durch zusammengepresste Zähne. Er war so nah dran – so nah –, seine Schwester mit ihren eigenen Waffen zu schlagen.

„Nichts", erwiderte sie. „Ich will das nicht mehr."

„Was willst du nicht mehr?", fragte Alec und wurde zunehmend nervös. Er blickte hinüber zu seinen Eltern, aber die schienen nichts gehört zu haben.

„Ich möchte nicht mehr so tun, als sei ich schlecht. Ich wollte nur, dass du mich magst."

Alec war sprachlos.

„Wie jetzt?"

„Hier", sagte sie und drückte den Yarg Foxy gegen seine Brust. „Er ist für dich."

„Oh, Schatz, sieh nur!", hörte Alec ihre Mutter sagen, und ihr Dad brachte sie schnell zum Schweigen, doch beide und auch Tante Gigi blickten weiter herüber.

„Das kann nicht dein Ernst sein", sagte Alec.

„Ich wollte ihn nur haben, damit ich ihn dir schenken kann", erklärte sie.

„Was zum Teufel soll ich mit einem dämlichen Fuchs?“, fragte er geradezu herausfordernd. Das war alles einfach zu viel. Wie war es ihr gelungen, ihn so geschickt zu besiegen?

„Ich wollte, dass du mich nicht mehr so sehr hasst. Nimm ihn einfach, okay?“, sagte sie und drückte ihn fester gegen seine Brust.

Nichts lief nach Plan. Eigentlich hätte sie den Fuchs nicht gewinnen sollen und einen ihrer legendären Wutanfälle bekommen, der, wie er wusste, schon die ganze Woche in ihr schlummerte, und wenn dann ihre Eltern und alle ihre Freunde endlich erkannten, was für ein verwöhntes Balg sie in Wirklichkeit war, hätte das Leben für Alec ruhig so weitergehen können wie bisher. Nur würde man sie dann wahrscheinlich nicht mehr auf Händen tragen, weil sie ja ein ach so guter Mensch war.

Aber nun hatte sie den Fuchs doch bekommen, und was tat sie? Sie schenkte ihn ihm! In einem Akt völliger Selbstlosigkeit überließ sie ihm ihren wertvollsten Besitz. Sie hatte den Fuchs *für ihn* gewonnen. Weil sie gewusst hatte, wie sehr *er* sich schon immer einen gewünscht hatte.

Sie hatte ihn einfach schachmatt gesetzt.

„Nein“, stieß er hervor und warf ihr den Fuchs zu. „Nein, ich will ihn nicht.“

„Alec! Wie kannst du dich gegenüber deiner Schwester so benehmen? Sie überlässt dir an *ihrem Geburtstag* ihr Geschenk!“, rief ihre Mom.

„Sie ist eine Heuchlerin! Seht ihr das denn alle nicht? Sie ist eine verwöhnte Göre und eine Lügnerin! Wieso erkennt ihr das nicht?“

Alec tobte jetzt. Er wäre sonst durchgedreht.

„Du willst, dass ich den Fuchs annehme?“, fragte er, und in den Augen seiner Mutter sah er, dass er völlig durchgeknallt wirken musste. „Okay, gut, ich nehme den Fuchs.“

Er zerrte seiner Schwester die Figur so heftig wieder aus den Händen, dass ein Arm abriss und Füllmaterial wie zarte Wolken durch die Luft schwebte.

Ihre Mutter stieß unwillkürlich einen Schrei aus, und Tante Gigi legte ihrer Schwester eine Hand auf die Schulter.

„Meg, reiß dich zusammen. Du machst es nur noch schlimmer.“

Ihr Dad versuchte, die Situation irgendwie zu retten.

„Alec, Sportsfreund. Nicht gerade heute.“

„Oh, ich verstehe, weil es ja abzusehen war, dass Alec die Party vermasseln würde. Dass er der perfekten kleinen Hazel ihren Geburtstag verdirbt“, knurrte er seine Familie an, die ihn einfach nur entsetzt anstarrte.

Alle außer Hazel. Sie stand einfach nur da, mit hängenden Armen und blickte ihn an.

Und da waren sie. Die Tränen.

Die hatte sie sich für diesen Augenblick aufgehoben, wenn sie mit großem Publikum absolut im Mittelpunkt stand. Jetzt konnte sie die Schleusen öffnen. Doch es kamen nur einige wenige.

„Ich ertrage das nicht mehr!“, wütete Alec, und völlig außer sich verließ er den Ort seiner bisher schlimmsten Tat. Die Party war damit erledigt, und alles war so gekommen, wie vorausgesagt. Er hatte alles gegeben, um seine

Schwester zu besiegen, aber am Ende hatte sie doch gewonnen.

Und als sei das noch nicht genug, hatte sie ihn tatsächlich – für einen kurzen Moment – glauben lassen, dass sie wirklich so engelsgleich war, wie sie es vorgab. Und dass sie seine Freundin sein wollte.

Wie ein Bulldozer bahnte Alec sich einen Weg durch die Pizzeria und ließ verwirrt dreinblickende Mitarbeiter und Freunde seiner Schwester und ein oder zwei Lonely Freddys zurück. Einschließlich Hazels Freundin Charlotte, die kurz davor war, sich zu übergeben, weil irgendjemand alle Warnungen in den Wind geschlagen und ihr doch Schokolade zu essen gegeben hatte.

Er hörte erst auf zu rennen, als er mindestens drei Türen aufgestoßen und das Geschrei der Kinder, der Lärm der Spielautomaten verstummt waren. Er befand sich irgendwo im Labyrinth der hinteren Räume von Freddy Fazbear's Pizzeria.

Er wurde langsamer, während er versuchte, wieder zu Atem zu kommen, doch erst als er stehen blieb, wurde ihm bewusst, dass er nicht ausatmen konnte.

Er schluchzte. Wie ein kleines Kind. Wie ein verwöhntes Balg.

Er suchte Halt an einer Wand, presste die Schultern dagegen, drückte das Kinn auf die Brust.

„Es ist nicht meine Schuld", sagte er wieder und wieder. „Es ist nicht meine Schuld."

Doch je öfter diese armseligen Worte in seinen Ohren widerhallten, desto mehr wurde ihm bewusst, dass sie nicht stimmten. Es war seine Schuld, und zwar vollständig.

Er hatte die Party gesprengt, Hazel fertiggemacht, nur weil er glaubte, dass alle es auf ihn abgesehen hatten. Er schloss die Augen, während er seine Schultern wieder und wieder gegen die Wand schlug. Ganz deutlich sah er Hazels tränengefüllte Augen vor sich, die Falten auf der Stirn seiner Mom und wie sein Dad enttäuscht den Kopf schüttelte.

Irgendwann war er so erschöpft, dass er aufhörte, sich gegen die Wand zu werfen, und dann fiel ihm auf, dass es gar keine Wand war. Es war eine Tür. Und das, was er für die wütenden Schläge seiner Schultern gegen die Wand gehalten hatte, kam in Wirklichkeit von der anderen Seite der Tür und klang wie ein heftiges Pochen.

Er presste seinen Kopf gegen die Tür, um zu lauschen. Gleichzeitig blickte er den Gang auf und ab, um sicherzugehen, dass niemand kam. Dann schlüpfte er in den Raum, aus dem das seltsame Geräusch drang.

Der Lichtschalter befand sich mitten im Raum zu seiner Rechten, und er musste sich ein paar Schritte durch die Dunkelheit an der Wand entlangtasten, bis er ihn schließlich gefunden hatte. Die Tür hatte sich, kurz nachdem er eingetreten war, mit einem dumpfen Schlag hinter ihm geschlossen.

Als schließlich das Licht aufflammte, erkannte Alec, dass er sich in einer Art Lagerraum befand, der vollgestopft war mit ausrangiertem Spielzeug und anderen Gerätschaften und weniger mit Großpackungen von Papierservietten und Pappbechern, wie er erwartet hatte. An der hinteren Wand reihte sich ein ausgemusterter Spielautomat an den anderen. Alec erinnerte sich, dass sie einmal sehr beliebt gewesen waren. An einer Seitenwand waren Cafeteriatische aufgestapelt, und links von ihm standen Drahtregale, in denen kaputte oder veraltete Spielzeuge lagerten, die vielleicht einmal Preise gewesen waren. Doch jetzt sahen sie eher wie Spielzeuge aus, die unter den Betten von Kindern landen würden.

Er ließ sich auf einen der Stühle fallen, die zu den Cafeteriatischen gehörten.

Seine Nase lief immer noch von der Heulerei draußen im Gang, und als er die Hand hob, um sie sich abzuwischen, spürte er ein Kitzeln, und ihm fiel ein, dass er immer noch den Fuchs in der Hand hielt.

„Du hättest nicht einmal hier sein sollen", sagte er zu dem Fuchs, doch es gelang ihm nicht, diesen Worten auch nur die geringste Schärfe zu verleihen. Ihm fehlte jede Kraft. Er konnte nur noch darüber nachdenken, wie fürchterlich er daran gescheitert war, seine Schwester vorzuführen, und wie sehr er sich deswegen schämte.

Ihre Worte hallten in seinen Ohren wider. *Ich habe mir so sehr gewünscht, dass du mich nicht mehr hasst.*

Aber das konnte nicht sein. Es war unmöglich, dass seine Schwester sich das die ganze Zeit gewünscht hatte – eine Figur zu gewinnen, die er nie bekommen hatte, weil brave Kinder zehntausend Preise gewannen und böse Kinder einen Bären bekamen, der ihnen auf dem Fuß folgte.

Alec stützte den Kopf in die Hände und hoffte, dass sein Gedankenkarussell endlich zum Stillstand kommen würde. Doch Bilder von seiner Schwester sprangen wie Flipperkugeln durch seinen Schädel.

Die Bilder, die sie immer für ihn gemalt und unter seiner Badezimmertür hindurchgeschoben hatte.

Seine dämlichen Witze, über die nur sie gelacht hatte.

Das letzte Stück Kürbiskuchen, das sie an Thanksgiving nicht gegessen hatte, weil sie wusste, wie gern er Kürbiskuchen mochte.

In den letzten Wochen hatte es so viele Momente gegeben, in denen er gedacht hatte, jetzt habe sie ihn überlistet und seine eigene Gerrissenheit noch übertroffen. In denen er geglaubt hatte, sie dabei erwischt zu haben, wie sie ihn ansah, aber einfach nicht herausfand, was sie wohl dachte. Er war davon ausgegangen, dass sie Pläne schmiedete. Aber wenn sie ihn nur angeschaut hatte? Wenn sie nur darauf gewartet hatte, dass er ihren Blick erwiderte?

Wenn sie nur darauf wartete, dass er sich endlich wie ein großer Bruder benahm?

Alec konnte kaum einen klaren Gedanken fassen.

Es konnte doch nicht sein, dass er das alles so falsch verstanden hatte. Die Aufmerksamkeit, mit der seine Eltern sie überhäuften und die sie ihm entzogen. Das schwarze Schaf, als das er sich sah und – wie er glaubte – auch seine Familie. Die Tage und Wochen und Jahre, die er damit verbracht hatte zu beklagen, was für ein Außenseiter er doch war. Wenn nun alle eigentlich wollten, dass er ein Teil der Familie wurde?

Er dachte daran, was Hazel vor Kurzem zu ihm gesagt hatte, als sie so wütend schien und er nicht begriff, wieso.

Ich wette, du weißt nicht einmal, dass wir für dich hierhergezogen sind.

Sie hatte ihm etwas deutlich machen wollen.

Ich habe mir gewünscht, dass du mich nicht mehr so sehr hasst.

Alec konnte sich nicht mehr beherrschen. Er packte den Piratenfuchs, presste ihm das Leben, das er nicht besaß, aus den Lungen, und warf ihn, so hart er konnte, in das Regal neben sich, sodass ein Karton mit altem Spielzeug gemeinsam mit dem brandneuen Yarg Fox auf den staubigen Boden fiel.

„Na toll", meinte Alec. „Einfach fantastisch."

Es reichte nicht, dass er die Party gesprengt und Hazel verletzt hatte, jetzt würde er auch noch Ärger bekommen, weil er den Lagerraum im Freddy Fazbear's verwüstete.

Er ging zu dem Regal und begann den Spielzeughaufen zu durchsuchen, dabei warf er alles nacheinander wieder in den Karton, aus dem die Sachen herausgefallen waren. Irgendwo musste der Fuchs doch sein. Nach allem, was er heute angerichtet hatte, durfte er die Figur, die sie ihm geschenkt hatte, auf keinen Fall verlieren. Jedenfalls nicht, wenn er die Hoffnung hatte, alles wieder gutzumachen.

Aber den Yarg Fox wiederzufinden, erwies sich als schwieriger, als er gedacht hatte. Da lagen Gummienten und Plastikschlangen und Plüschtiere, aber kein Fuchs mit einem abgerissenen Arm.

„Jetzt komm schon", stöhnte Alec nach einer Weile. Er war inzwischen ziemlich erschöpft.

Er wollte einfach nur, dass dieser fürchterliche Tag zu Ende ging.

Alec war so vertieft in seine Suche, dass er völlig das Pochen vergessen hatte – dieses seltsame Geräusch, das er von der anderen Seite der Tür gehört hatte, bevor er hereingekommen war. Seit er die Tür geöffnet hatte, war nichts mehr zu hören gewesen. Doch nun klopfte es wieder, und die Quelle des Geräuschs schien ganz in der Nähe zu sein.

Er spähte hinüber in eine Ecke des Raums, einen voll gestellten Bereich, der sich an das letzte Regal anschloss. Dort im Halbdunkel stand eine Art grüner Müllcontainer. Ein Vorhängeschloss sicherte den Deckel. Alec ging ein paar Schritte auf den Container zu, wobei er inständig hoffte, dass das Klopfen nicht aus dem Innern kam.

Als er den Container erreichte, war das Klopfen seit einigen Sekunden verstummt. Offenbar hatte er sich getäuscht. Das Pochen musste von der anderen Seite der Wand gekommen sein, an der der Müllcontainer stand.

Aber in dem Moment, als Alec seine Finger unter den Deckel gleiten ließ, um ihn so weit anzuheben, wie das Vorhängschloss es zuließ, um durch den Spalt zu spähen, polterte irgendetwas in dem Müllcontainer. Abrupt wich er zurück und brachte so viel Abstand zwischen sich und den Container, wie er nur konnte.

Sein Herz schlug ihm so hart in der Brust, dass er fürchtete, es könne jeden Moment explodieren, doch als nichts durch den Spalt herausgekrochen kam, beruhigte er sich allmählich wieder.

Ratten. Es mussten Ratten sein oder irgendein anderes Getier.

„Gut, dass ich die Pizza nicht gegessen habe“, sagte er sich und merkte, wie sich ihm der Magen umdrehte.

Auf die Ellbogen gestützt fand sich Alec eingeklemmt zwischen der Wand und dem Regal wieder, das am weitesten von der Tür entfernt stand, verdeckt von einem Meer aus ausgemustertem Spielzeug.

Und unter einem Baldachin hervor, wie er es vielleicht einmal in einem Zirkus gesehen hatte, starrte ihn ein Lonely Freddy an, genauso einer wie der, den er an jenem Tag, als er mit Hazel gestritten hatte, blicklos ins Nichts hatte starren sehen.

„Du schon wieder“, sagte Alec zu ihm. „Bist du zur Strafe hier?“

Doch der Gedanke, dass der ohnehin schon unheimliche Bär sich vielleicht danebenbenommen hatte, missfiel ihm sofort.

Er musterte die Figur, die aufrecht auf einer Plattform unter dem Baldachin stand und irgendetwas anzustarren schien, das sich knapp über Alecs Schulter befand.

Alec drehte sich um und musterte den grünen Müllcontainer, der hinter ihm stand, aber als er wieder zurückblickte, bemerkte er überrascht, dass der Blick des Lonely Freddy sich irgendwie verlagert hatte.

Es schien Alec nun direkt anzusehen.

„Ich habe auf dich gewartet, mein Freund“, sagte der Bär.

Alec fuhr zusammen und starrte den Bären an.

„Äh … das ist toll“, sagte er, und damit hätte die Sache eigentlich erledigt sein müssen.

Alec rechnete nicht damit, dass der Bär noch etwas sagen würde.

„Wir sollten beste Freunde werden.“

„Was?“, fragte Alec und musterte den Bären etwas genauer. War es normal, dass er sich so verhielt? Alec vermutete, dass der Bär ihn ausfragen sollte. Doch die Figur stellte ihm nicht wirklich Fragen … sie erzählte ihm etwas.

„Sehr gute Freunde“, erklärte der Bär.

„Okay“, erwiderte Alec und versuchte den Schauer abzuschütteln, der ihm über den Rücken lief.

Das ist eine ausgestopfte Figur, sagte er sich. *Sie ist nur ein dummes Spielzeug.*

Doch seltsam war, dass Alec, obwohl er es mehrfach versuchte, nicht aufstehen konnte. Auch konnte er den Blick nicht von dem Bären abwenden. Ihm blieb nichts anderes übrig, als dazusitzen und der Figur in die Augen zu sehen, die ihn ebenfalls anstarrte.

Die Augen des Bären waren ihm noch nie zuvor wirklich aufgefallen. Waren sie schon immer so blau gewesen? Und hätte er es nicht besser gewusst, hätte er schwören können, dass sie glühten. Aber das war doch verrückt.

Und dann begann der Bär, ihm weitere Fragen zu stellen.

„Was ist deine Lieblingsfarbe?“

„Meine Lieblingsfarbe?“, erwiderte Alec, als habe er seine eigene Stimme nicht mehr unter Kontrolle. „Meine Lieblingsfarbe ist grün.“

Sofort stellte der Bär die nächste Frage. Hätte er nicht auch etwas von sich erzählen sollen?

„Was ist dein Lieblingsessen?“

„Lasagne“, sagte Alec automatisch und wie aus der Pistole geschossen.

„Was willst du mal werden, wenn du groß bist?“

„Skateboardprofi.“

„In welchem Fach in der Schule bist du am besten?“

„Geschichte.“

Und so ging es weiter, stundenlang, wie Alec fand, aber so lange konnte es nicht gewesen sein. Es fiel ihm schwer, den Boden unter sich zu spüren oder auch nur seine Finger. Es kam ihm vor, als würde er schweben, als käme jede Frage vom Ende eines langen Tunnels zu ihm.

Dann veränderten sich die Fragen des Bären.

„Wen bewunderst du am meisten?“

„Meine Tante Gigi.“

„Wovor hast du am meisten Angst?“

„Vor der Dunkelheit.“

„Was würdest du tun, wenn man dich auffordert, jemandem etwas anzutun, den du liebst?“

Es fühlte sich an, als würde der Bär mit seiner weichen, flauschigen Tatze direkt in seine Seele fassen und die Antworten dort herausziehen, wo Alec sie bisher gut verborgen hatte. Und er tat es mit einer unbeschreiblichen Leichtigkeit.

Seine Augen waren blau und so tief wie ein Bergsee.

„Was bereust du am meisten?“

Bei dieser Frage hielt Alec inne. Er sträubte sich zunächst, aber vielleicht wusste er auch einfach die Antwort nicht. Doch der Bär blieb hartnäckig. Er fragte erneut.

„Was bereust du am meisten?“

Immer noch zögerte Alec, und das Ziehen in seinem Innern wurde schmerzhaft.

„Was bereust du am meisten … Alec?“

In seinem Innern baute sich ein solcher Druck auf, dass er kaum gegen den Schmerz anatmen konnte, und zwischen seinen zusammengepressten Zähnen bahnte sich die Antwort einen Weg nach draußen.

„Dass ich Hazel verletzt habe.“

Der Druck ließ nach, und allmählich bekam Alec wieder

Gefühl in seinen Körper. Doch als er wieder zu atmen begann, fühlte sich irgendetwas vollkommen anders an. Er starrte in die blauen Augen, die sich in seine Seele gebohrt hatten, und er suchte dort nach Antworten. Doch das Einzige was er fand, waren noch mehr Fragen, denn die blauen Augen des Bären waren plötzlich hellgrün.

„Was passiert hier?", versuchte er den Bären zu fragen, denn plötzlich schien *er* derjenige zu sein, der all die Antworten hatte, doch Alec bekam den Mund nicht auf.

Er starrte und starrte, und der Bär starrte einfach zurück.

In Alecs Brust stieg pure Panik auf.

Ich muss hier unbedingt raus, dachte er. *Ich brauche frische Luft.*

Doch zu atmen war kein Problem. Sich zu bewegen dagegen schien unmöglich.

Er versuchte, seine Beine durchzustrecken, um aufzustehen, doch nichts geschah. Er wollte seine Handfläche auf den Boden setzen, um sich abzustützen, doch er konnte es nicht.

Dann hörte er Stimmen, zunächst leise, aber sie wurden immer lauter und schenkten ihm neue Hoffnung. Und er erkannte sie.

„Mom! Hazel!", rief er, oder zumindest versuchte er das, doch jedes Mal, wenn er spürte, wie sich sein Kehlkopf bewegte, fanden die Worte nicht ihren Weg über seine Lippen.

„Keine Sorge, Schätzchen, wir finden ihn schon", hörte er seine Mom sagen.

Hinter ihm begann wieder das Klopfen in dem Müllcontainer, und er wäre so gern von dort weggekommen, doch es funktionierte einfach nicht. Jeder einzelne Muskel seines Körpers schien wie erstarrt.

„Habt ihr das gehört?“, hörte Alec Hazel auf der anderen Seite der Tür fragen.

Ja!, schrie Alec. *Hier drin! Seht hier drin nach!*

Er hörte, wie die Tür geöffnet wurde, doch von seinem Platz aus konnte er sie nicht sehen. Er sah nur den Bären, dessen nun grüne Augen sich durch ihn hindurchzubohren schienen.

„Ich denke nicht, dass wir hier reindürfen“, meinte Alecs Mom, und er glaubte, noch nie so erleichtert gewesen zu sein, ihre Stimme zu hören.

„Mom, sieh nur!“, rief Hazel.

Alecs Herz machte einen Satz. Sie hatten ihn entdeckt. Er konnte sie nicht sehen, aber vielleicht sah sie ihn.

Vielleicht habe ich eine Art Krampf, dachte er.

Aber das war jetzt egal. Seine Mom und seine Schwester waren hier, um ihm zu helfen.

Nur, warum redeten sie nicht mit ihm? Warum kamen sie nicht weiter in den Raum?

„Ah, siehst du?“, sagte seine Mom. „Ich habe dir ja gesagt, dass wir ihn finden werden.“

Aber mich habt ihr nicht gefunden!, versuchte Alec verzweifelt zu rufen. *Ich bin hier! Gleich hier!*

Das Klopfen im Müllcontainer war in dem Moment verstummt, als die Tür geöffnet wurde. Und warum fing es jetzt nicht einfach wieder an?

„Er hat ihn … einfach hier reingeworfen“, sagte Hazel. Sie klang so verletzt, dass Alec sich wie eine miese kleine Küchenschabe fühlte.

„Hazel“, sagte ihre Mom sanft. „Er liebt dich. Ich weiß, dass er dich liebt. Auf seine Weise liebt er dich wirklich. Genauso, wie wir ihn lieben.“

Alecs Kehle zog sich zusammen. Er würde ihnen jetzt so gerne sagen, wie leid ihm alles tat, wie falsch er gelegen hatte, was er alles verpasst hatte, weil er sich unbedingt als Außenseiter hatte fühlen wollen.

Doch er war gefangen … in sich selbst.

„Komm, Schätzchen. Die Party ist bald zu Ende. Lass uns noch den Kuchen verputzen, okay?“

„Warte mal“, entgegnete Hazel.

Bitte sieh mich, flehte Alec stumm. *Sieh mich!*

Ach, mach dir keine Sorgen wegen des Arms, Schatz. Das kann ich reparieren, wenn wir zu Hause sind“, erklärte ihre Mom. Und dann drang der schrecklichste Laut von allen an seine Ohren. Er hörte, wie Hazel erstickt schluchzte.

„Oh, Schatz …“, rief ihre Mom bestürzt.

„Er hasst mich“, sagte Hazel.

„Er hasst dich nicht. Er hat dich nie gehasst.“

Aber da lag das Problem. Alec hatte sie tatsächlich gehasst. Und das war das schrecklichste und schlimmste Geständnis, das er nie gemacht hatte, und es war auch gar nicht nötig gewesen, denn seine Schwester hatte es immer gewusst.

Was sie nicht wusste – was er ihr nicht gesagt hatte, als er es hätte tun sollen –, war, dass er sie jetzt nicht mehr hasste. Und wenn er sein tiefstes, dunkelstes Geheimnis offenbaren sollte, hätte er ihr gesagt, dass er sich selbst weit mehr gehasst hatte als sie.

Und er hatte sich seit dem Tag seiner Geburt in dieser

vergangenen Woche tatsächlich erstmals gemocht, und das kam nur daher, dass er in dieser Zeit Pläne mit ihr geschmiedet hatte.

„Komm jetzt", sagte ihre Mom, und Alec konnte buchstäblich hören, wie sie Hazels Schulter drückte. „Das geht vorbei. Darauf kannst du dich verlassen. Lass dir deinen Geburtstag dadurch nicht ruinieren."

Nein. Nein!, wollte Alec schreien. *Lasst mich nicht hier! Ich kann mich nicht bewegen!*

Aber es hatte keinen Sinn. Egal, wie laut seine Stimme in seinem Kopf klang, er bekam keinen Ton über die Lippen.

Echte Panik stieg in ihm auf, und er machte sich langsam Gedanken darüber, was passieren würde, wenn niemand zurückkam, um nach ihm zu suchen. Würden sie einfach ohne ihn nach Hause fahren? Würde ihn überhaupt irgendjemand vermissen?

Alec starrte in die nun grünen Augen des Bären, und sammelte alle Kraft, die er aufbringen konnte. Es verlangte ihm alles ab, aber plötzlich war der Bär verschwunden. Er verbarg sich auf der anderen Seite von Alecs geschlossenen Augen.

Es war ihm gelungen, die Augen zu schließen!

Gut. Jetzt atme. Zähl einfach bis zehn und atme weiter, befahl er sich.

Er atmete einmal tief durch die Nase ein und durch den Mund wieder aus. Das tat er zehnmal. Und als er den zehnten Atemzug erreichte, spürte er, wie seine Fingerspitzen zuckten.

Er war so aufgeregt, dass er die Augen öffnete, und völlig verblüfft erkannte er, dass er allein in dem Raum war.

Der Bär war fort, die Plattform mit dem Baldachin darüber leer.

Wo …?

Doch jetzt war keine Zeit, darüber nachzudenken. Er hatte gerade ein winziges Stück Beweglichkeit in seinen Fingerspitzen zurückerlangt, und damit wollte er sich nicht begnügen. Wieder schloss er die Augen und wiederholte die Atemübung. Er hoffte, dass es noch einmal funktionieren würde. Und als er zum zehnten Mal atmete, bemerkte er voller Erleichterung, dass er mit seinem großen Zeh wackeln konnte.

Wieder und wieder atmete er und brachte seinen Körper dazu, sich zu bewegen, und schon bald konnte er seine Knie beugen und die Ellbogen und sogar den Kopf zur Seite drehen.

Das Klopfen in dem Container hinter ihm setzte erneut ein, und es machte ihn auf einmal wütend, dass das Geräusch jetzt zurückkam, wo es ihm keine Hilfe mehr war.

Ach, halt die Klappe.

Obwohl seine Glieder begonnen hatten, ihm wieder zu gehorchen, war seine Stimme leider noch nicht zurückgekehrt. Er konnte noch nicht einmal den Mund öffnen.

Darüber kann ich mir jetzt keine Gedanken machen, dachte er.

Er spürte, wie zumindest seine Grobmotorik zurückkehrte, doch solange er wenigstens aufstehen konnte, reichte das vollkommen. Sobald seine Eltern und Tante Gigi ihn sahen, würden sie ganz sicher erkennen, dass er Hilfe brauchte. Er musste nur irgendwie aus diesem Lagerraum entkommen.

Es fühlte sich an, als müsse er jeden einzelnen Muskel in seinem Körper anspannen, um sich auf die Füße zu stemmen. Wieder schloss er die Augen und atmete und gewann Mut aus den kleinen Siegen. Das Bein gebeugt und aufgesetzt, den Körper ausbalanciert, dann das andere Bein. Und obwohl es ewig dauerte, stand er schließlich wieder auf beiden Beinen.

Sehr seltsam war allerdings, dass es ihm vorkam, als würde er immer noch am Boden hocken. Das Regal neben ihm schien so viel höher zu sein als zuvor. Selbst der Raum wirkte irgendwie größer, als habe sich die Decke gehoben.

Seine ersten Bewegungen waren steif, seine Beine zuckten mehr vorwärts, als dass er ging, und er musste sich ungemein anstrengen, um sie zu steuern, aber nach ein paar Schritten und einigen Pausen fand Alec den Rhythmus, der es ihm erlaubte, ans andere Ende des Raums zu gelangen.

Doch als er die Tür erreichte, musste er überrascht feststellen, dass er nicht an den Knauf kam. Er befand sich mindestens dreißig Zentimeter über seinem Kopf.

Wie jetzt?

Mithilfe der gleichen Übung, die ihm geholfen hatte, seine Beine wieder in Bewegung zu setzen, gelang es ihm nach ein paar Atemzügen seine Hand weit genug auszustrecken, um den Türknauf zu drehen.

Als er schließlich hinaus in den Gang stolperte, musste Alec erneut zweimal hinsehen, um zu begreifen, wo er sich genau befand und wie er zurück ins Restaurant kam.

Der Gang war viel länger als zuvor. Er schien fast endlos zu sein, und er kam sich darin so klein vor.

Doch Alec ließ sich nicht entmutigen. Er musste nur zurück zum Partyraum laufen. Er musste nur zu seiner Familie gehen. Sie würde wissen, was los war. Sie würde wissen, wie man ihm helfen konnte.

Am Ende des Gangs war eine weitere Tür, die er nicht als großes Hindernis in Erinnerung hatte. Der Knauf befand sich noch weiter über ihm als der im Lagerraum, und egal, wie weit er sich auch reckte, er erreichte ihn nicht.

Keine Panik, mahnte er sich. *Irgendwann wird jemand hierherkommen.*

Doch er musste sehr viel länger warten, als er gedacht hatte. Während er neben der Tür an der Wand hockte, versuchte Alec, sich nicht allzu viele Sorgen zu machen. Er hatte Angst, dass er wieder in eine ähnliche Trance verfallen würde, wie es ihm in dem Lagerraum passiert war.

Wie der Bär in seinen Kopf eingedrungen war … das war nicht normal gewesen. Alec wusste nicht, was passiert war und wie es hatte geschehen können, aber es war etwas Schreckliches.

Er hoffte nur, dass es nicht unumkehrbar war.

Er hoffte, dass eine Menge dessen, was heute geschehen war, umkehrbar sein würde.

Plötzlich wurde die Tür aufgestoßen und erschlug Alec fast. Schnell warf er sich durch die Öffnung, bevor die Tür wieder zuschlug.

Wie erstarrt lag er nun auf dem Teppich des Freddy Fazbear, und die Luft war erfüllt von dem durchdringenden Getröte und Geklingel der Spielhalle.

Als Alec auf dem Boden aufschlug, spürte er, wie ihm die Luft aus den Lungen gepresst wurde.

„TOOOOOOR!“, hörte er jemanden brüllen, und dann hörte er andere lachen, aber das war alles, während er versuchte, wieder zu Atem zu kommen.

Diesmal lag er auf dem Rücken und blickte hinauf zu den gläsernen Lampenschirmen, die über jedem Tisch in der Pizzeria hingen. Vorbeilaufende Füße kamen ihm gefährlich nahe, und er zuckte zusammen, als ein Sneaker nach dem anderen ihn nur knapp verfehlte.

Warum verhalten sich alle so, als würden sie mich nicht sehen?

Kaum war ihm dieser Gedanke gekommen, wurde er auch schon grob am Arm gepackt und gegen eine kratzige Wollweste gedrückt.

„Ich hab ihn zuerst gesehen!“, ertönte eine Stimme, und plötzlich zerrte jemand brutal an seinem Bein.

„Nein, er gehört mir!“, erklärte das Kind, das ihn festhielt. Und wie groß diese Kinder waren, dass sie so an ihm herumzerren konnten, war verblüffend.

„Nein, mir!“

„Mir!“

An seinem Bein wurde so fest gezerrt, dass er fürchtete, man könnte es ihm jeden Moment ausreißen. Am liebsten wäre er wieder unsichtbar geworden.

Da ertönte plötzlich eine Stimme aus der Ferne. „Die Pizza ist da!“, und er wurde einfach fallen gelassen und schlug erneut auf dem Boden auf.

Dort lag er auf der Seite und versuchte, sich zu sammeln, aber das Rad einer Kinderkarre rollte direkt auf seinen Kopf zu, und er schloss im Angesicht des sicheren Todes die Augen.

„Jacob, kannst du das mal zur Seite räumen?“, sagte die Frau mit der Karre. Jemand versetzte Alec einen Tritt, und er flog gegen die Fußleiste.

Nennt man das ‚zur Seite räumen‘?, dachte Alec, und wenn er nicht vor Schmerz völlig außer sich gewesen wäre, hätte er sich beleidigt gefühlt.

Es gelang ihm, sich an der Wand abzustützen und auf die Füße zu kommen, aber er war so wackelig auf den Beinen, dass er nicht wusste, ob es ihm gelingen würde, den Raum zu durchqueren, ohne erneut hinzufallen.

Doch er war fest entschlossen, es zu schaffen. Er musste zurück in den Partyraum. Er musste wieder zu seiner Familie. Sie würde bestimmt schon nach ihm suchen.

Alec wankte und schlingerte durch den Speisesaal, wich dahinstapfenden Füßen und verschütteter Cola aus und wurde mit Parmesankäse und gemahlenem Pfeffer aus den Mühlen auf den Tischen bestreut. Nachdem er mehrfach fast ums Leben gekommen wäre, gelang es ihm, inmitten des Gedränges von Kindern und ganzen Familien die andere Seite des riesigen Raums zu erreichen.

Als er um die Ecke bog, erblickte er die gewaltige Röhre des Windtunnels, die, nun abgeschaltet, auf das nächste Geburtstagskind wartete, sobald Hazels Party vorbei war.

Und dann entdeckte er seine Familie – seine Mom in ihrer dunklen Jeans und seinen Dad in seinen bequemen Cordhosen und dem Flanellhemd, Tante Gigi mit ihrem von einem Stirnband zurückgehaltenen Haar.

Und da war auch Hazel. Ihre blonden Locken hingen ihr ins Gesicht, verdeckten aber nicht das Lächeln, das auch diesen Raum wieder erleuchtete. Ihre Freunde saßen zurückgelehnt auf Stühlen und rieben sich die vollen Bäuche, während sie Tüten mit Leckereien durchstöberten und darauf warteten, dass ihre Eltern sie abholten.

Alle sahen so glücklich aus. Besonders Hazel strahlte. Es wirkte, als habe jemand in ihrem Innern wieder das Licht eingeschaltet. Auf einmal schien ihr die Last von der Seele genommen, die Alec ihr aufgebürdet hatte, indem er so war, wie er war. Auch wenn er so eigentlich gar nicht sein wollte. Er wollte öfter der Grund dafür sein, dass sie lächelte. Er war bereit.

Und da bemerkte Alec, dass er tatsächlich der Grund war, dass sie strahlte.

Auf der anderen Seite des Tisches gegenüber seiner Schwester und ihren Eltern saß … Alec.

Er trug das gleiche zerknitterte T-Shirt, das er am Morgen der Party übergeworfen hatte, die gleiche zerrissene Jeans. Er besaß die gleichen strohblonden Locken, die zu Hazels passten. Und seine hellgrünen Augen, seine etwas schiefen Zähne, seine schlaksigen Gliedmaßen.

Und er lächelte. Er lächelte Hazel an.

Hey, sagte Alec, die Stimme leise in seinem Kopf, doch gleich darauf schrie sie.

Hey! Das bin ich nicht! Das bin ich nicht!

Aber jeder, der sich den Jungen gegenüber Hazel ansah, würde widersprechen. Dieser Mensch war ganz sicher Alec. Diejenigen, die das bezweifelten, würden vielleicht darauf hinweisen, dass er nicht schmollte wie der Alec, den sie kannten. Er starrte seine Schwester auch nicht so mürrisch an, wie man es von ihm gewohnt war.

Aber er schien sich doch die ganze Woche bemüht zu haben, ein neues Kapitel aufzuschlagen, oder? Seine Eltern hatten es mit einer neuen Technik versucht, einer Methode, die von einem angesehenen Arzt und Bestsellerautor empfohlen wurde. Manche Kinder brauchten einfach länger, um zu sich zu finden.

War es nicht schön, dass Alec genau das gelungen war, und dann auch noch am Geburtstag seiner Schwester? Wie süß. Wie perfekt.

Was für eine tolle Familie sie am Ende doch waren.

Alec zwang seine steifen Beine vorwärts und stolperte weiter in den Partyraum, doch dort konnte er kaum über die Tische sehen. Er überlegte, an einem der Tischbeine hinaufzuklettern, aber sie waren zu glatt.

Er stakste von einem Kind zum nächsten und tat alles, was in seiner Macht stand, um wenigstens eins auf sich aufmerksam zu machen. Er musste unbedingt auf den Tisch kommen, um den sie alle saßen. Er musste seiner Mom in die Augen sehen. Dann würde sie ihn ganz bestimmt erkennen. Natürlich würde sie das!

Bitte seht herunter! Seht doch mal herunter! Seine Gedanken schrien, doch wie auch schon zuvor brachte er keinen Ton heraus.

Das ist ein Albtraum. Das muss ein verrückter, mieser Albtraum sein.

Aber es fühlte sich nicht wie ein Albtraum an. Um genau zu sein, hatte sich nichts in den fünfzehn Jahren seines Lebens so real angefühlt.

Er entdeckte Charlotte, die zusammengekrümmt in einer Ecke saß und sich den Bauch hielt. Sie war das einzige Kind, das nicht mit einem anderen sprach. Bei ihr standen seine Chancen nicht schlecht, sie auf sich aufmerksam zu machen.

Aber als er die Arme hob und winkte, drehte sie sich plötzlich um und erbrach sich über seinen Kopf. Warmer Mageninhalt tropft ihm in die Augen und lief ihm übers Gesicht.

„Oh nein! Charlotte, Schatz, macht dir dein Magen immer noch zu schaffen?“

Alec konnte durch das Erbrochene, das ihm in Rinnsalen über die Augen floss, kaum etwas sehen, aber die Stimme seiner Mom zu hören, erleichterte ihn ungemein. In einer Minute würde dieser verrückte Tag ein Ende haben, und er konnte zurück zu seiner Familie.

„Iih, wie ekelig!“, rief jemand, und zu seinem Entsetzen war es seine eigene Schwester. „Sie hat auf einen der Bären gekotzt!“

Moment mal, was?

„Warte, ich hole jemand von den Mitarbeitern, damit das sauber gemacht wird“, erklärte ihr Dad.

„Lass mich helfen“, bot Tante Gigi an, und im Augenwinkel sah er, wie seine schöne, wunderbare Tante Gigi auf ihn zugelaufen kam.

Danke, wimmerte er in Gedanken. Seine Tante Gigi würde wissen, was zu tun war.

Doch anstatt Alec zur Hilfe zu kommen, zog Tante Gigi behutsam Charlotte von ihrem Stuhl hoch und setzte sie auf die Bank, näher zu Hazel und dem falschen Alec, der ihr Servietten reichte, damit sie sich säubern konnte.

„Trink einen Schluck Wasser“, sagte Hazel und bot dem Mädchen ein Glas an.

„Du hast doch noch was im Haar“, sagte der falsche Alec.

Und dann drehte er sich zu dem echten Alec um. Seine Augen – seine gestohlenen grünen Augen in seinem gestohlenen Körper – funkelten Alec an, während er in der Ecke stand, Erbrochenes von ihm herabtropfte und er zusehen musste, wie sein Doppelgänger von seiner Familie als einer der ihren behandelt wurde.

Und dann lächelte der falsche Alec.

„Ja, gleich hier drüben. Tut mir sehr leid. Ich glaube, wir haben einen ihrer Bären ruiniert“, hörte Alec seinen Dad vor dem Partyraum sagen, und dann erschien ein Angestellter des Freddy's mit einem Mopp und einem großen Eimer auf Rollen

„Kein Problem. Wir kümmern uns darum. Feiern Sie einfach weiter.“

Und damit wurde Alec in den Eimer geworfen und davongefahren. Er konnte zwar immer noch nicht wieder richtig sehen, aber er bemerkte, wie der falsche Alec ihm zuzwinkerte, bevor er seine Aufmerksamkeit wieder der lachenden Hazel und ihrer glücklichen Familie zuwandte.

Unterdessen wurde Alec in dem Eimer erneut in die hinteren Räume der Pizzeria transportiert. Der Angestellte stieß die Türen, mit denen Alec so viel Mühe gehabt hatte, einfach auf. Den Eimer und den Mopp stellte der Mann auf der Herrentoilette ab und spülte den Putzlappen im Waschbecken aus, bevor er ihn über die Seite des Eimers hängte. Der bodenlage Spiegel neben dem Waschbecken war nun voller Wasserspritzer.

Langsam wandte sich Alec dem Spiegel zu, neben dem man ihn abgestellt hatte.

Ein blauäugiger einen Meter zwanzig großer Freddy Fazbear mit verfilztem Fell und voller Erbrochenem starrte ihm entgegen. Er hatte die Arme ausgestreckt, als sehne er sich nach einer Umarmung.

Das kann nicht sein. Das kann unmöglich sein.

Aber Alec hatte keine Zeit, sich weitere Gedanken darüber zu machen, was sein konnte und was nicht. Ehe er sich versah, befand er sich wieder in Bewegung.

Der Angestellte hatte Alecs Pfote mit spitzen Fingern ergriffen.

„Igitt", sagte er nur und rümpfte die Nase, während er Alec so weit wie möglich von sich weghielt. „Du kommst in den Müll", erklärte er dann.

Mit dem Fuß stieß er die Tür der Herrentoilette auf und ging schnell den Gang hinunter in Richtung des Lagerraums, aus dem Alec erst vor Kurzem entkommen war.

Warten Sie, versuchte Alec hervorzustoßen. *Warten Sie!*

Aber wie immer war es nutzlos.

Der Angestellte nahm ein Schlüsselbund von seinem Gürtel, während er in den hinteren Teil des Lagerraums ging. Zu einem Alec wohlbekannten grünen Müllcontainer.

Er steckte den Schlüssel in das Vorhängeschloss und drehte ihn mit einem Ruck um. Das Schloss sprang auf.

„Viel Spaß mit deinen kleinen Kumpels!", sagte er und ließ Alecs Pfote los, woraufhin Alec in den Müllcontainer stürzte.

Das Deckenlicht beleuchtete seine Umgebung in dem Container lange genug, sodass Alec erkennen konnte, warum er sich bei seinem Sturz nicht wehgetan hatte. Er war voller Plüschbären, die genauso aussahen wie er selbst.

Es waren Dutzende von entsorgten Lonely Freddys.

„Schlaft schön“, sagte der Angestellte und schloss den Deckel, wodurch es in dem Müllcontainer dunkel wurde.

Alec spürte eine entsetzliche Panik in sich aufsteigen.

In Gedanken schrie er und schrie. Doch aus seinem kleinen Bärenmaul kam nur ein leises Quieken.

„Hilfe!“, meinte er, sich rufen zu hören.

Doch dann begriff er, dass er es gar nicht gewesen war, sondern der Bär neben ihm.

Dann war es der Bär, der auf seiner anderen Seite lag.

Und bald riefen alle Bären in dem Müllcontainer um Hilfe. Ihre dünnen Schreie, gedämpft vom Metall des Containers, durchdrangen die Dunkelheit. Alec und seine neuen Freunde.

Es waren Dutzende der Lonely Freddys.

AUSVERKAUFT

Es war typisch für Oscar, dass er bei diesem Deal den Kürzeren zog. So war es schon immer gewesen. Ob sein Vater ins Krankenhaus ging, um sich die Mandeln herausnehmen zu lassen und sich dabei eine tödliche Infektion einhandelte, ob ihnen nichts anderes übrigblieb, als ans billigere Ende der Stadt zu ziehen oder ob Oscar seiner Mutter im Royal Oaks Seniorenheim helfen musste, während seine Freunde ihr Taschengeld im Einkaufszentrum verprassten.

Daher war es für Oscar keine große Überraschung, als er erfuhr, dass der Plushtrap Chaser – ein durch Licht aktiviertes, alles wegmampfendes grünes Kaninchen und mit Abstand Oscars Lieblingsfigur aus der Welt von Freddy Fazbear – am denkbar blödesten Tag und zur denkbar blödesten Zeit in den Verkauf gehen würde.

„Freitagmorgen. *Freitagmorgen!*“ Oscar kochte.

„Mann, komm drüber weg“, meinte Raj, und trat immer noch denselben Stein den Bürgersteig entlang, den er schon auf dem ganzen Weg zur Schule gequält hatte.

„Aber das ist so ungerecht!“, erwiderte Oscar. „Es ist ein Spielzeug für Kinder. Warum geht es in den Verkauf, wenn jedes Kind in diesem Universum in der Schule ist?“

Oscar schlug einen tiefhängenden Ast so wuchtig aus dem Weg, als habe der ihm etwas getan.

„Hast du gehört, dass Dwight schon einen hat?“, fragte Isaac, der das Schlusslicht bildete.

„Was?“ Raj hielt inne und war plötzlich ebenfalls außer sich. „Er hat doch letztes Jahr überhaupt zum ersten Mal von Freddy Fazbear gehört!“

„Offensichtlich hat sein Dad mal irgendwo angerufen. Sein Dad ruft immer einfach irgendwo an“, schmollte Isaac.

„Dwight ist ein Wichser“, meinte Raj, und da stimmten die anderen Jungen ihm zu. Es war so viel leichter, Dwight einfach zu hassen, als zuzugeben, dass sie selbst keine Väter hatten, die einfach irgendwo anriefen, um an hässliche grüne Kaninchen zu kommen, die so groß waren wie ein Kleinkind und so schnell wie ein echtes Kaninchen.

„Wir werden keinen mehr kriegen, wenn wir bis um vier warten müssen“, stellte Isaac fest.

„Wir könnten …“, begann Oscar, aber Raj fiel ihm ins Wort.

„Nein, können wir nicht“, entgegnete er.

„Woher willst du …?“

„Wir dürfen nicht schwänzen.“

„Vielleicht könnte ich …“

„Es funktioniert nicht. Ich habe schon zwei Einträge. Wenn ich noch einen kriege, schickt meine Mutter mich ins Erziehungslager.“

„Ach Quatsch, das hat sie nicht ernst gemeint“, erwiderte Oscar.

„Du kennst meine Mom nicht“, sagte Raj. „Einmal hat

meine Schwester ihr widersprochen, da hat meine Mom ihr eine Woche lang verboten, überhaupt etwas zu sagen.“

„Das ist doch Blödsinn.“ Isaac lachte.

„Ach ja? Frag Avni. Sie meint, am sechsten Tag hat man das Gefühl, dass man überhaupt nicht mehr reden kann.“

Raj blickte in die Ferne, als würde der Geist seiner Mutter ihn verfolgen, während Oscar sich an Isaac wandte.

„Sieh nicht mich an. Ich muss Jordan nach Hause bringen.“

Dagegen konnte Oscar schlecht etwas sagen. Das wusste er. Selbst für kleine Brüder war Jordan ziemlich in Ordnung, und Oscar war klar, dass Isaacs Mutter durchdrehen würde, sollte er auch nur daran *denken*, Jordan alleinzulassen, bis sie um drei Uhr von der Arbeit nach Hause kam.

Es führte kein Weg daran vorbei. Oscar hatte zwar viele tolle Ideen, aber er wusste, dass er viel zu viel Angst hatte, um sie tatsächlich durchzuziehen. Die Schule zu schwänzen, war in den Augen seiner Mom eine Todsünde, denn sie hatte sich ihre Ausbildung hart erkämpfen müssen, während sie Oscar allein großgezogen hatte.

Oscar und seine Freunde würden bis um vier Uhr warten müssen.

Der Tag zog sich schrecklich in die Länge. Mr. Tallis ließ die Klasse die Präambel der Verfassung wieder und wieder aufsagen, bis es fehlerfrei klappte. Ms. Davni quälte sie mit einem total unfairen Test über Isotope. Coach Riggins ließ sie eine Runde nach der anderen um den Sportplatz drehen, obwohl nach dem letzten Regen noch alles matschig war. Oscar dachte, dass er vielleicht noch nie einen mieseren Tag erlebt hatte.

Um 14:33 Uhr wurde es dann noch schlimmer.

Zwei Minuten bevor es zum Schulschluss klingelte, wurde Oscar nach vorn ins Büro gerufen.

„Jetzt noch?“, fragte er verzweifelt Mr. Enriquez.

Der Geometrielehrer zuckte die Achseln. Obwohl er Oscars Lieblingslehrer war, konnte er ihm nicht helfen.

„Tut mir leid, Mr. Avila. Niemand hat je behauptet, dass Schule frei von Grausamkeiten sei.“

Er wandte sich an Raj und Isaac. Dieser Kurs war der einzige, den sie je gemeinsam absolviert hatten, seit sie sich in der dritten Klasse auf dem Spielplatz kennengelernt hatten.

Er nahm all seine Kraft zusammen und hatte Mühe, an dem Opfer, das er nun bringen würde, nicht zu ersticken. „Wartet bis um halb vier auf mich. Wenn ich bis dahin nicht zurück bin, dann …“

Die ganze Klasse hörte mit.

„… dann geht ohne mich.“

Raj und Isaac nickten feierlich, und Oscar nahm seine Bücher und seine Tasche und warf Mr. Enriquez einen letzten Blick zu.

„Es ist deine Mom“, murmelte er und schlug Oscar auf die Schulter. Mr. Enriquez wusste, dass Oscars Mom von Zeit zu Zeit Oscars Hilfe im Royal Oaks Seniorenheim brauchte. Er wusste nicht genau, was Oscars Mom dort tat, aber sie sorgte irgendwie dafür, dass der Laden lief. Seine Mom war wichtig.

Im Büro wartete die Sekretärin schon ungeduldig auf Oscar, den Telefonhörer in der Hand.

„Ich dachte schon, du hast dich verlaufen“, bemerkte sie

humorlos. „Weiß deine Mutter, dass die meisten Eltern ihren Kindern aus diesem Grund Handys kaufen?“

Oscar bleckte die Zähne zu einer Art Lächeln. „Ich glaube, sie hört einfach gerne regelmäßig Ihre Stimme“, sagte er, und die Sekretärin schenkte ihm ein ähnliches Lächeln. „Außerdem dürfen wir keine Handys mit in die Schule bringen.“

Selbst wenn ich mir eins leisten könnte, dachte er etwas giftig.

Oscar nahm der Sekretärin schnell den Hörer aus der Hand, denn sie wirkte, als würde sie ihn jeden Moment auf die Gabel knallen.

„KM, Mr. Devereaux geht es heute nicht so gut“, meldete sich Oscars Mom. Sie benutzte seinen Spitznamen „KM“, was für „Kleiner Mann“ stand, immer nur dann, wenn ihre Not groß war.

Nicht das. Nicht heute. Mr. Devereaux war wahrscheinlich der älteste Mann der Welt, und wenn er sich nicht wohl fühlte, gab es nur wenige Menschen, die auf ihn einwirken konnten, damit er seine Medikamente nahm oder etwas aß. Aus irgendeinem unerklärlichen Grund war Oscar einer dieser Menschen.

„Wo ist Conny?“, jammerte Oscar. Er meinte die einzige Pflegekraft, die ebenfalls einen Zugang zu Mr. Devereaux hatte.

„In Puerta Vallarta, wo ich eigentlich auch sein sollte“, erwiderte seine Mom. „Außerdem fragt er nach dir.“

Oscar reichte der Sekretärin das Telefon zurück. Sie hatte bereits ihre Tasche in der Hand und trommelte mit den Spitzen ihrer weißen Fingernägel auf den Tresen.

„Ich nehme an, du hast eure Krise gelöst. Ich muss jetzt zur Toy Box, bevor die grünen Kaninchen ausverkauft sind. Ich habe fünf Neffen."

Das war jetzt mehr, als Oscar ertragen konnte. Fünf Plushtraps weniger, sobald Ms. Bestly sich unter den Nagel gerissen hatte, was sie für ihre missratenen Neffen brauchte. Am Boden zerstört schleppte Oscar sich bis zur Haltestelle des Stadtbusses der Linie 12, stieg dann in die 56 um und lief die letzte Viertelmeile zur Arbeitsstelle seiner Mom zu Fuß.

Irvin, der in der Lobby hinter dem Empfangstresen saß, nickte ihm unter seinen Kopfhörern hervor zu.

„Der Alte ist mies drauf, junger Mann!", verkündete Irvin laut, weil die Bässe seiner Playlist alles andere übertönten. „Er sagt, Marilyn wolle ihm seine Seele stehlen!"

Oscar nickte. Irvin kannte sich mit den Merkwürdigkeiten von Royal Oaks gut aus, dazu gehörte auch Mr. Devereaux' ständige und völlig unbegründete Paranoia. Zu hören, dass Irvin ihm bestätigte, was seine Mom ihm bereits am Telefon gesagt hatte, änderte nichts daran, dass Oscar vollständig würde kapitulieren müssen. Er würde den ganzen Nachmittag dort verbringen, wahrscheinlich noch bis in den Abend bleiben und versuchen, Mr. Devereaux zu beruhigen. Und er würde niemals einen Plushtrap Chaser sein Eigen nennen können.

Die automatischen Türen zischten auf und gaben den Blick auf den Rücken seiner hochgewachsenen Mutter frei. Sie gab einer Pflegekraft, die Oscar noch nicht kannte, ein Klemmbrett zurück. Hier wechselten die Pfleger so häufig, wie Oscar schon Electric Fruit Punch getrunken hatte.

„Achte darauf, dass Ms. Delia nach 16 Uhr keine Milchprodukte mehr bekommt“, sagte seine Mom. „Sie furzt sonst so sehr, dass wir den ganzen Raum unter Quarantäne stellen müssen, und ich verspreche dir, du wirst dann die Einzige sein, die die ganze Nacht in dem Flügel Dienst tut.“

Die neue Pflegerin nickte ernsthaft, und eilte deutlich erschüttert mit dem Klemmbrett davon, während Oscars Mom sich ihm zuwandte und lächelnd die Arme ausbreitete. Das Gute an seiner Mom war, dass man immer sicher sein konnte, eine Umarmung zu bekommen, die so kräftig war, dass sie einem fast die Rippen brach. Sogar dann noch, als sie gedroht hatte, ein Kopfgeld auf Oscar auszusetzen, nachdem er eine Fledermaus „gerettet“ und im Haus freigelassen hatte. Trotzdem war sie in der Lage, ihn so fest zu drücken, dass ihm noch am nächsten Tag alles wehtat.

„Mr. Devereaux denkt, Marilyn …“

„… will ihm seine Seele stehlen. Ich habe es schon gehört“, meinte Oscar.

„Nach achtzehn Jahren sollte man meinen, dass Marilyn sich einen Vertrauensvorschuss verdient hat.“

„Keine Gnade für die üblichen Verdächtigen“, entgegnete Oscar, und seine Mom lächelte ihn an.

„Danke, kleiner Mann. Du bist ein Engel.“

„Mom“, sagte er und sah sich um, weil er sichergehen wollte, dass niemand lauschte, obwohl die Einzigen, die ihm Schwierigkeiten machen konnten, meilenweit weg in der Toy Box waren und sich zweifellos das letzte grüne Kaninchen schnappten. Der Gedanke, dass Raj und Isaac sie in epischen Schlachten im Garten aufeinander losgehen lassen würden, bereitete ihm körperliche Qualen.

Oscar begann zu grübeln, ob er nicht einen Kompromiss finden konnte. Wenn er zum Beispiel Raj oder Isaac die Hälfte des Preises bezahlte, würden sie sich vielleicht auf eine Plushtrap-Beteiligung einlassen.

Oscar rang sich ein schwaches Lächeln ab, das er seiner Mom schenkte, und fragte sich, ob das Schicksal ihm vielleicht einen Plushtrap zuschanzen würde, wenn es sein engelsgleiches Verhalten bemerkte. Gleichzeitig wusste er aber auch, dass er sich diese Hoffnung genauso gut sparen konnte.

Als er das Zimmer von Mr. Devereaux erreichte, starrte der alte Mann in eine Ecke des Raums. Seine Augen wirkten wie Laser, die drauf und dran waren, irgendetwas zu verdampfen.

„Es hat angefangen“, sagte Mr. Devereaux. Seine Stimme war kaum mehr als ein Flüstern.

„Was hat angefangen?“, kam Oscar sofort zur Sache, weil er keine Zeit verlieren wollte.

„Sie hat die ganze Zeit alles geplant. Ich hätte es wissen müssen. Sie hat gewartet, bis ich unachtsam geworden bin.“

„Jetzt kommen Sie aber, Mr. D, das glauben Sie doch nicht wirklich.“

„Ich spüre, wie mir meine Seele entgleitet. Sie sickert mir aus den Poren, Oscar.“

Mr. Devereaux klang nicht ängstlich. Er schien sich vielmehr seinem Schicksal ergeben zu haben, und Oscar dachte, dass sie heute irgendwie etwas gemeinsam hatten.

„Aber warum sollte sie das tun?", erkundigte sich Oscar. „Sie liebt sie. Seit fast zwanzig Jahren schläft sie jede Nacht bei Ihnen im Zimmer. Glauben Sie nicht, wenn sie tatsächlich Ihre Seele haben wollte, hätte sie sie sich inzwischen längst geholt?"

„Vertrauen lässt sich nicht erzwingen, junger Mann", erwiderte Mr. Devereaux. „Glück lässt sich nicht vorhersagen."

Genau diese kleinen Weisheiten waren es, die Oscars Interesse an dem am längsten in Royal Oak lebenden Bewohner aufrechterhielt. Egal wie oft Mr. Devereaux eine seiner Weisheiten von sich gab, Oscar war jedes Mal überrascht, denn Mr. Devereaux schien immer genau zu spüren, was Oscar gerade beschäftigte … auch wenn Mr. Devereaux' eigenes Hirn inzwischen einem Sieb glich, durch dessen Löcher seine Gedanken in einen bodenlosen Abgrund glitten.

„Vielleicht stiehlt Marilyn Ihre Seele gar nicht. Vielleicht bewacht sie sie. Als würde sie sie in Verwahrung nehmen", schlug Oscar vor.

Mr. Devereaux schüttelte den Kopf. „Daran habe ich auch gedacht. Es ist eine reizvolle Theorie … aber dann hätte sie um Erlaubnis fragen sollen."

Es war einer der Momente, in denen Oscar zu kämpfen hatte, in denen die Logik gewinnen musste.

„Ich meine, sie kann Sie doch nicht wirklich fragen", gab er zu bedenken.

„Natürlich kann sie das!", entgegnete Mr. Devereaux wütend. Oscar hob die Hände, um Mr. Devereaux zu beruhigen, bevor die neue Pflegerin um die Ecke geeilt kam.

„Okay, aber hören Sie mir eine Minute zu, Mr. D“, sagte Oscar. „Vielleicht hat sie gedacht, dass sie es wissen, weil sie sich so nahestehen, dass sie nichts dagegen hätten, wenn sie … ähm … ihre Seele für eine Weile *ausleiht* …“

Mr. Devereaux blickte Oscar misstrauisch an.

„Sie hat dir nicht gesagt, dass du das behaupten sollst, oder?“

„Nein! Nein, nein, nein, natürlich nicht. Niemand reicht an die … äh … Beziehung heran, die sie beide haben.“

Mr. Devereaux sah hinüber in die Ecke des Raums, die seine Aufmerksamkeit noch bis vor Kurzem gefesselt hatte.

„Also, Marilyn, was sagst du dazu?“

Oscar folgte Mr. Devereaux’ Blick, und nun starrten sie beide auf die alte Katze, die schon so lange auf dem Kissen am Fenster in Mr. Devereaux’ Zimmer schlief wie Mr. Devereaux in seinem Bett. Sie war nicht mit Mr. Devereaux ins Heim gekommen, so sagte es zumindest die Legende. Sie war eine Streunerin aus der Gegend gewesen. Doch eines Tages hatte das Personal sie in dem Zimmer vorgefunden, und weil niemand der häufig auch wechselnden Bewohner sich beschwerte, blieb Marilyn und fand ganz offensichtlich Mr. Devereaux’ Gesellschaft am angenehmsten, trotz seiner regelmäßig auftretenden Verachtung, die manchmal sogar in einen regelrechten Hass umschlug. Egal, wie viel jemand sie hinter den Ohren kraulte oder ihr Leckerlis gab, niemand konnte sie von Mr. Devereaux fortlocken.

Vielleicht war sie tatsächlich auf seine Seele aus.

Katzenträge blinzelte Marilyn Mr. Devereaux an.

„Also ich glaube, wir wissen beide, was das bedeutet", improvisierte Oscar, und für einen Moment wirkte Mr. Devereaux verwirrt, doch nachdem er einen Moment nachgedacht hatte, während Marilyn laut schnurrte, schien er sich tatsächlich zu beruhigen.

„Also gut. Es scheint, dass Marilyn dir zu weiterem Dank verpflichtet ist, junger Mann."

Genüsslich streckte sich Marilyn auf ihrem Kissen und gähnte, aber Oscar wartete nicht darauf, dass die Katze ihm Dankbarkeit erwies. Er überlegte fieberhaft, wie er seinen Aufbruch einleiten konnte.

„Setz dich, junger Mann, setz dich", sagte Mr. Devereaux, und Oscar verlor auch seinen letzten Funken Hoffnung. Er würde den gesamten Nachmittag dort festhängen.

Er ließ sich auf einen Stuhl direkt neben der Tür plumpsen. Mr. Devereaux starrte ihn mit den wässrigen Augen eines alten Mannes an.

„Meine Seele mag in Schwierigkeiten sein", erklärte er, „aber dir wurde das Herz gestohlen."

Oscar versuchte zu lachen. Denn sonst würde er vielleicht heulen. Alles in seinem Leben klappte immer nur *fast*. Er hatte es *fast* in die Baseballmannschaft geschafft, sich dann aber den Ellbogen überdehnt. Er hatte *fast* genug Geld für ein Handy gespart, doch im Zug hatte ihm jemand die Geldbörse geklaut. Er hatte *fast* eine richtige Familie gehabt, dann aber seinen Dad verloren.

Selbst wenn man einen Pokal dafür gewinnen konnte, wenn immer alles nur *fast* klappte, würde wahrscheinlich jemand anderes um eine Nasenlänge gewinnen.

„Oh ja“, fuhr Mr. Devereaux fort. „Die Liebe ist ein seltsames Spiel … bis sie dich in Stücke reißt.“

„So ist es nicht“, entgegnete Oscar. Eigentlich war es lächerlich, sich zu verteidigen. Wahrscheinlich würde sich Mr. Devereaux ohnehin nicht an dieses Gespräch erinnern. Aber er musste einfach mal darüber reden, sich jemandem anvertrauen, und er hatte tatsächlich nie einen besseren Zuhörer gefunden als diesen alten Mann, den er noch nie hatte aufrecht stehen sehen und dessen Vornamen er nicht einmal kannte.

„Es ist … ein dämliches Spielzeug“, gestand Oscar, doch selbst als er versuchte, den Plushtrap Chaser kleinzureden, spürte er, wie sich das Herz in seiner Brust zusammenzog.

„Ist es kaputt?“, wollte Mr. Devereaux wissen.

„Es hat mir nie gehört“, erwiderte Oscar.

Mr. Devereaux nickte langsam. Marilyn begann, sich ausführlich zu putzen.

„Und ich vermute, dass es dir auch niemals gehören wird“, sagte Mr. Devereaux.

Wenn er es so hörte, kam es Oscar ziemlich lächerlich vor. Es war ein Problem, das wohl nur einen Zwölfjährigen zur Verzweiflung treiben konnte.

„Es ist gar nichts Besonderes“, log Oscar.

„Aber dieses Spielzeug ist nur die Spitze des Eisbergs“, meinte Mr. Devereaux. Oscar hob den Blick und sah dem alten Mann in die Augen. Vielleicht hatte er wieder einen seiner Aussetzer.

Doch überrascht stellte Oscar fest, dass Mr. Devereaux ihn direkt ansah.

„Der eigentliche Grund für den Wunsch schlummert unter der Oberfläche."

Mr. Devereaux beugte sich etwas vor.

„Ich glaube, du hast in den Jahren auf dieser Erde schon viele unerfüllte Wünsche angehäuft", sagte er. „So große Wünsche … aber es ist dir nie gelungen, sie wirklich wahr werden zu lassen."

„Ich glaube nicht, dass Sie wissen können …", begann er, aber Mr. Devereaux unterbrach ihn.

„Man muss wissen, wann man die Früchte seiner Mühen ernten kann", erklärte er, und Oscar bemühte sich, Mr. Devereaux zu folgen, aber es gelang ihm nicht.

„Mr. D, es ist wirklich nett von Ihnen, dass Sie versuchen …"

Mr. Devereaux stöhnte, als täte ihm etwas weh. Er richtete sich leicht auf und drückte den Rücken durch. Oscar hörte, wie es tief in dem Mann knackte. Marilyn unterbrach ihre sorgfältige Reinigung für einen Moment, um sich davon zu überzeugen, dass mit Mr. Devereaux alles okay war.

„Du bist vielleicht bereit, etwas für deine Wünsche zu tun, aber du denkst nicht genug nach", sagte Mr. Devereaux zu Oscar. „Manchmal muss man einfach wissen, wann der richtige Zeitpunkt gekommen ist, um sich etwas zu holen, selbst wenn die Aussichten nicht erfolgversprechend scheinen."

Oscar starrte Mr. Devereaux an.

„Jetzt sitz hier nicht länger rum, sondern mach dich auf die Suche nach deinem tollen Spielzeug!", brüllte Mr. Devereaux und fing im nächsten Moment an zu husten. Marilyn rollte sich schnell auf ihrem Stuhl zusammen.

Wie aus dem Nichts erschien die neue Pflegerin in der Tür.

„Ist hier alles in Ordnung, Mr. Dev…?“

„Nein, es ist nicht alles in Ordnung, Sie dämliches Frettchen! Jetzt laufen Sie schon und holen Sie mir ein Glas Wasser …“

Die Pflegerin eilte davon, aber Oscar schien wie festgewachsen auf seinem Stuhl, während er über die Weissagung nachdachte, die er gerade durch einen Schleier aus Desinfektionsmitteln und Katzenhaaren erhalten hatte.

„Was? Findest du nicht, dass sie wie ein Frettchen aussieht? Niemand sollte ein so schmales Gesicht haben“, sagte Mr. Devereaux zu Oscar.

„Aber was ist, wenn meine Figur überall ausverkauft ist?“, meinte Oscar schließlich.

„Habt ihr jungen Leute denn kein Internet? Oder ein Smartphone? Irgendwo hat natürlich noch jemand die Figur“, entgegnete Mr. Devereaux und hustete erneut. „Jetzt geht es doch darum, sich nicht mehr länger nur etwas zu wünschen, sondern es sich auch zu holen.“

Die Pflegerin kam mit einer kleinen gelben Tasse zurück, und Mr. Devereaux riss sie ihr aus der Hand. Dann drehte er sich auf die Seite und drehte dabei ihr und Oscar den Rücken zu. Marilyn spitzte kurz ein Ohr, um sich davon zu überzeugen, dass alles in Ordnung war, bevor sie weiterschlief.

Innerhalb von fünf Sekunden begann Mr. Devereaux laut zu schnarchen. Seine Rippen hoben und senkten sich unter dem fadenscheinigen Nachthemd.

„Sieht aus, als hättest du ihn niedergerungen!“, meinte die Pflegerin im Hinausgehen zu Oscar. „Du bist mein Held.“

Oscar war schwindelig, als er sich auf den Weg zurück zur Rezeption machte. Auf dem Flur kam ihm seine Mutter entgegen. Sie hatte drei Pflegerinnen im Schlepptau, die ihr wie Entenküken folgten und Mühe hatten, mit ihr Schritt zu halten.

„Du bist ein guter Mensch“, sagte seine Mom zu ihm, ohne von ihrem Klemmbrett aufzusehen. Oscar wusste, dass sie es ernst meinte. Sie hatte einfach nur viel zu tun.

„Er nennt die neue Pflegerin Frettchen“, sagte Oscar.

Seine Mom zuckte die Achseln und murmelte irgendetwas über ein auch wirklich sehr schmales Gesicht.

„Jedenfalls habe ich Raj und Isaac gesagt, dass ich mich noch mit ihnen treffe“, fuhr Oscar fort und schulterte seinen Rucksack.

„Au! Habt ihr irgendwas Interessantes vor?“, fragte sie, immer noch vertieft in ihren Papierkram. Eine der Pflegerinnen versuchte, ihre Aufmerksamkeit auf sich zu ziehen.

Oscar starrte auf die graue Strähne, die sich über den Kopf seiner Mutter zog und plötzlich irgendwie breiter wirkte, als sei sie über Nacht gealtert.

„Nein“, erwiderte er. „Nichts Besonderes.“

Sanft umfasste sie sein Kinn und blickte ihn zärtlich an. Oscar erwiderte ihr Lächeln, weil sie immer versuchte, ihr Bestes zu geben.

Dann machte er sich auf den Weg zum Ausgang.

„Ach, Oscar, kannst du noch ein bisschen Joghurt …?“

„Sorry, Mom! Ich muss los!“, rief Oscar und stürmte durch die Lobby. Fast hatte er die Tür erreicht, als Irvin etwas gegen die Musik anbrüllte, die offenbar auf seine Ohren einhämmerte.

„Jemand hat für dich eine Nachricht hinterlassen!“, rief er.

„Wie?“, entgegnete Oscar.

„Was?“, fragte Irwin, dann zog er sich den Kopfhörer herunter. „Du hast eine Nachricht. Von dem Kleinen. Wie heißt er noch? Isaac.“

„Er hat hier für mich angerufen?“, fragte Oscar verblüfft. Er konnte sich nicht daran erinnern, dass seine Freunde auch nur ein einziges Mal versucht hätten, ihn dort zu erreichen, obwohl es eigentlich so schien, als würde er genauso viel Zeit im Royal Oaks verbringen wie bei sich zu Hause. Wenn überhaupt, dann warteten Raj oder Isaac manchmal auf Oscar, bis er fertig war, und schlugen in der Lobby die Zeit tot, während Irvin sie ignorierte.

„Er hat gesagt, du musst dich mit ihnen im Einkaufszentrum treffen“, meinte Irvin.

„Im Einkaufszentrum? Nicht in der Toy Box? Moment, wann haben sie angerufen?“, fragte Oscar nach.

„Lass mich mal nachsehen“, erwiderte Ivin und tat so, als würde er nach einer Liste greifen.

„Tut mir leid, es ist nur …“

„Vor zehn Minuten vielleicht“, sagte Irvin etwas freundlicher.

Vor zehn Minuten. Wenn er 20 Minuten mit dem Bus brauchte, weitere zehn, um von der Haltestelle zum Einkaufszentrum zu laufen, dann war vielleicht noch genug Zeit, um es dorthin zu schaffen, bevor es geschlossen wurde.

„Ich muss los!"

„Viel Spaß …", sagte Irvin und setzte seine Kopfhörer auf, während sich die automatischen Türen bereits zischend wieder hinter Oscar schlossen.

An der Bushaltestelle hüpfte Oscar nervös herum, als müsse er pinkeln. Immer wieder beugte er sich auf die Fahrbahn hinaus, um zu sehen, ob sein Bus kam. Immer wieder hupten Fahrer ihn an, doch er achtete nicht darauf.

Endlich kam die Linie 56 und rollte quälend langsam aus. Es waren nur noch Stehplätze frei, und Oscar empfand eine irrationale Wut auf jeden, der es unterwegs wagte, den Halteknopf zu drücken. Anscheinend gab es keine Haltestelle, an der nicht jemand aus- oder einsteigen wollte, und Oscar wäre vor Ungeduld beinahe geplatzt.

Als sie sich endlich der Haltestelle am Einkaufszentrum näherten, war er so erpicht darauf, endlich auszusteigen, dass er beinahe vergessen hätte, selbst den Knopf zu drücken.

„Hey, hey, hey!", rief er dem Fahrer zu, der vor sich hin grummelte, dass er kein Privatchauffeur sei. Oscar schickte eine kurze Entschuldigung hinterher, und schlug sich dann quer durch einen Hain aus Eukalyptusbäumen, der offensichtlich ein Privatgrundstück war, um zu dem Eingang zu gelangen, der sich möglichst nahe am Emporium befand, dem Spielzeugladen.

Schon dreimal wäre das Emporium beinahe geschlossen worden, weil es kurz vor der Insolvenz stand, und jedes Mal hatte irgendein mysteriöser Geldgeber es gerettet, der es, laut einem Moderator in den lokalen Abendnachrichten, nicht ertragen konnte, dass ein weiterer unabhängiger Händler von einer der großen Spielzeugketten verdrängt wurde. Es hätte ein Akt der Nächstenliebe sein können, wäre das Emporium nicht so ekelhaft gewesen.

Oscar war sicher, dass dort noch niemals der Boden gewischt worden war. Mysteriöse Spritzer säumten die Fußleisten in diesem riesigen Geschäft, und kein einziger der Flecken bewegte sich jemals von der Stelle fort, an der er sich niedergelassen hatte. Oscar selbst hatte einen dieser Flecken verursacht, als er mit elf Jahren einen kompletten giftgrünen Big Slurp vor das Regal mit der Beach-Ball-Ausrüstung gekotzt hatte. Jedes Mal, wenn er das Emporium betrat, fiel sein Blick unwillkürlich auf die verräterischen grünen Flecken, die nie gründlich entfernt worden waren.

Der Laden schien immer nur zur Hälfte beleuchtet zu sein. Die fluoreszierenden Lampen hoch oben an der Decke summten und flackerten, als weigerten sie sich verzweifelt, überhaupt zu brennen. Es gab vielleicht eine Handvoll jenes Spielzeugs, das in diesem Jahr am meisten gefragt war, doch der Rest des höhlenartigen Ladens wurde von halb leeren Displays mit verstaubten Puppen, Actionfiguren und Spielsets beherrscht, und wartete auf die Eltern, die dringend noch etwas brauchten oder kein Geld hatten. Oscar wusste genau, dass seine Mutter mehr als nur ein paar Mal im Emporium gewesen war, immer nach ihrer Nachtschicht, auf der Suche nach der Kopie eines Markenspielzeugs, das sie sich mit ihrem kleinen Gehalt leisten konnte. Und Oscar ließ sich seine Enttäuschung nie anmerken.

Aber das Emporium war der einzige Spielzeugladen im Einkaufszentrum. All die anderen in der Stadt gehörten zu großen Ketten. Wenn Isaac ihn aufforderte, sich dort mit ihnen zu treffen, mussten sie etwas wissen, was alle anderen in der ganzen Stadt nicht wussten.

Nur schien das nicht der Fall zu sein, denn als er die Tür des Ost-Eingangs aufzog, konnte er schon von Weitem eine Schlange von Menschen sehen, die versuchte, sich ins Emporium zu drängen. Das war mehr Kundschaft auf einmal, als das Emporium wahrscheinlich sonst in einem ganzen Jahr sah.

Oscar wurde langsamer, während er sich zögernd der Menge näherte. Der Anblick der vielen Leute, die sich ausgerechnet vor dem Emporium drängten, entmutigte ihn.

An der Kasse gleich neben der Tür versagte gerade ein wie versteinert dreinblickender Teenager darin, die Leute zurückzuhalten und zu beruhigen. Der arme Kerl hatte sich wahrscheinlich in seinen kühnsten Träumen nicht vorstellen können, was ihm an diesem Tag in seiner Schicht bevorstehen würde.

„Oscar!“, rief eine vertraute Stimme.

Oscar blickte sich in der Menge nach Isaac um, aber wie Irvin ihm ja erst vor einer knappen Stunde noch mal in Erinnerung gerufen hatte, war Isaac der kleinste von ihnen. Schon in einer Menge, nur halb so groß wie diese, hätte man ihn nur schwer finden können.

„Hier drüben!“

Diesmal war es Raj, und schließlich, nachdem er die drängende Menge dreimal mit seinem Blick abgesucht hatte, entdeckte Oscar seinen Freund, der in die Höhe sprang, um ihn auf sich aufmerksam zu machen. Er befand sich fast am Kopf der Schlange, was bedeutete, dass er wissen musste, was noch auf Lager war.

Oscar quetschte sich an ein paar schimpfenden Kunden vorbei.

„Hey, die Sache hier hat System, Kleiner“, knurrte ein Mann, und Oscar musste sich ein Lachen verkneifen, denn … *also bitte!* Das hier sollte System haben?

Oscar ließ noch ein paar weitere Meckerer an sich abprallen, dann erreichte er endlich Raj und Isaac, wobei Letzterer auf den Zehenspitzen stand und versuchte zu erkennen, wie viele Kunden sie noch vor sich hatten.

„Alter, wir waren in der Toy Box, bei Marbles und in dem Geschäft an der Ecke 23. Straße und San Juan Avenue“, kam Raj direkt zum Thema.

„Wir waren sogar in diesem komischen Bio-Laden an der 5. Straße, der nur Holzspielzeug verkauft“, ergänzte Isaac.

„Wenn sie überhaupt welche hatten, waren sie in höchstens fünf Minuten ausverkauft“, meinte Raj.

„Aber das Emporium hat welche?“, wollte Oscar ungläubig wissen. Er hatte bisher noch niemanden mit einem den Laden verlassen sehen, und in diesem Fall traute er nur seinen eigenen Augen.

„Nicht im Regal“, erwiderte Raj und ließ die Bombe platzen. „Wir haben Thad vor Rockets gesehen, und er hatte eine dieser großen Tüten vom Emporium dabei. Wir wussten sofort, da geht was ab. Eigentlich wollte er es nicht, aber dann hatte er es uns doch gezeigt.“

„Also – er hat uns den Deckel der Schachtel gezeigt,

aber er hatte ganz sicher einen. Er war sehr zufrieden mit sich", meinte Isaac. „Seine Schwester ist mit dem stellvertretenden Chef hier zusammen, und er hat gesagt, sie würden eine kleine Menge bekommen, aber der Chef wolle sie nicht ins Regal stellen."

„Wahrscheinlich will er sie selbst online verkaufen", vermutete Raj. „Wichser."

„Und das hat sich wohl herumgesprochen", sagte Oscar mit einem Blick auf all die Leute, die sich gegenseitig misstrauisch musterten. Niemand wollte der Erste in der Schlange sein, der zu hören bekam: „Wir haben gerade den letzten verkauft."

Plötzlich ruckte die Menge vorwärts, und Protestgemurmel erhob sich unter den Kunden. Isaac taumelte gegen Oscar, der gegen die Frau stolperte, die vor ihm stand und sich lauter beschwerte als der Rest.

„Entschuldigung mal", sagte sie und wandte nur den Kopf, um Oscar einen vernichtenden Blick zuzuwerfen.

Es war die Sekretärin aus der Schule. Ms. Bestly. Die mit den fünf Neffen.

„Oh nein", flüsterte Oscar. „Sie wird den Rest abräumen!", zischte er Raj und Isaac zu.

„Das kann sie nicht. Es gibt nur einen pro Kunde", entgegnete Raj. „Macht euch keine Sorgen. Ich habe ein gutes Gefühl."

„Na ja, wenn du ein gutes Gefühl hast …" Oscar verdrehte die Augen, doch insgeheim war er dankbar für Rajs Optimismus. Oscar selbst konnte dazu nicht viel beitragen. Mr. Devereaux' aufbauenden Worte lagen für ihn bereits weit in der Vergangenheit.

Nachdem eine weitere Ewigkeit vergangen war, rückte die Schlange langsam vor, und die Schulsekretärin war als Nächste an der Reihe.

„Was soll das heißen, nur einer pro Kunde?"

„Tut mir leid, Ma'am, so lautet die Regel", entgegnete der Verkäufer, der aussah, als stünde er kurz vor einem Nervenzusammenbruch.

„Wessen Regel?"

„Die meines Chefs, Ma'am", sagte er, und die Leute in der Schlange hinter ihnen seufzten hörbar.

„Haben Sie es denn nicht gehört, Lady? Er hat es schon hundertmal gesagt", stöhnte ein Mann, der von der Menge gegen das Regal neben der Tür gepresst wurde.

„Und was soll ich dann meinen Neffen sagen?", fragte Ms. Bestly ebenso ungehalten.

„Wie wäre es, wenn Sie ihnen sagen … keine Ahnung … dass es nur einen pro Kunde gab?", meinte der Mann, und Oscar bewunderte seinen Mumm. Niemand in der Schule würde es je wagen, so mit der Sekretärin zu sprechen.

„Ma'am", unterbrach der Verkäufer, „ich kann Ihnen einen verkaufen, aber dann müssen Sie Platz für den Nächsten machen."

Die Sekretärin warf ihm einen Blick zu, der, davon war Oscar überzeugt, problemlos ein menschliches Gehirn hätte verdampfen können.

„Ich meine … äh … wenn das okay ist", fügte er hinzu, aber es war zu spät. Er löste sich bereits auf.

Ms. Bestly knallte ihr riesiges Portemonnaie auf den Tresen, zählte wütend das Geld ab und tauschte es schließlich gegen einen echten Plushtrap Chaser.

Es war das erste Mal, dass Oscar tatsächlich einen leibhaftig zu Gesicht bekam.

Selbst hinter der Zellophanfolie der Schachtel sah das Kaninchen absolut furchterregend aus. Seine Plastikaugen wölbten sich aus riesigen Höhlen hervor, wodurch das Gesicht etwas von einem Totenschädel bekam. Das Maul stand offen und zeigte zwei Reihen beunruhigend scharfer Zähne. Da es fast einen Meter groß war, musste sich der Verkäufer auf die Zehenspitzen stellen, um die Schachtel über den Tresen zu reichen und sie in die gierigen Hände der Sekretärin zu drücken. Die Plastiktüte, die er ihr anbot, lehnte sie ab und ging verärgert davon. Dutzende Blicke folgten ihr, als sie zur Tür hinaus verschwand. Dann wandten sich alle wieder dem Filter des Schatzes zu.

Die Menge drängte vor, aber das war unnötig. Oscar, Raj und Isaac kletterten fast über den Tresen.

„Einen Plushtrap Chaser bitte!“, keuchte Oscar atemlos. „Wenn nur noch einer da ist, können wir ihn uns auch teilen.“ Die Jungs griffen in ihre Taschen, um ihr Geld zusammenzulegen, ein Kompromiss, über den sie sich nicht einmal hatten abstimmen müssen. Wenn sie nur *einen* Plushtrap bekommen konnten, würden sie ihn sich eben teilen – in dem Fall galt, alle für einen und einer für alle. Sie waren es gewöhnt, mit dem Mangel zu leben.

„Tut mir leid“, sagte der Mann hinter dem Tresen, aber er wirkte nicht so, als täte es ihm leid, sondern als würde er sich zu Tode fürchten.

„Was meinen Sie damit, es tut Ihnen leid?“, wollte Oscar wissen, aber irgendwie wusste er es bereits. Das Schicksal hatte mal wieder zugeschlagen.

„Nein … neinneinneinneinneinneinneinnein.“ Isaac schüttelte den Kopf. „Sagen Sie es nicht.“

Der Verkäufer schluckte, sein Adamsapfel hüpfte auf und ab.

„Wir sind … ausverkauft.“

Die Menge brach in Protest aus, und der Verkäufer packte den Rand des Tresens, als fürchte er, der Boden würde unter ihm wegbrechen.

„Das kann nicht sein“, sagte Raj, doch Oscar konnte ihm wegen der lauten Protestrufe aus der wütenden Menge nicht verstehen. Er sah Oscar an, als würde er ihn anflehen, zu lügen und ihm zu sagen, dass das alles nur ein Scherz sei. Es mussten doch genug für alle da sein. Sie konnten einfach nicht mit leeren Händen wieder gehen.

Es durfte nicht sein, dass Oscar von so weit hergekommen war, um es wieder einmal nur *fast* geschafft zu haben.

Aber Oscar blickte in das wie versteinert wirkende Gesicht des Verkäufers. Welchen Grund sollte er haben, jetzt zu lügen? Und warum sollte er eine ohnehin schon aufgebrachte Menge noch weiter verärgern?

In Oscars Magen machte sich tiefe Enttäuschung breit, während die Ereignisse vor seinen Augen in Zeitlupe abliefen. Vor seinem geistigen Auge sah er schon, wie er mit Raj und Isaac davonging, um das Einkaufszentrum herum und zurück zur Bushaltestelle, ohne in Worte fassen zu können, wie er sich fühlte. Ohne ausdrücken zu können, dass es eigentlich nicht um den Plushtrap Chaser ging, sondern vielmehr darum, nun erneut die Bestätigung bekommen zu haben, dass Menschen wie er nicht dazu bestimmt waren, auch einmal eine Hoffnung erfüllt zu bekommen.

Während der Verkäufer mit erhobenen Händen dastand, als könne er dadurch die wütenden Massen irgendwie beruhigen, schob Oscar sich an die Seite des Tresens, wobei er versuchte, eine weitere Enttäuschung zu verarbeiten. Irgendwie hatte er das Gefühl, von den Geschehnissen um ihn herum abgeschnitten zu sein … bis einige klar verständliche Worte seine Aufmerksamkeit von den lautstarken Protesten und den hilflosen Antworten des Verkäufers ablenkten.

„… rufen … Polizei", sagte eine Frauenstimme.

„Wer … bearbeitet … Rückgabe?", wollte eine schroffe Männerstimme wissen.

„… echt", quiekte ein Teenager.

„… menschlich?", fragte die Frau.

Oscar schlich am Tresen vorbei und spähte um einen Stapel Pappkartons herum. Direkt hinter den Kartons standen drei Angestellte um etwas herum, das Oscar nicht sehen konnte.

Obwohl sie ihm den Rücken zudrehten, war Oscar nun weit genug von der Menge entfernt, um verstehen zu können, worüber die drei sprachen.

„Kein Zweifel. Sie wirken sehr … echt", meinte eine junge Aushilfe, während sie sich über das Ding beugte.

„Die stammen garantiert nicht von dem Hersteller", meinte ein Mann schroff, den Oscar für den gierigen Manager hielt, weil er so Respekt einflößend wirkte.

„Worher willst du das wissen?", fragte eine weitere Angestellte, deren tief ansetzender Pferdeschwanz ihr über die Schulter hing. „Hat ihn sich denn schon mal jemand angesehen, bevor er verkauft wurde?"

„Das wäre doch jemandem aufgefallen, oder nicht?“, meinte die Aushilfe.

„Ich finde immer noch, dass wir die Polizei rufen sollten“, sagte die Frau mit dem Pferdeschwanz und senkte ihre Stimme so weit, dass Oscar sich anstrengen musste, um sie noch zu verstehen.

„Und was wollen wir dann sagen?“, gab die Aushilfe zu bedenken. „Hey, wir glauben, hier stimmt etwas nicht. Wissen Sie, jemand hat ein Spielzeug zurückgegeben, und irgendwie sieht es unglaublich lebendig aus! Helfen Sie uns bitte, Officer, helfen Sie uns!“

„Nicht so laut!“, wies der Chef das junge Mädchen zurecht.

„Ich meine, die können doch nicht wirklich echt sein, oder?“, fragte die Frau.

Die beiden anderen sagten nichts, und wie auf ein Stichwort wichen alle drei von dem Ding zurück. Endlich konnte Oscar sehen, was sie da untersucht hatten.

Auf einer kleinen Werkbank lag eine zerknickte Schachtel, die aussah, als sei sie aus einer Müllpresse gerettet worden. Das Zellophanfenster war verdreckt und hatte weiße Knickspuren, die sich wie Adern hindurchzogen. Die Ecken des Kartons waren abgenutzt, und der Deckel wurde von Paketband zusammengehalten. Aber trotzdem konnte Oscar in der Schachtel einen grünen Kopf und hervortretende Augen erkennen.

Es war ein Plushtrap Chaser! Oscar schien es, als würden sie ihn direkt anblicken.

Hinter Oscar steigerte sich der Unmut der Menge und wurde zu Gebrüll, und plötzlich tauchte der Verkäufer hinter den Kartons auf. Oscar bemerkte er nicht. Er war zu sehr in Panik.

„Hilfe!“, rief der Verkäufer den anderen Angestellten zu. „Die gehen gleich auf die Barrikaden!“

Bevor die drei sich umdrehten, schlüpfte Oscar wieder um die Kartons herum. Dann lief er zurück zu seinen Freunden, die immer noch gegen den Tresen gepresst wurden.

Die andere Angestellte erschien neben der Kasse und dem panischen Verkäufer. Auf ihrem Namensschild stand: *Tonya, Assistant Manager*.

„Es tut mir sehr leid“, rief Tonya, „aber der Plushtrap Chaser ist ausverkauft.“

„Nein, ist er nicht“, sagte Oscar, zunächst so leise, dass man ihn wegen all des Lärms unmöglich hören konnte.

Als Tonya nicht reagierte, rief er: „Hey!“

Mit einem durchdringenden Blick aus ihren dunklen Augen wandte sie sich ihm zu. „Was?“, fuhr sie ihn an.

„Sie haben doch noch einen dahinten“, sagte Oscar. Vielleicht klang es vorwurfsvoll. Er deutete auf den Stapel mit den Kartons, hinter denen sich, wie er wusste, der Plushtrap Chaser befand.

Tonya warf einen Blick auf die Menge, dann sah sie sich in die Richtung um, in die Oscar deutete. Sie blickte etwas zu lange dorthin, dann wandte sie sich wieder Oscar zu, als seien sie plötzlich die Einzigen im ganzen Geschäft.

„Der ist beschädigt“, erklärte Tonya.

„Für mich sieht der okay aus“, log Oscar auf gut Glück. Er wusste nicht genau, worüber Tonya und die anderen Angestellten gesprochen hatten, aber ihm war klar, dass irgendetwas Seltsames mit dem zurückgegebenen Plushtrap

Chaser passiert sein musste. Doch das war ihm egal. Für ihn zählte nur, dass er den Plushtrap Chaser bekam.

„Er ist nicht in Ordnung, Junge. Er ist … äh … defekt“, erwiderte Tonya und verschränkte die Arme. „Glaub mir, den da möchtest du nicht haben.“

„Aber …“

„Er ist nicht zu verkaufen!“, knurrte Tonya, bevor sie in Richtung der Menge brüllte: „Leute, tut mir leid, okay? Ich bin sicher, wir bekommen irgendwann noch ein paar rein!“

Dann murmelte sie: „Hoffe ich zumindest mal.“

„Und wann wird das sein?“, erkundigte sich eine Frau in einem T-Shirt, auf dem stand: Ruhig bleiben und weitermachen.

„Ich weiß es nicht …“

„Und was soll ich jetzt meiner Tochter sagen?“, fragte ein Mann in Anzug und Krawatte.

„Sir, Sie müssen …“

„Ihr Verkäufer hat gesagt, Sie hätten genügend Plushtraps für alle da!“, schrie eine Frau so dicht neben Oscar, dass es ihm fast das Trommelfell zerriss.

„Ich bezweifle, dass er das gesagt …“

Die Menge stand kurz vor der Meuterei, doch Oscar bemerkte das kaum.

„Alter, wir verschwinden hier lieber“, meinte Isaac.

„Ohne Scherz“, sagte Raj. „Meine Mom hat mich mal mit zu einem Bettenausverkauf gezerrt. Als die weg waren, habe ich gesehen, wie eine Frau jemanden gebissen hat. Die Leute wollten echt Blut sehen.“

Entsetzt blickte Isaac Raj an. „Ich will aber nicht gebissen werden.“

Oscar hörte immer noch nur mit halbem Ohr zu.

„Es ist mir egal, ob er beschädigt ist. Ich kaufe ihn trotzdem“, sagte er zu Tonya, doch die Menge lärmte zu laut, als dass sie ihn hätte hören können.

„Leute, bitte beruhigt euch!“, rief sie in ihr Mikrofon, während eine Rückkopplung lospfiff und alle einen Moment innehielten, um sich die Ohren zuzuhalten. Aber das schien die enttäuschten Kunden nur noch mehr aufzuwiegeln, und schon bald drängten sie durch den Laden und rissen Spielzeug aus den Regalen, während sie nach vielleicht irgendwo versteckten Plushtrap Chasern suchten. Das Ganze wirkte wie eine irre Ostereiersuche.

„Es reicht. Ich rufe den Sicherheitsdienst“, grollte Tonya und tauschte das Mikrofon gegen einen Hörer, den sie unter der Kasse hervorzog. „Für so etwas werde ich nicht ausreichend bezahlt.“

„Kommen Sie, lassen Sie uns doch einfach den kaufen, den Sie dahinten noch haben“, blieb Oscar hartnäckig. Den Gedanken, nun wieder mit leeren Händen davonziehen zu müssen, nachdem er schon so nah dran gewesen war, ertrug er einfach nicht.

„Verschwinde, Junge!“, rief Tonya ihm über die Schulter zu, dann presste sie den Höhrer ans Ohr. „Wo ist Mr. Stanley? Sagen Sie ihm, dass ich hier bei uns Hilfe brauche“, rief sie ins Telefon.

Dann drehte Tonya dem Tresen den Rücken zu.

Oscar dachte nicht lange nach.

Hätte er nachgedacht, wäre er niemals um den Tresen herum und hinter den Kartonstapel gelaufen. Niemals hätte er die Aushilfe zur Seite geschoben und den Chef, der immer noch mit offenem Mund die einen Meter lange Schachtel betrachtete, die zwischen ihnen lag. Ganz sicher hätte er sich die Schachtel nicht gegriffen. Hätte sie nicht hochgehoben und aus Versehen die Aushilfe am Kinn getroffen, während der Verkäufer und Tonya ihn anbrüllten, das zu lassen, zu warten, die Schachtel hinzulegen. Hätte er nachgedacht, hätte Oscar Raj und Isaac eine Antwort gegeben, als die plötzlich neben ihm auftauchten und ihn fragten, was zum Teufel er da mache.

In diesem Moment gingen Oscar nur die Worte von Mr. Devereaux durch den Kopf: *Es kommt darauf an, die Ernte zum richtigen Zeitpunkt einzubringen.*

Oscar knallte das Bündel Geldscheine, das sie zusammengelegt hatten, auf die Werkbank. Er drückte die längliche Schachtel an seine Brust, drehte sich um und lief um den Tresen herum. Dann beugte er sich vor und pflügte durch die Menge, die ihn fast nicht beachtete, so sehr waren die Leute mit dem Tumult beschäftigt.

„Stopp! Stopp!“, riefen die Angestellten, doch da hatte Oscar bereits die Eingangstür des Emporiums erreicht, die plötzlich frei war, da die gesamte Menge sich inzwischen im Laden verteilt hatte.

„Alter, was tust du?“, rief Raj, aber er lief neben Oscar her, und so war klar, was auch immer Oscar tat, er tat es nicht allein. Und Oscar hörte, dass Isaac mit seinen kurzen Beinen doppelt so schnell laufen musste, um den Anschluss nicht zu verlieren.

„Hier entlang!“, brüllte der Verkäufer, der Oscar immer noch viel zu dicht auf den Fersen war. „Sie haben ihn mitgenommen. Sie haben ihn gestohlen!“

„Stehen bleiben!“, ertönte eine andere Stimme, und die klang irgendwie Respekt einflößender.

„Oh Mann, das ist der Sicherheitsdienst!“, keuchte Isaac, und plötzlich wurde er noch schneller als Oscar und Raj, überholte die beiden und führte sie durch den Ost-Eingang direkt aus dem Einkaufszentrum.

„Wir sind tot“, stöhnte Raj, doch er hielt mit Oscar Schritt. „Wir sind so unglaublich tot.“

Oscar brachte kein Wort hervor. Er funktionierte zwar, spürte aber kaum etwas. Er war wie in Trance.

Plötzlich machte Isaac einen Schlenker nach links, und Oscar brauchte nur eine Sekunde, um zu sehen, warum. Aus einer der Toiletten auf der rechten Seite kam ein verwirrter Mann vom Sicherheitsdienst und schloss seinen Gürtel. Verblüfft beobachtete er, was sich da vor ihm abspielte, und allmählich dämmerte ihm, wo das Problem lag.

Oscar und Raj rannten gerade an ihm vorbei, da brüllte er auch schon: „Haltet sie!“

Vor ihnen leuchtete der Ost-Eingang wie ein rettendes Leuchtfeuer, und Isaac stürmte als Erster hindurch. Er hielt die Tür noch einen Moment auf und winkte Oscar und Raj.

„Beeilt euch, beeilt euch, beeilt euch!“

Oscar und Raj liefen ebenfalls durch die Tür, und dann sausten die Jungen wie der Blitz davon. Isaac blieb in Führung, und gemeinsam bogen sie scharf nach rechts in Richtung des privaten Eukalyptushains ab, doch davor lag der weitläufige Parkplatz mit jeder Menge Hindernissen darauf.

Isaac zögerte kurz, und nun setzte Oscar sich an die Spitze. Im Zickzack liefen sie zwischen Minivans und SUVs hindurch, als befänden sie sich in einem lebensgroßen Videospiel und es könnte an jeder Ecke ein Sicherheitsmitarbeiter auf sie warten.

Allerdings hörte Oscar hinter ihnen nur die Stimmen von zwei Männern, und als er einen kurzen Blick über die Schulter warf, erkannte er, dass es auch nur die beiden waren. Dem einen, der aus der Toilette gekommen war, schien zudem langsam die Luft auszugehen.

„Kommt …", keuchte er beim Laufen, „… hierher!"

„Wir hängen sie ab. Haltet durch!", rief Oscar schließlich, doch seine Stimme klang wie die eines Fremden. Es schien, als habe er seinen Körper verlassen. Er war in diesem Moment nicht mehr Oscar. Er war niemand mehr, den er noch kannte.

„Wir sind fast da", keuchte Raj, und alle wussten, dass er den Eukalyptushain meinte. Der durchdringende Duft von Menthol lag in der Luft und schien bald Oscars Lungen von innen auszukleiden.

„Das ist Privatbesitz!", konnte Oscar den Sicherheitsmann rufen hören, doch er schien jetzt noch weiter entfernt zu sein. Es wirkte fast, als würde er es zu sich selbst sagen, nicht zu Oscar, damit er die Jungs nicht mehr verfolgen musste, sobald sie zwischen den Bäumen verschwunden waren.

Oscar warf die Schachtel über den Zaun und sprang hinterher. Er stürzte zu Boden und rollte durch die Blätter, die allmählich den Boden bedeckten, da der Herbst nahte. Isaac flog neben ihm über den Zaun, gefolgt von Raj, und ein letztes Mal blickten sie zwischen den Holzlatten hindurch zurück, um sich davon zu überzeugen, was Oscar bereits wusste – die Sicherheitsleute hatten die Verfolgung abgebrochen, wobei der größere sich vornüber gebeugt auf seine Knie stützte und mühsam nach Atem rang.

Für die Jungen hatte die Jagd noch kein Ende. Sie befanden sich auf privatem Grund und sollten eigentlich nicht dort sein, aber das war nicht das Einzige. Sie wussten, was sie gerade getan hatten, war falsch gewesen. Besonders das, was Oscar getan hatte. Und anstatt sich dem zu stellen, versuchte er einfach, davor wegzulaufen.

Er lief den ganzen Weg bis in seine Straße. Selbst als Raj und Isaac ihn anflehten, langsamer zu werden und ihm versprachen, dass die Gefahr vorbei und er völlig verrückt sei. Sie flehten sogar ziemlich ärgerlich, und Oscar wusste, dass es vielleicht daher kam, dass er sie überhaupt erst in diese Schwierigkeiten gebracht hatte. Er war es gewesen, der sich den Plushtrap Chaser geschnappt hatte. Er war es gewesen, der losgerannt war, als sei ihm ein Bär auf den Fersen. Er war es gewesen, der sie gezwungen hatte, sich zu entscheiden, ob sie mit ihm fliehen oder ihn mit seiner dämlichen Entscheidung und allen daraus folgenden Konsequenzen allein lassen wollten.

Als sie schließlich mit brennenden Lungen und schweißüberströmt Oscars Haus erreichten, zitterten ihnen die Beine so sehr, dass sie in dem kleinen Wohnzimmer im Kreis um die einen Meter große Schachtel zu Boden sanken.

„Technisch gesehen war das Diebstahl“, meinte Oscar, der als Erster wieder zu Atem kam und wohl auch zu Verstand.

„Du bist ein Idiot“, erklärte Isaac und meinte es ausgesprochen ernst.

„Ich habe unser Geld auf dem Tresen liegen lassen“, erwiderte Oscar, doch er wusste, das war lächerlich, und Raj unterstrich diese Tatsache, indem er lauthals lachte.

„Du bist ein Idiot“, sagte Isaac noch einmal, nur um sicher zu gehen, dass er verstanden worden war, und Oscar nickte.

„Ja, ich weiß.“

Diesmal lachten sie alle, und für Oscar war es ein Zeichen, dass sie, obwohl sie es alles andere als gut fanden, was er getan hatte, ihm immer noch zugetan waren. Und außerdem besaßen sie jetzt einen Plushtrap Chaser, völlig abgesehen davon, wie sie ihn bekommen hatten.

Und jetzt, da Oscar wieder durchatmen konnte, hatte er auch Zeit, noch einmal über das leise geführte Gespräch zwischen den Angestellten des Emporiums nachzudenken, das er belauscht hatte. Was hatten sie noch gesagt? Dass der Plushtrap Chaser irgendwie surreal wirke? Er konnte sich nicht vorstellen, warum das ein Problem sein sollte. Je lebensnäher desto besser war es doch, oder?

Wie sie dann allerdings vor der Figur zurückgewichen waren … irgendetwas stimmte damit nicht.

Raj und Isaac knieten neben ihm. Sie starrten auf den Plushtrap Chaser, den sie auf so illegalem Wege in ihren Besitz gebracht hatten.

Raj warf Oscar einen Blick zu. „Und, willst du ihn auspacken?“

Wollten Sie das? Nun hatten sie es schon so weit geschafft. Wollte Oscar sich jetzt wirklich von ein paar verärgerten Angestellten des armseligsten Spielzeugladens der Welt die Freude am Plushtrap Chaser verderben lassen?

Nach allem, was er auf sich genommen hatte? Nachdem er nun endlich die Ernte eingefahren hatte?

„Alter, wir machen das Teil doch auf, oder nicht?", fragte Raj.

„Okay", erwiderte Oscar. „Lasst uns mal sehen, was das Biest kann."

Es kostete einige Mühe, um das Kaninchen aus seiner Schachtel zu befreien. Die tiefgezogene durchsichtige Plastikform, die den Plushtrap Chaser umschloss, war zusammen mit dem Rest der Verpackung zerdrückt worden und hatte sich in jedem Gelenk der Figur verhakt. Die Kabelbinder, mit denen das Kaninchen an seinem Platz gehalten wurde, hatten sich zu harten Knoten verdreht, die vorsichtig entwirrt werden mussten. Und die Anleitung war kaum noch zu entziffern.

Nachdem die Jungs den Plushtrap Chaser endlich aus der Verpackung befreit hatten, stellte Oscar ihn auf seine übergroßen Füße und richtete die Kniegelenke aus, damit er von allein stehen konnte. Das grüne Kaninchen war relativ leicht, wenn man bedachte, was für eine Maschinerie darin stecken musste. Die schwersten Teile waren die mit Gewichten versehenen Füße (wahrscheinlich, damit er sich schnell bewegen und trotzdem seine Balance halten konnte) und der Kopf (vermutlich, damit er besser mampfen konnte).

„Ich weiß nicht wieso, aber irgendwie habe ich ihn mir anders vorgestellt", meinte Raj. Oscar und Isaac sagten nichts, was bedeutete, dass sie ihm – wenn auch zögernd – zustimmten.

Sie meinten es aber nicht herablassend. Oscar hatte

schon genügend leicht beschädigtes oder wieder rapariertes Spielzeug bekommen, ein Nebeneffekt, wenn man mehr Wünsche als Geld hatte. Und obwohl Raj und Isaac sich mehr leisten konnten, spielten sie das nie gegen Oscar aus.

Vielmehr war der Hype, der der Markteinführung dieser Figur vorausgegangen war, kaum zu übertreffen, obwohl sie – da musste man ehrlich sein – nicht sonderlich viel konnte. Sie konnte laufen ... und zwar schnell. Und sie mampfte ... ebenfalls schnell. Diese Schlichtheit hatte Oscar gefallen, aber viel mehr noch, dass der Plushtrap *begehrt* war. Einfach jeder wollte in diesem Jahr einen haben. Nur jene, denen das Glück nie hold war, die stets übergangen wurden, würden darauf verzichten müssen. Oscar wollte nicht wieder einer von ihnen sein. Er konnte es einfach nicht mehr.

„Äh ... liegt das jetzt nur an mir, oder passen seine Zähne irgendwie nicht zu ihm?" Isaac zeigte auf die sehr geraden, leicht gelben und ziemlich menschlich aussehenden Zähne, die im halbgeöffneten Maul des grünen Kaninchens zu erkennen waren.

„Kein Zweifel. Die sehen sehr ... echt aus."

Oscar musste zugeben, dass die Zähne ein wenig seltsam wirkten, keinesfalls so wie in der Werbung oder bei dem Plushtrap Chaser, den Ms. Bestly gekauft hatte.

„Ja, sie sind nicht spitz", meinte Raj. „Warum sind sie nicht spitz?"

Oscar verkniff es sich, einen Vorschlag zu machen.

„Sie sind nicht spitz, aber sie sind unheimlich", meinte Isaac. „Irgendwie sehen sie ...", er schluckte, „... menschlich aus."

„Ja“, stimmte Raj zu. „Das tun sie. Komisch.“

„Und was ist mit den Augen?“, fragte Isaac. Mit dem Finger stieß er gegen eins der grünen Augen. „Igitt!“, er riss die Hand zurück und schüttelte sie. „Es ist ganz weich!“

Es war nicht zu leugnen. Was auch immer mit den Zähnen und den Augen dieses Plushtrap Chasers nicht stimmte, mit Sicherheit hatten die Angestellten im hinteren Bereich des Ladens genau darüber gesprochen.

Trotzdem, dachte Oscar, *das kann doch in keinem Fall echt sein.*

Aber er hatte gesehen, wie Isaac den Augapfel berührt hatte. Er hatte ein ganz bisschen nachgegeben, ungefähr so, als wenn man gegen eine geschälte Weintraube drückte. Und sein Fingernagel hatte auch kein Geräusch gemacht, wie man es beim Kontakt mit Hartplastik gehört hätte.

Und dann waren da noch die Zähne …

„Deshalb sind sie so ausgerastet“, murmelte Oscar, und dass er es laut gesagt hatte, merkte er erst, als Raj und Isaac sich umdrehten und ihn anstarrten.

Das ist meine Strafe, dachte Oscar. *Dafür, dass ich ein Idiot war und diese dämliche Figur geklaut habe.*

„Okay, dann muss ich euch etwas erzählen, was ich im Emporium zufällig mitgehört habe“, erklärte Oscar, nachdem er einmal lang und gequält geseufzt hatte.

„Wie konntest du da drin irgendetwas mithören?“, fragte Isaac. „Bei dem Lärm.“

Oscar schüttelte den Kopf. „Das war im hinteren Bereich. Die Angestellten … sie haben alle um die Schachtel gestanden und davon geredet, dass sie zurückgegeben worden war und dass sie eigentlich die Polizei rufen sollten, weil …“

„Weil die Augen und die Zähne menschlich sind!“, platzte Raj heraus, als seien seine wildesten und makabersten Fantasien wahr geworden.

„Äh … ja“, sagte Oscar. „Ich schätze, wenn man es laut ausspricht, klingt es ein bisschen lächerlich.“

„Ja, völlig lächerlich“, bestätigte Raj und beäugte den Plushtrap Chaser.

„Total“, stimmte Isaac zu und wich ein paar Zentimeter von der Figur zurück.

„Ich meine … keiner von uns hat ein Exemplar mal wirklich aus der Nähe betrachten können“, überlegte Oscar laut. „Wahrscheinlich sind sie alle …“

„Der pure Albtraum?“, half Isaac aus.

Raj wandte sich Oscar zu. „Es ist dir gelungen, für uns den einzigen Plushtrap Chaser zu klauen, der aussieht wie ein halb menschlicher Hybride.“

„Ich glaube, seine Augen verfolgen mich“, meinte Isaac.

„Vielleicht fühlen wir uns besser, wenn wir ihn mal in Aktion sehen“, machte Oscar dem Versuch, wieder die ursprüngliche Begeisterung der anderen zu wecken.

Raj zuckte die Achseln. „Warum nicht?“

Auch Isaac zuckte die Schultern, doch dann hielt er die nicht mehr leserliche Anleitung in die Höhe. „Ich denke, große Hilfe können wir nicht erwarten.“

„Lasst uns mal sehen, wozu diese menschlichen Zähne in der Lage sind“, schlug Raj vor.

Isaac schüttelte sich. „Hör auf, sie so zu nennen.“

Oscar versuchte, am Kinn des Plushtrap Chasers zu ziehen, aber der Unterkiefer ließ sich nicht bewegen. Das Maul stand gerade so weit offen, dass man die menschenähnlichen Zähne erspähen konnte, doch weiter ließ es sich nicht öffnen.

„Vielleicht geht es, wenn du von der Nase her drückst", meinte Raj und umfasste die obere Hälfte des Kopfes, während Oscar weiter am Kinn zog.

„Du brauchst eine größere Hebelwirkung", sagte Isaac, packte die Schnurrhaare des Kaninchens und zog.

„Alter, du reißt ihm noch das Gesicht runter", warnte Oscar und ließ das Kinn etwas zu schnell los, wodurch Raj und Isaac fast das Gleichgewicht verloren.

„Wir brauchen irgendetwas, um das Maul aufzuhebeln", sagte er und trabte in die Küche, um dort aus der Schublade ein Buttermesser zu holen. Als er zurückkam, stieß er das Ende des Messers in das teilweise geöffnete Maul. Doch als er gegen den Messergriff drückte, gab das nicht sehr stabile Metall plötzlich nach, und das Messer brach im Maul des Kaninchens ab. Die Spitze der Schneide schien zwischen seinen seltsamen Zähnen festzustecken.

„Wow", rief Raj. „Hat er jetzt das Messer abgebissen?"

Oscar blickte ihn genervt an. Ihm wurde das langsam zu viel. Wozu hatte er das alles auf sich genommen.

„Er hat das Messer nicht abgebissen, Raj. Ich habe es abgebrochen."

„Vielleicht muss man ihn einfach einschalten, damit er das Maul öffnet", gab Isaac zu bedenken. Endlich hatte einer von ihnen wieder einen vernünftigen Gedanken.

Oscar und die anderen Jungs strichen das Fell am Rücken des Kaninchens auseinander und suchten nach einem

Schalter, an dem sie erkennen konnten, ob es ausgeschaltet war. Doch sie fanden nur einen Klettverschluss, unter dem sich ein Batteriefach verbarg. Darin befand sich eine rechteckige Neun-Volt-Batterie. Unter dem Fach entdeckten sie eine Reihe kleiner Löcher.

„Ist das ein Lautsprecher?", fragte Isaac. „Wartet mal, es redet?"

„Nein", winkte Raj ab. „Jedenfalls nicht in der Werbung." Er runzelte die Stirn. „Wie klingt denn überhaupt ein Kaninchen?"

„Meine Herren, Konzentration bitte. Wir sind auf der Suche nach dem Hauptschalter. Seht mal an den Füßen nach", sagte Oscar. Und tatsächlich, als sie das Kaninchen umdrehten, fanden sie einen kleinen schwarzen Schalter, der auf „ON" stand.

„Okay", meinte Isaac. Er fasste nach dem Schalter und stellte ihn auf „OFF", dann „ON" und dann wieder auf „OFF".

„Vielleicht braucht er eine neue Batterie", meinte Raj, was durchaus schlüssig klang.

Oscar ging in die Küche und durchwühlte die Schublade, in der sich lauter Krimskrams befand. Schließlich stieß er auf eine bereits geöffnete Packung mit Neun-Volt-Batterien. Eine Batterie war noch in der Schachtel.

„Versuch es mal mit der", meinte Oscar, als er zurück ins Wohnzimmer kam.

Die Jungen nestelten die vorhandene Batterie aus ihrem Fach und kratzten die kleine weiße Kruste ab, die sich darin gebildet hatte. Dann drückten sie die neue Batterie hinein und schlossen den Klettverschluss.

Raj rieb seine Handflächen aneinander. „Das wird es sein!"

Oscar nahm das Kaninchen hoch und schaltete es ein. Doch der Plushtrap Chaser rührte sich nicht. Das Maul war weiterhin fast geschlossen.

„Ach, jetzt komm!", schimpfte Isaac. All der Stress dieses Tages begann seinen Tribut zu fordern.

„Wartet mal, wartet mal", rief Oscar. Er hielt die Schachtel in der Hand und drehte sie hin und her. Auf der Seite stand in großen Buchstaben:

LÄUFT IM DUNKELN!

STOPPT IM LICHT!

„Leute, er funktioniert nur, wenn das Licht aus ist", stellte Oscar fest, und in seinem Herzen glomm ein Funke Hoffnung auf, dass vielleicht doch noch nicht alles verloren war.

„Oh", sagten Raj und Isaac wie aus einem Mund, als sei das natürlich völlig logisch. Natürlich. Irgendwie hatten sie alle dieses entscheidende Detail übersehen.

Die Jungen machten sich sofort an die Arbeit. Sie zogen die Vorhänge zu, schalteten alle Lichter aus und schufen dadurch so viel Dunkelheit wie nur möglich. Doch es sickerte immer noch genug Tageslicht zwischen den Vorhängen hindurch, um die Enttäuschung auf ihren Gesichtern zu beleuchten. Der Plushtrap Chaser machte keinerlei Anstalten, sich zu bewegen.

„Es ist einfach noch nicht dunkel genug", meinte Isaac.

„Vielleicht muss er sich erst aufladen", schlug Raj vor.

Doch als weder Isaac noch Raj sich anboten, dass grüne Kaninchen über Nacht mit nach Hause zu nehmen, erstarb auch Oscars letzte Hoffnung. Er fühlte sich ausgelaugt und am Boden zerstört. Es war mal wieder wie immer. Woher hatte er nur den Mut genommen zu glauben, dass ihm vielleicht mal etwas Gutes passieren würde. Er hatte sogar etwas getan, was er sich selbst und seiner Mom und allen, deren Meinung ihm wichtig war, geschworen hatte, niemals zu tun: Er hatte geklaut. Und nur dafür, dass er einmal – ganz kurz – das lange ersehnte Glück schmecken konnte.

Jetzt hatte er ein Drittel von 79,99 Dollar verloren, trotzdem keinen Plushtrap Chaser, und vielleicht würde er auch noch die beiden Freunde verlieren, die für ihn ihren Hals riskiert hatten, als seine Gier zu groß geworden war.

Am Abend rief Oscars Mom an.

„Und ist heute irgendetwas Spannendes passiert?“, erkundigte sie sich. Es war die gleiche Frage, die sie immer stellte, wenn sie sich von der Arbeit meldete, er zu Hause war, sich Abendbrot machte und dann ins Bett ging, während sie in der Nachtschicht arbeitete und sich um die alten Leute kümmerte.

„Überhaupt nichts“, erwiderte er, wie er es immer tat. Nur diesmal schmerzte es ihn, das zu sagen, denn es war etwas *sehr* Spannendes passiert … oder auch wieder nicht.

Als Oscar aufwachte, zog wie fast jeden Morgen der Duft von frisch gebrühtem Kaffee durch den Flur. Seine Mom ernährte sich buchstäblich davon. Wie sie es schaffte, morgens um drei nach Hause zu kommen und um sieben wieder aufzustehen, hatte Oscar noch nie begriffen.

Als er sich aus dem Bett rollte, erschrak er für einen

Moment vor den scheinbar feucht schimmernden Augen in den tiefen Höhlen des grünen Pelzgesichts. Sie wirkten wirklich sehr menschlich.

„Hoppla, guten Morgen", begrüßte er den Plushtrap Chaser. Das Kaninchen stand in Habachtstellung neben seinem Bett, genau dort, wo er es am Abend zuvor hingestellt hatte. Die Spitze des Buttermessers steckte immer noch zwischen seinen Schneidezähnen.

Doch ebenfalls genau wie gestern rührte es sich in keiner Weise. Was es ja eigentlich auch nicht sollte, wenn man bedachte, dass durch die dünnen Vorhänge hinter Oscars Bett Tageslicht hereinströmte. Vielleicht war er mit der Hoffnung ins Bett gegangen, dass eine Nacht im dunklen Zimmer seine Energiequelle unter Umständen aufladen könnte. Aber es war nur wieder eine dämliche Hoffnung gewesen.

Noch in seiner Schlafanzughose schlurfte Oscar den Flur entlang zur Küche und küsste seine Mom auf die Wange, wie er es immer tat. Sollten Raj oder Isaac ihn jemals dabei beobachten, würden sie es ihm immer wieder aufs Butterbrot schmieren, aber Oscar wusste, was das seiner Mom bedeutete, und er hatte absolut nichts dagegen. Nachdem sein Dad gestorben war, hatte er es sich einfach angewöhnt, ohne dass seine Mom je darum gebeten hätte. Als er noch zu klein gewesen war, um an ihre Wange zu kommen, hatte er ihren Ellbogen geküsst, dann ihre Schulter. Es war wirklich nur ein Küsschen, kaum ein wirklicher Kuss, doch seine Mom zu enttäuschen, das kam für ihn nicht infrage.

Nachdem Oscar sich ein Glas Saft eingegossen und eine Schüssel mit Cornflakes gefüllt hatte, machte er sich wie gewöhnlich darüber her, bis er irgendwann wieder aufblickte und bemerkte, dass seine Mom kein einziges Wort zu ihm gesagt hatte. Sie war in die Zeitung vertieft, die immer noch jeden Morgen zugestellt wurde, denn, so meinte sie, ein solches Abo sei billiger als ein Smartphone. Nicht einmal für eine Sekunde hatte sie den Blick gehoben.

Instinktiv zog sich sein Magen zusammen.

„Was ist los?“, fragte er, und seine Stimme klang etwas höher als gewöhnlich.

Seine Mom schlürfte langsam ihren Kaffee, bevor sie den Becher von den Lippen nahm, den Kopf aber weiterhin gesenkt hielt.

„Offenbar ist gestern im Einkaufszentrum etwas passiert.“

Oscar glaubte nicht, dass sich sein Magen noch fester zusammenziehen konnte, doch im nächsten Moment belehrte er ihn eines Besseren.

„Ach ja?“, fragte er und schaufelte sich einen Löffel voll Cornflakes in den Mund, wobei er Mühe hatte, ihn nicht gleich wieder auszuspucken.

„Mhm“, meinte seine Mom. „Hier steht, das Emporium musste den Sicherheitsdienst rufen“, sagte sie und nahm einen weiteren Schluck Kaffee.

„Oh, wow“, erwiderte Oscar und schaufelte sich weitere Flakes in den Mund, obwohl er die anderen noch nicht einmal zerkaut und hinuntergeschluckt hatte.

„Und alles wegen einer blöden Spielzeugfigur. Offenbar sind ein paar Kinder während des ganzen Aufruhrs mit einer entkommen.“

Und dann blickte Oscars Mom auf und fixierte ihn mit ihren dunkelbraunen Augen. Die Leute sagten immer wieder, wie ähnlich sie sich sahen mit ihren glatten Gesichtern und durchdringenden Augen.

„Kannst du dir das vorstellen?“, fragte sie.

Und Oscar begriff, dass sie genau das wissen wollte ... ob er sich das vorstellen könnte. Denn wenn er irgendetwas darüber wusste – auch nur das Geringste –, würde es sicherlich nicht schwer sein, sich vorstellen zu können, dass es stimmte.

„Irvin hat irgendetwas davon gesagt, dass du mit den Jungs gestern ins Einkaufszentrum wolltest“, fuhr sie fort und gab Oscar jede nur erdenkliche Chance, nicht zu lügen. Sie öffnete alle möglichen Türen, die ihn zur Wahrheit führen konnten, und lud ihn ein, hindurchzugehen, ehrlich zu sein. Sie flehte ihn sozusagen an, sie nicht zu enttäuschen.

Doch es ging nicht nur um Oscar, der hier geschützt werden musste. Dafür hatte er gesorgt, als er Raj und Isaac mit in die Sache hineingezogen hatte. Und deswegen traf Oscar eine Entscheidung: Er enttäuschte seine Mom, um seine Freunde zu schützen.

„Das muss passiert sein, nachdem wir da waren“, sagte Oscar. Er zuckte die Achseln. Und damit tat er die Sache ab.

Seine Mom blickte ihn so lange an, dass er schon dachte, vielleicht könne er sich entschuldigen, ohne ein Wort zu sagen. Er hoffte, dass seine Mutter es verstehen würde. Doch stattdessen senkte sie irgendwann den Blick, trank den letzten Schluck Kaffee, faltete die Zeitung zusammen und warf sie ohne ein weiteres Wort in die Papiertonne.

Noch nie hatte Oscar sich kleiner gefühlt. Er verbrachte den Rest des Tages zu Hause, antwortete nicht auf Rajs Anrufe und tat so, als würde er es überhören, wenn Isaac an die Tür klopfte. Stattdessen lag er im Bett und starrte in die vorgewölbten Augen des Plushtrap Chasers, während der zurückstarrte.

„Du bist wirklich der übelste aller Versager", sagte er zu dem grünen Kaninchen. Aber vielleicht meinte er auch sich selbst.

Die nächsten Tage vergingen für Oscar wie im Flug, und schließlich stellten Isaac und Raj ihn in der Schulcafeteria.

„Hör zu, wenn du besessen bist, verstehen wir das, okay?", sagte Isaac. „Zwinker einfach zwei Mal, wenn du Hilfe brauchst."

„Pass auf, wenn du da drin gefangen bist, lass uns dir helfen", sagte Raj und nickte gemeinsam mit Isaac.

„Ich bin nicht besessen", erwiderte Oscar, aber ein Lächeln konnte er sich nicht abringen.

„Alter, wenn das alles noch wegen diesem grünen Kaninchen ist", meinte Isaac.

„Es ist nicht nur das", entgegnete Oscar, und Raj und Isaac verstummten. Oscar vermutete, dass sie wahrscheinlich ahnten, worum es ging. Sie waren jetzt lange befreundet. Ihnen konnte nicht entgangen sein, dass Oscars Schuhe nie das richtige Logo trugen, dass sein Rucksack immer zwei Schuljahre halten musste anstatt nur eines.

„Die Technologie der ersten Generation hat sowieso immer jede Menge Kinderkrankheiten", meinte Raj. „Wir sparen für die zweite Generation. Dann haben sie noch eine Chance, alle Fehler zu beheben."

Isaac nickte, und Oscar fühlte sich tatsächlich besser. Sie hassten ihn also nicht. Er hatte zwar seine Mom und einen Plushtrap Chaser verloren, aber zwei Freunde behalten. Allmählich begannen sich die Dinge einzupendeln. Und gerade deswegen war es wohl besonders schwer, das zu sagen, was er als Nächstes sagen würde.

„Ich muss ihn zurückbringen."

Isaac legte die flache Hand auf seine Stirn, und Raj schloss einfach nur die Augen. Offenbar hatten sie genau das kommen sehen.

„Mit diesen Augen und diesen Zähnen?", gab Raj zu bedenken. „Pass auf, Alter, vergiss es einfach."

„Das kann ich nicht. Meine Mom weiß Bescheid."

Beide blickten ihn an. „Wieso lebst du dann noch?", fragte Isaac.

„Ich meine, sie hat nicht *gesagt*, dass sie es weiß, aber sie weiß es", erwiderte Oscar.

„Und was soll das bringen?", wollte Raj wissen. „Das Ding ist kaputt. Unser Geld ist auch weg. Und möchtest du wirklich Fragen zu diesen … ähm … ‚Upgrades' beantworten?"

Raj und Isaac blickten sich um, weil sie sicher gehen wollten, dass niemand lauschte.

Oscar verstand. Es wäre schon schlimm genug, den Diebstahl zuzugeben. Raj hatte recht. Er hatte nicht die geringste Lust, irgendwelche Fragen über die unheimlich menschlichen Augen und entsprechenden Zähne zu beantworten.

Obwohl das eigentlich alles immer noch unmöglich ist, sagte sich Oscar, obwohl er nicht den Mut aufgebracht hatte, die Augen selbst noch einmal zu berühren, aber schwören könnte, dass genau diese Augen ihm gestern Abend durch den Raum gefolgt waren.

Er schüttelte die Erinnerung ab.

„Darum geht es nicht“, erklärte Oscar, und Raj und Isaac konnten nichts dagegen sagen, denn sie wussten, dass es stimmte. Es ging nicht um das Geld oder die Spielzeugfigur. Es ging um den Diebstahl. Und Oscar war kein Dieb. Keiner von ihnen war es.

„Ihr beide müsst nicht mitkommen“, erklärte er. „Ich war es ja, der es getan hat.“

Aber Raj und Isaac seufzten nur und betrachteten ihre Fußspitzen, und Oscar wusste, dass er heute Nachmittag nicht allein ins Einkaufszentrum gehen würde. Seine Freunde würden ihn begleiten.

„Du bist ein Idiot“, sagte Isaac.

„Ich weiß.“

Aus irgendeinem Grund schien die Schachtel in Oscars Händen auf dem Weg zurück ins Einkaufszentrum schwerer geworden zu sein. Vielleicht lag es an all dem Geld, das sie darin versenkt hatten.

Was ist, wenn wir dem Wachmann wieder über den Weg laufen?“, fragte Isaac, und sie blieben direkt vor den Türen des Ost-Eingangs stehen.

Raj schüttelte den Kopf. „Was sollen sie denn machen? Uns verhaften, weil wir zurückbringen, was wir gestohlen haben?“

„Gutes Argument", meinte Isaac, und langsam machten sie sich auf den Weg zum Emporium.

Doch als sie dort ankamen, war das Emporium verschwunden.

„Wie jetzt?", flüsterte Oscar, während er die großen orangefarbenen Lettern, die nun über den Glastüren leuchteten, wieder und wieder las. Dort stand HAL'S HALLOWEEN HALLWAY.

„Sind wir durch den falschen Eingang reingekommen?", fragte Raj, aber sie alle wussten, dass es nicht so war.

Und alle vielleicht noch vorhandenen Zweifel wurden in dem Moment ausgeräumt, als sie durch die Türen traten. Derselbe fleckige und schmierige Fußboden erstreckte sich über die gesamte Länge des Ladens, aber statt verstaubtem Spielzeug quollen nun alle möglichen Halloween-Accessoires aus den wie neu glänzenden Metallregalen. In einem Gang gab es Dekorationsartikel und Lichterketten, in einem anderen alles für die Party. Dann fanden sich noch Süßigkeiten und jede Menge Kostüme. Vom blutüberströmten Serienmörder bis hin zur glitzernden Prinzessin.

„Sind wir durch ein Wurmloch gefallen?", fragte Isaac und kratzte sich im Nacken.

„Hey, Leute, seht mal", lachte Raj, nahm ein grünes Plushtrap-Chaser-Kostüm von der Stange und hielt es vor sich.

„Alter, im Ernst jetzt?", meinte Isaac, zerrte das Kostüm aus Rajs Händen und hängte es zurück.

Oscar machte sich unterdessen auf den Weg zum Kassentresen im vorderen Teil des Ladens, dem Schauplatz der tumultartigen Szenen von vor nicht einmal einer Woche.

„Wo ist das Emporium geblieben?“, fragte Oscar verwirrt.

Das Mädchen hinter dem Tresen trug zwei gelbe Antennen an langen Federn, die hüpften, als sie auf Oscar herabblickte.

„Das was?“

„Der Laden, der vorher hier drin gewesen ist“, erwiderte Oscar.

„Ach so“, sagte sie, ohne die Frage zu beantworten oder das auch nur vorzuhaben.

„Wo ist der hin?“, hakte Oscar nach.

„Keinen Schimmer“, meinte das Mädchen und wandte sich wieder ihrem Smartphone zu. „Ich habe nur eine Bewerbung ausgefüllt und *Bäng*“, sagte sie und machte eine lässige Handbewegung. „Da bin ich.“

„Aber ich muss das hier zurückgeben“, sagte Oscar und fühlte sich plötzlich sehr jung und sehr klein vor diesem älteren Mädchen.

Das Mädchen blickte erneut auf ihn herab, und ihre Augen weiteten sich gerade genug, um ihm zu zeigen, dass er nun endlich ihre Aufmerksamkeit besaß. Allerdings nur für eine Sekunde.

„Ist es das, was ich glaube, dass es ist?“, fragte sie, guckte aber schon wieder auf ihr Smartphone. „Warum willst du ihn zurückgeben? Du könntest ihn für ein Vermögen weiterverkaufen.“

„Er … er gehört mir nicht“, erwiderte Oscar und senkte den Blick. Als er wieder aufsah, hatte das Mädchen eine Augenbraue gehoben.

„Jetzt schon.“

Oscar sah wieder hinunter auf die Schachtel in seinen Händen. Die Pappe wirkte jetzt noch verknickter als je zuvor.

Als er wieder zu Raj und Isaac stieß, waren sie beide mit Eishockey-Masken und Elfenflügeln ausgestattet.

„Wir gehen als mörderische Elfen", sagte Raj.

„Ich kann ihn nicht zurückgeben", verkündete Oscar düster. Isaac und Raj hoben ihre Masken an.

„Na ja … zumindest kann niemand sagen, wir hätten es nicht versucht, oder?", tröstete Raj.

„Vielleicht ist es so das Beste", meinte Isaac, sagte sonst aber nichts, daher wusste Oscar, dass ihm kein Grund dafür einfiel.

Mit zwei Paar Elfenflügeln und zwei Eishockey-Masken im Gepäck liefen die Jungen zehn Minuten später zurück zu Oscars Haus, um sich einen Plan für ihre Aktion „Süßes oder Saures" zurechtzulegen. Jedes Jahr schworen sie sich, es bis auf die andere Seite der Bahnstrecke zu schaffen, wo es angeblich die leckersten Süßigkeiten gab. Doch jedes Mal reichte wieder die Zeit nicht, weil sie sich von den guten Sachen ablenken ließen, die es auch in ihrer Nähe gab.

„Jedes Jahr fallen wir darauf rein", sagte Raj. „Diesmal aber nicht. Dieses Jahr fangen wir einfach auf der anderen Seite der Bahnstrecke an und arbeiten uns dann zurück."

Oscar und Isaac stimmten zu. Das war ein guter Plan.

Da der Plan nun stand, stürzten sich Raj und Isaac an Rajs Spielkonsole in ein Match auf Leben und Tod, wobei sie sich abwechselten, nachdem sie nach jeder Runde Handschweiß von der Steuerung wischten.

„Du bist erledigt“, rief Raj, aber seine Daumen hämmerten wie wild auf die Knöpfe, während Isaac sich lächelnd zurücklehnte.

„Jedes Mal“, meinte Isaac. „Du sagst es jedes Mal. Eines Tages wirst du mal zugeben müssen, dass …“

„Du bist hier nicht der Champion“, entgegnete Raj, während sich auf seiner Stirn Schweißperlen bildeten.

Oscar jedoch war mit seinen Gedanken ganz woanders. Er beseitigte gerade den Rest der Kruste, den das Leck in der Batterie mit dem Fach auf dem Rücken des Plushtrap Chasers verursacht hatte.

Draußen nahm der Wind zu, und es schien, als würde der Sturm, von dem die letzte Woche über in den Nachrichten ständig zu hören gewesen war, nun heranziehen. Die Lichter flackerten immer wieder, weil der Strom schwankte, was nur noch zusätzlich dazu beitrug, dass Raj verlor.

„Jetzt komm, wenn der Strom ausfällt, zählt das nicht“, schimpfte Raj.

„Ich mache die Regeln nicht“, entgegnete Isaac äußerst selbstzufrieden.

Raj musste es nur noch wütender machen, dass diese Runde seinem Freund gehörte. Genau wie die Spielkonsole. Er sollte eigentlich besser darin sein, nur meistens spielten sie bei Oscar, da er der Einzige war, der keine Geschwister hatte, die ständig damit nervten, dass sie auch spielen wollten. Oscar allerdings war im Moment nicht an Videospielen interessiert.

„Oscar, hilf mir mal. Bei Stromausfällen fängt man doch noch mal von vorn an, oder?“, fragte Raj, während sie darauf warteten, dass der Strom zurückkam. Das Tageslicht draußen verblasste schnell.

„Hmmm?“, machte Oscar nachdenklich. Er hatte versucht, die Kruste vollständig zu entfernen und dann die Batterie gegen die aus dem kleinen Ventilator ausgetauscht, der auf dem Nachttisch seiner Mom stand. Er hatte sie sogar umgedreht, damit die Kontakte vertauscht waren, in der Hoffnung, dass es ein Herstellungsfehler war. Aber nichts konnte den Plushtrap Chaser in Bewegung setzen.

„Warum bastelst du immer noch daran herum?“, wollte Isaac wissen. Er hatte offensichtlich die Nase voll von all dem Theater der letzten Tage.

„Er hat recht“, stimmte Raj ausnahmsweise mal zu. „Das ist hoffnungslos, Oscar. Lass es einfach sein.“

„Ich denke, wir sollten das Ding loswerden“, meinte Isaac.“ Er verzog einen Moment den Mund. „Er ist nicht nur kaputt, er ist … keine Ahnung. Irgendwie komisch.“

Oscar widersprach nicht, aber er wollte es sich auch nicht eingestehen. Er ignorierte Isaac. Und Raj ignorierte er auch. Oscar hatte nicht das Gefühl, dass es hoffnungslos war. Sie hatten es geschafft, dem Sicherheitsdienst des Einkaufszentrums zu entkommen. Er hatte die Wahrheit vor seiner Mom verbergen können. Sie hatten versucht, das Richtige zu tun und den Plushtrap Chaser zurückzugeben. Es kam ihm vor, als gäbe es einen Grund, warum er dieses Ding behalten sollte.

Er drehte das hässliche Kaninchen um und starrte in dessen trübe schimmernden grünen Augen.

„Wenn du besessen bist, blinzel zweimal“, sagt er zu dem Kaninchen und lachte leise.

Doch obwohl der Plushtrap Chaser nicht blinzelte, gab er einen Laut von sich. Eine Art leises Zirpen und nur ganz kurz, sodass er sich auch geirrt haben konnte.

„Leute, habt ihr das gehört?“

„Was gehört?“, fragte Raj.

In dem Moment kam der Strom zurück, das Videospiel lief weiter, und bald stritten Raj und Isaac erneut, während sie ihren Wettkampf bis zum Tod fortführten.

Dann, als Oscar das Kaninchen gerade wieder umdrehen und sich das Batteriefach zum tausendsten Mal ansehen wollte, entdeckte er ein winziges Loch an der Seite des metallenen Unterkiefers. Zuerst sah es aus wie ein kleiner Bolzen, der das Gelenk des Unterkiefers zusammenhielt. Doch aus diesem Blickwinkel erkannte Oscar, dass es alles andere war als ein Bolzen.

Es war ein Port.

Oscars Festnetztelefon begann zu klingeln, als das Licht gerade erneut flackerte.

Mit dem Plushtrap Chaser in den Händen lief Oscar in die Küche, um den Anruf zu erwischen, bevor der Anrufbeantworter dranging. Seine Mom hatte darauf bestanden, einen Festnetzanschluss zu behalten. Sie war schon immer ein Freund davon gewesen, etwas in Reserve zu haben.

In der Leitung knisterte es, und Oscar musste dreimal nachfragen, wer da war, bevor er deutlich die Stimme seiner Mom vernahm.

„Argh, dieser Sturm“, sagte seine Mom. „Ist die Verbindung jetzt besser?“

„Ja, ich kann dich hören“, erwiderte Oscar, ohne ihr wirklich seine Aufmerksamkeit zu schenken. Er versuchte, sich den Port an dem Kaninchen näher anzusehen, doch das gestaltete sich schwierig, da das Licht in der Küche ständig wieder ausging.

„KM, ich brauche morgen deine Hilfe“, sagte sie.

„Klar, Mom“, erwiderte er, ohne wirklich zuzuhören.

„Tut mir leid, dass ich dich darum bitten muss. Du weißt, wie sehr ich das hasse. Es ist nur so, dass sich bei dem Sturm heute Abend so viele Leute krankgemeldet haben, dass wir morgen mit der Wäsche und der Dokumentation völlig überlastet sein werden … hörst du mir zu?“

„Mhm“, log Oscar, aber plötzlich dämmerte ihm, warum sie ihn so ungern fragte.

„Warte mal, nein, Mom. Nein, nicht morgen.“

„Ich wusste, dass du dich aufregen würdest, Schatz, aber es ist …“

„Mom, morgen ist Halloween!“, flehte Oscar, denn voller Panik wurde ihm klar, was er da gerade versprochen hatte, auch wenn er in dieser Sache ohnehin nie viel Mitspracherecht hatte.

„Das ist mir klar, Schatz, aber seid ihr, du und deine Freunde, nicht sowieso ein bisschen zu alt, um …?“

„Nein! Warum tust du das immer?“, fragte Oscar und trieb es damit ein bisschen zu weit, aber nun war es zu spät.

„Tue ich was?“

Oscar konnte seine Mom inzwischen kaum noch hören. Der Sturm bemächtigte sich der Telefonleitungen und rüttelte von außen am Haus.

Vielleicht lag es daran, dass sie so weit entfernt klang, dass Oscar das Gefühl hatte, er könne tatsächlich sagen, was er nun aussprach.

„Du behandelst mich, als sei ich viel älter, als sei ich genau wie du. Als sollte ich wie Dad sein. Du lässt mich nie Kind sein. Dad ist gestorben, und du hast von mir erwartet, dass ich sofort erwachsen werde."

„Oscar, ich …"

„Ich habe ihn gestohlen, okay? Ich habe diesen dämlichen Plushtrap Chaser gestohlen. Dein kleiner Mann hat ihn *gestohlen!*", sagte Oscar, er wusste, es war grausam von ihm, aber er war einfach so wütend, weil es schon wieder geschah. Wieder würde ihm versagt werden, was alle anderen erleben durften.

Erneut flackerte das Licht in der Küche, und plötzlich war seine Mom weg.

„Mom?"

Aber da war nur Stille. Und dann hörte er das Echo seines eigenen Atems und schließlich das aufgeregte Summen der Leitung. Er hängte auf.

Langsam ging Oscar zurück in sein Zimmer, gerade rechtzeitig, um noch zu sehen, wie Isaac Rajs Fighter erledigte. Doch Oscar konnte nur auf den winzigen Port im Unterkiefer des Plushtraps starren.

Der Schmerz, den er gerade seiner Mutter zugefügt hatte, war einfach derart ungeheuerlich, dass er ihn nicht auf einmal verarbeiten konnte.

„Raj, ich brauche dein Ladekabel", sagte Oscar.

„Was? Jetzt? Ich war gerade dabei, ihn einzuholen!", sagte er und deutete auf den Bildschirm.

„Nein, das warst du nicht", entgegnete Oscar.

„Hör auf den Mann", sagte Isaac. „Er spricht die Wahrheit."

Oscar zuckte zusammen, weil sein Freund ihn als „Mann“ bezeichnete. Raj holte ein verknotetes Kabel aus seiner Tasche und gab es Oscar.

Oscar wusste, dass es reine Freundlichkeit von Raj war, nicht danach zu fragen, wozu er das Ladekabel brauchte, obwohl er kein Telefon hatte, doch Raj folgte Oscars Bemühungen immer noch mit Interesse.

Inzwischen hatte Isaac Rajs Fighter auf einen Energielevel von zehn Prozent niedergekämpft.

Oscar holte tief Luft und hielt sie an, dann steckte er den Stecker des Ladegeräts in das kleine Loch in Plushtraps Unterkiefer. Als der Stecker genau hineinpasste, atmete Oscar erleichtert aus.

„Das war es dann, Raj“, verkündete Isaac. „ Ich erlöse dich von deinem Elend in drei …“

Das Geräusch von Isaacs Kämpfer, der sich auflud, um zum tödlichen Schlag auszuholen, pulsierte in Oscars Ohren, während er das grüne Kaninchen und das Ladegerät zu der Steckdose auf der anderen Seite des Zimmers trug.

„Zwei …“, zählte Isaac, als über ihnen das Licht anfing zu flackern.

„Bring es einfach hinter dich“, meinte Raj kläglich.

„Und du bist to…“

Oscar konnte sich nicht daran erinnern, das Ladegerät in die Steckdose gesteckt zu haben. Er erinnerte sich auch nicht daran, dass das Licht ausgegangen war oder dass Isaacs Kämpfer den goldenen Gürtel gewonnen hatte. Selbst wenn man ihn unter Druck setzte, wäre er vielleicht nicht einmal in der Lage, sich an seinen eigenen Namen zu erinnern.

Im Moment wusste er nur, dass es im Zimmer dunkel war und er sich auf der anderen Seite befand.

„Was zum …?“, konnte er Isaac sagen hören.

„Findest du auch, dass es verbrannt riecht?“, hörte er Raj fragen.

„Oh … oh Mann, Oscar“, meinte Isaac.

„Oscar? Oscar!“, rief Raj.

Oscar begriff nicht, warum die beiden so panisch wirkten. Das Mondlicht zuckte durch den Raum, weil sich draußen die Äste der Bäume im Sturm bogen, und Oscar konnte kaum die Umrisse der Köpfe seiner Freunde ausmachen.

„Oscar, wie viele Finger halte ich hoch?“, fragte Raj.

„Du hältst gar nichts hoch“, entgegnete Isaac, und Raj schüttelte den Kopf.

„Stimmt. Sorry.“

„Mir geht es gut“, sagte Oscar, obwohl er sich nicht sicher war, ob das zutraf, aber es wurde ihm langsam unheimlich, dass sich die beiden so besorgt um ihn zeigten. „Was ist los mit euch, Leute?“

„Äh … erinnerst du dich nicht daran, dass du quer durchs Zimmer geflogen bist?“, fragte Raj, und nun wirkten sie beide noch besorgter.

„Hört auf damit“, winkte Oscar ab und stützte sich an der Wand ab, um auf die Füße zu kommen. Sein Kopf fühlte sich an, als würde er in einem Aquarium stecken.

„Wir verarschen dich nicht“, schwor Isaac, und ein Blick in ihre Gesichter bestätigte Oscar, dass das stimmte.

„Eben hast du noch das Ladegerät eingesteckt, und im nächsten Augenblick hast du auch schon abgehoben. Ich glaube, es war der Blitz.“

Draußen kämpfte der Mond um einen Platz zwischen den Wolken. Im Haus wirkte um Oscar herum alles noch einen Moment lang ziemlich verschwommen, bis er schließlich spürte, dass er wieder schärfer sehen konnte.

„Vielleicht sollten wir seine Mom anrufen“, hörte er Isaac sagen.

„Nein! Nein, ruft sie nicht an“, bat Oscar sofort, und wieder wirkten die beiden besorgt.

„Was ist, wenn es in deinem Hirn einen Kurzschluss gegeben hat?“, gab Raj zu bedenken.

„Dann wäre ich immer noch schlauer als du“, murmelte Oscar.

„Er ist okay“, meinte Isaac.

Oscar testete, ob der Lichtschalter neben der Tür funktionierte. „Alles tot.“

Isaac griff nach der Fernbedienung des Fernsehers, doch der Bildschirm blieb dunkel. „Nichts.“

„Ich denke, damit ist die Sache erledigt“, erklärte Raj und ging ins Wohnzimmer, wo ihre Schlafsäcke lagen. „Uns bleibt nichts anderes übrig, als Tiefkühlpizza zu essen, von der uns übel wird, und unseren Plan für morgen Abend zu vergessen.“

Während seine beiden Freunde in Richtung Wohnzimmer verschwanden, blieb Oscar in seinem Zimmer. Halloween – eine wundervolle Minute lang hat er ganz vergessen, dass es für ihn in diesem Jahr nichts mit „Süßes oder Saures“ werden würde. Als die Wolken den Mond freigaben, blickte Oscar quer durch den Raum und sah die schwarze Brandlinie, die sich von der Steckdose die Wand hinaufzog.

„Toll“, murmelte Oscar. „Da hab ich ja gleich noch was, wofür ich mich entschuldigen kann.“

In Gedanken formulierte er bereits eine Erklärung für seine Mom, da bemerkte er eine winzige Bewegung des Plushtrap Chasers, der auf wundersame Weise immer noch mit der verschmorten Steckdose verbunden war.

„Warst du das?“, fragte er, doch das hässliche grüne Kaninchen starrte ihn lediglich an. Seine vorgewölbten Augen schimmerten im Mondlicht.

Oscar zog die Tür seines Zimmers hinter sich zu, damit er all seine Fehler nicht länger vor Augen hatte.

In dem Moment, als er sie mit einem Klicken schloss, hätte Oscar gegen jede Vernunft schwören können, dass er Rajs Stimme auf der anderen Seite der Tür gehört hatte.

„Licht aus“, sagte die Stimme mit einem leisen Kichern am Ende des Satzes.

Oscar stieß die Tür wieder auf und blickte sofort zu dem Plushtrap.

„Was hast du gesagt?“

„Wie?“, fragte Isaac, der schon fast im Wohnzimmer war.

„Du hast das doch auch gehört, oder?“

„Was gehört?“,

Oscar trat wieder in sein Zimmer. „Jetzt komm, Raj, das ist nicht witzig.“

„Was ist nicht witzig?“, wollte Raj wissen und steckte den Kopf am anderen Ende des Flurs um die Ecke.

Oscar schüttelte den Kopf. „Nichts. Schon gut.“

„Bist du sicher, dass du okay bist?“, erkundigte sich Isaac, und Oscar rang sich ein weiteres kleines Lachen ab.

„Ich hör schon Stimmen wegen dieses blöden Sturms."

Im Wohnzimmer machten sich Raj und Issac über zwei Tüten Chips her und kippten dazu Electric Blue Fruit Punch hinunter.

Isaac rülpste. „Okay, wenn wir also hier anfangen, gleich hinter der Bahnstrecke, können wir uns weiter Richtung Süden vorarbeiten", meinte er.

Sie waren über das leuchtende Display von Rajs Smartphone gebeugt, das auf einer Karte die Bahnstrecke zeigte, die die Stadt in West und Ost teilte. Es war Oscar nicht entgangen, dass sie auf der falschen Seite der Gleise lebten, ein Scherz, der die Sache viel zu sehr auf den Punkt brachte, als dass er ihn mit seinen Freunden hätte machen können.

„Nein, wir müssen im Süden anfangen und uns dann nach Norden vorarbeiten", erwiderte Raj.

„Aber wir werden viel zu viel Zeit auf der Straße verbringen", wandte Isaac ein und unterstrich sein Argument mit einem weiteren lauten Rülpsen.

„Alter! Den konnte ich riechen", schimpfte Raj und rutschte ein Stück zur Seite. „Und wir kommen schneller von einem Haus zum anderen, wenn wir noch nicht so viel Süßigkeiten bei uns haben. Ist alles eine Frage der Aerodynamik", meinte er.

Von der Küche aus hatte Oscar beobachtet, wie der Plan Gestalt annahm, während er innerlich in sich zusammensank. Irgendwann fiel den beiden anderen Jungen auf, dass er dort stand.

„Gut, Oscar kann die Entscheidung treffen", sagte Raj. „Wo fangen wir an, Oscar? Im Norden oder im Süden der Gleise?"

„Ich kann nicht mit.“

Raj ließ sein Telefon fallen. Er und Isaac wechselten einen Blick, und Oscar gab sich Mühe, den Gedanken zu verdrängen, dass die beiden das vorausgesehen hatten, denn schon so oft hatte er in letzter Minute absagen müssen, weil seine Mom ihn brauchte. Ihren kleinen Mann.

„Es ist wegen meiner Mom“, erklärte er unnötigerweise. „Sie braucht …“ Er schaffte es nicht einmal, den Satz zu vollenden.

„Ach“, winkte Isaac ab und gab sich Mühe, so zu tun, als wäre er tatsächlich dieser Überzeugung, „es wird sowieso ziemlich lahm.“

Raj spielte wie immer mit. „Ich wette, die Riesenschokoriegel sind nur ein Gerücht.“

Isaac nickte. „Und wir teilen alles durch drei.“

Oscar wusste, dass sie logen, wenn sie behaupteten, es würde ohnehin kein besonderer Abend werden. Er wusste auch, dass sie ihre Beute mit ihm teilen würden. Er wusste, sie waren enttäuscht. Aber er war auch noch nie so dankbar gewesen, dass sie seine Freunde waren.

„Hey, ist das eine weiße Strähne bei dir?“, fragte Isaac und deutete auf Oscars Kopf.

Oscar fasste sich ins Haar. „Ehrlich?“

Isaac lachte. „Nein, aber ich bin mir sicher, dass du dir da ein paar Hirnzellen weggeschmort hast.“

Raj lachte gackernd. „Obwohl du dir das eigentlich gar nicht leisten kannst.“

Zum ersten Mal an diesem Abend war Oscar zumindest ein bisschen zufrieden. Vielleicht würde alles gut ausgehen. Er hatte zwar keinen echten Plushtrap Chaser und kein Telefon, und Halloween würde für ihn nicht stattfinden. Er hatte auch seinen Dad nicht. Aber er hatte eine Mom, die ihn brauchte, und er hatte Freunde, die ihm Rückendeckung gaben.

Oscar hatte sich gerade neben Raj und Isaac im Wohnzimmer auf den Boden gesetzt, als ein Blitz durch den nächtlichen Himmel schoss. Er war so hell, dass Oscar zuerst dachte, sein Augenlicht sei ausgeknipst worden. Doch als das Licht nicht zurückkehrte, dafür aber die vertrauten Schatten und Silhouetten seines Wohnzimmers ihn umgaben, begriff er, dass sich nun das Stromnetz im Rest des Hauses verabschiedet haben musste.

„Uff, ich glaube, du hast vielleicht doch noch ein bisschen mehr Schaden angerichtet, als nur die Steckdose in die Luft zu jagen", ließ Raj sich in der Dunkelheit vernehmen.

Oscar stand auf und tastete sich zum Fenster, das schwerer zu erkennen war als zuvor, weil draußen der Mond hinter dicken Gewitterwolken verschwunden war.

„Nein", erwiderte er und drückte seine Wange gegen das Glas. „Der Strom ist überall weg. Der Blitz muss direkt ins Stromnetz eingeschlagen haben."

Isaac schnaubte. „Ich wette, im Ostteil funktioniert alles noch. Ich hab mich schon immer gefragt, wie die das machen, dass sie nie getroffen werden."

„Wartet, ich hole Taschenlampen", meinte Oscar. „Mom hat noch eine zweite gekauft, nachdem wir das letzte Mal Stromausfall hatten."

„Der hat fast zwei Tage gedauert", erinnerte sich Raj. „Wir mussten den halben Inhalt des Kühlschranks wegwerfen."

„Zwei Tage ohne Fernsehen, ohne Videospiele“, stöhnte Isaac.

„Mein Telefon hatte nach der Hälfte des ersten Tages schon keinen Saft mehr“, sagte Raj. Einen Moment lang hingen die Jungen ihren Erinnerungen an den großen Stromausfall im Mai nach, bevor sie diesen Albtraum wieder abschüttelten.

Oscar gab Isaac die billigere und leichtere Taschenlampe und behielt selbst die schwere.

„Du musst das Licht in deinem Telefon benutzen“, sagte Oscar zu Raj. „Ich habe nur zwei Taschenlampen.“

„Klar, nur zu. Lutsch doch meinen Akku aus“, schmollte Raj.

Plötzlich hörten die Jungen einen dumpfen Schlag, der von der anderen Seite des Hauses zu kommen schien.

Oscar hätte das Geräusch vielleicht seiner Fantasie zugeschrieben, doch Isaac und Raj hatten es offenbar auch gehört.

„Habt ihr jetzt eine Katze?“, fragte Isaac.

Oscar schüttelte den Kopf, dann erinnerte er sich, dass sie ihn ja nicht sehen konnten. Er schaltete seine Taschenlampe ein, und Isaac tat es ihm gleich.

Ein weiterer Schlag ertönte aus derselben Richtung, und Oscar schluckte hörbar.

„Vielleicht ein Ast, der gegen ein Fenster schlägt“, schlug Raj vor, doch überzeugt klang er nicht.

Isaac schüttelte den Kopf und sprang auf. „Das ist doch bescheuert.“

„Warte …“, sagte Oscar, aber Isaac lief schon den Flur hinunter.

Als sie um die Ecke kamen, begrüßte sie ein weiterer Schlag, diesmal deutlich lauter. Er kam aus Oscars Zimmer, dessen Tür geschlossen war. Das Haus war zu dunkel, um irgendeinen Schatten erkennen zu können, der vielleicht unter der Tür durchfiel, aber was die Quelle des Geräusches anging, war kein Irrtum möglich. Irgendetwas schlug langsam und regelmäßig gegen Oscars Zimmertür.

„Eine Katze ist es also nicht", flüsterte Isaac mit bebender Stimme.

„Nein, keine Katze", zischte Oscar, und Raj brachte sie zum Schweigen.

Wie als Antwort auf das, was sie gesagt hatten, verstummten die Schläge, und die Jungs hielten den Atem an.

Dann, ganz plötzlich, begannen die Schläge erneut, diesmal doppelt so schnell und mit soviel Wucht, dass die Tür erzitterte.

Verstört wichen die Jungen zurück, doch sie wagten es nicht, die Tür aus den Augen zu lassen.

„Glaubst du immer noch, das ist ein Ast?", wollte Isaac von Raj wissen.

„Jedenfalls nur, wenn der Baum in mein Zimmer geklettert ist", meinte Oscar.

„Seid still!", forderte Raj und hob eine Hand. „Hört ihr das?"

„Was ist das?", flüsterte Oscar.

„Das klingt wie … ein Kratzen", meinte Isaac.

Und sie brauchten nicht lange zu warten, um es herauszufinden. Unter dem Türknauf erschien ein gezacktes Loch, das von einer Reihe menschlich wirkender Zähne ins Sperrholz gerissen wurde, die kräftig genug waren, um ein Buttermesser durchzubeißen. Und die Zähne schienen ihre Form zu verändern, schärfer zu werden, während sie sich vorarbeiteten.

„Das ist nicht wahr", keuchte Oscar.

„Ich dachte, er sei kaputt!", schrie Raj geradezu vorwurfsvoll.

„Das war er auch!", erwiderte Oscar.

„Können wir bitte irgendwo anders darüber streiten?", sagte Isaac, während er beobachtete, wie schnell sich die sägeartigen Zähne um den Türknauf herum durch das Holz bissen.

„Alter, das ist doch ein Spielzeug", sagte Raj. „Was glaubt ihr, wird es …?"

Dann wurde noch zweimal kräftig gegen die Tür geschlagen, und der Knauf fiel aus Oscars Zimmertür zu Boden. Als sie aufschwang, erschien dahinter eine einen Meter große Silhouette mit langen, krummen Ohren. Und während der Plushtrap selbst nur ein Schatten war, glänzten seine spitzen Zähne sogar in der Dunkelheit.

Und woher kam das Blut an den Rändern der Schneidezähne? Wie war das möglich? Nur wenn die Zähne menschlich waren und das Zahnfleisch auch, aber würde es dann noch bluten? Es war alles unfassbar … so unfassbar, dass er sich nicht dazu durchringen konnte, auch nur etwas davon laut auszusprechen.

Und dann, ganz plötzlich, rannte der Plushtrap Chaser direkt auf Oscar, Raj und Isaac zu.

„Weg, weg, WEG!", schrie Raj, und sie rannten durch den Flur davon. Oscar hörte ein leises Klirren und stolperte fast über irgendetwas.

„Hier rein!“

Die Jungs stürmten in das nächstgelegene Zimmer – es gehörte Oscars Mom – und knallten die Tür hinter sich zu. Raj schob die anderen beiseite, um abzuschließen.

„Ist das dein Ernst? Glaubst du, er kann einen Türknauf drehen?“, fragte Isaac, während er versuchte, wieder zu Atem zu kommen.

„Ich habe nicht die geringste Ahnung, was der kann!“, schrie Raj.

Dann begannen die Schläge erneut, diesmal gegen die Tür, die sie gerade hinter sich zugedrückt hatten. Wie ein Mann wichen die Jungen zurück und mussten mit ansehen, wie sich die Tür unter den Schlägen des einen Meter großen Kaninchens durchbog.

Oscar riss die Augen auf, als er wieder das typische Geräusch der Zähne hörte, die sich diese Tür vornahmen.

„Wie halten wir das Ding auf?“, fragte Isaac. „Der Schalter ist unter dem Fuß, oder?“

Sie wichen weiter zurück, während die sägenden Geräusche immer lauter wurden. Das Kaninchen schien langsam in Übung zu kommen.

Nervös sah Oscar sich in dem Raum um.

„Wir sollten uns schnell etwas einfallen lassen, sonst frisst sich das Biest auch durch diese Tür, und ich glaube nicht, dass wir alle ins Badezimmer passen“, meinte Raj.

„Ähm … ähm …“ Oscar wurde immer hektischer, während das Holz splitterte.

„Oscar“, sagte Isaac, und Oscar richtete den Schein seiner Taschenlampe auf das Loch, das rings um den Türknauf entstand.

„Schnell, klettert irgendwo rauf. Je höher, desto besser!“, drängte Oscar, und jeder von ihnen suchte sich einen Platz. Oscar auf dem Schreibtisch, Isaac auf der Kommode, und Raj hockte, etwas wackelig, auf dem Kopfstück des Bettes.

In kürzester Zeit hatte das Kaninchen sich durch die Tür genagt, und mit einem lauten Knall fiel der Türknauf zu Boden. Knarrend schwang die Tür auf, und dahinter kamen erneut der leere Blick und die krummen Ohren des grünen Kaninchens zum Vorschein.

Die Jungen hielten den Atem an und warteten ab, was Plushtrap wohl tun würde. Das Kaninchen brauchte nicht lange, um einen Entschluss zu fassen. Wie eine Maschine, die lediglich eine einzige Aufgabe hat, machte es sich über das nächstbeste Möbel her. Die Kommode.

„Ach du Scheiße“, schrie Isaac und beobachtete voller Entsetzen, wie das Kaninchen mit einem der verzierten Beine der Kommode kurzen Prozess machte. Innerhalb kürzester Zeit würde das Bein einem Zahnstocher gleichen.

Und Isaac würde direkt vor dem gnadenlosen Kaninchen zu Boden stürzen.

„Lasst euch was einfallen“, flehte Isaac. „Hat nicht irgendjemand eine Idee?“

„Wie kann man es sonst noch abschalten? Wie schaltet man es ab?“, keuchte Oscar, ohne jemand bestimmtes anzusprechen, während sich vor der Kommode kleine Häufchen aus Sägespänen bildeten und Isaac bereits ins Rutschen kam.

„Das Licht!“, rief Raj vom Bett, wobei er sofort das

Gleichgewicht verlor und sich gerade noch fangen konnte. „Auf der Verpackung stand, dass es im Licht erstarrt!“

„Meine Taschenlampe ist im Flur!“, schrie Isaac und rutschte unfreiwillig ein paar Zentimeter auf das Kaninchen zu.

Oscar brauchte viel zu lange, bis ihm einfiel, dass er ja die zweite Taschenlampe hatte.

„Oscar, jetzt!“, brüllte Raj, und Oscar erwachte aus seiner Erstarrung und richtete den Strahl der Taschenlampe auf den Plushtrap Chaser. Aber es funktionierte nicht.

„Leuchte ihn von vorne an!“, schrie Isaac.

Oscar rutschte zum Rand des Schreibtisches und streckte den Arm aus, soweit er konnte, damit das Licht dem Kaninchen direkt in die Augen schien. Plötzlich erstarrte die Figur mitten in der Bewegung und mit weit aufgerissenem Maul.

Es wurde still im Raum, während die Jungen nach Atem rangen. Der Lichtkegel, der auf dem Kaninchen lag, zitterte durch Oscars verkrampften Griff.

„Nicht wackeln“, flüsterte Isaac, als fürchte er, das Biest durch ein Geräusch wieder aufzuwecken.

„Ich versuche es ja“, zischte Oscar.

Die Kommode schwankte unter Isaacs Gewicht und schien gerade herausfinden zu wollen, wie sie auf drei Beinen stehen konnte anstatt auf vier. Sie würde Isaac nicht mehr lange tragen können, ob nun der Plushtrap an ihr herumraspelte oder nicht.

„Ich muss hier herunter“, sagte Isaac, mehr zu sich selbst als zu seinen Freunden, doch sie verstanden ihn. Er versuchte, all seinen Mut zusammenzunehmen.

„Solange Oscar ihn anleuchtet, kann er sich nicht bewegen“, erklärte Raj, der spürte, dass Isaac dem momentanen Waffenstillstand misstraute.

„Du hast leicht reden“, meinte Isaac, ohne das grüne Ding vor der Kommode aus den Augen zu lassen. „Du sitzt nicht Zentimeter von einem Holzhäcksler entfernt. Und was ist überhaupt mit seinen Zähnen los? Die sollten nicht so aussehen.“

„Ich glaube, man kann ruhigen Gewissens behaupten, dass hier gerade eine Menge passiert, das nicht normal ist“, meinte Raj. „Würdest du jetzt bitte mal von der dämlichen Kommode herunterkommen?“

„Er hat recht“, stimmte Oscar zu. „Solange er angeleuchtet wird, dürfte er sich nicht bewegen können.“

„Eigentlich hätte er sich ohnehin nicht bewegen sollen, wisst ihr noch?“, entgegnete Isaac. „Wieso ist er plötzlich zum Leben erwacht?“

Weder Raj noch Oscar hatten darauf eine gute Antwort parat, schon gar nicht in diesem Augenblick.

„Vielleicht der Blitz? Er war doch an die Steckdose angeschlossen. Keine Ahnung. Aber die Kommode bricht jede Sekunde zusammen“, stellte Oscar fest.

Isaac nickte und fügte sich in sein Schicksal. Er würde sich auf den Boden herablassen müssen.

Nachdem er so weit weg von dem offenen Maul des Plushtrap gerutscht war, wie er konnte, ließ er ein Bein über die Seite der Kommode hängen, zuckte aber wieder zurück und verlor dabei fast das Gleichgewicht.

„Mann, jetzt komm schon“, drängte Raj, weil er die Anspannung nicht ertrug.

„Hey, du kannst dir ja schon mal aussuchen, welches Bein du dir lieber abreißen lassen würdest“, knurrte Isaac, und Oscar versuchte es mit einem anderen Ansatz.

„Einfach mit einem Ruck, als wenn du ein Pflaster abreißt“, schlug er vor, und der Gedanke schien Isaac besser zu gefallen.

„Einfach mit einem Ruck“, wiederholte Isaac. Gerade als er auf der anderen Seite von der Kommode rutschen wollte – wo niemand stand –, ertönte eine Stimme:

„Leute, hier drüben!“

Aber es war nicht irgendeine Stimme, sondern die von Raj.

Oscar wollte den Lichtkegel der Taschenlampe eigentlich nicht zu der Ecke gleiten lassen, fort von dem Kaninchen, trotzdem tat er es automatisch.

„Hey, hey, hey! Bleib mit dem Licht hier! Bleib hier!“

Oscar jonglierte mit der Taschenlampe und ließ den Lichtstrahl schnell wieder ins Gesicht des Plushtraps gleiten, der schon das Maul öffnete, um die Zähne in Isaacs Bein zu schlagen.

„Netter Trick, Raj. Aber lass das doch bitte in Zukunft“, meinte Oscar und hatte Mühe, wieder zu Atem zu kommen.

Doch Raj starrte einfach nur mit großen Augen in die Zimmerecke.

„Das warst du nicht, oder?“, fragte Isaac und hielt sich sein Bein, das beinahe dem grünen Kaninchen zum Opfer gefallen wäre.

„Ach, jetzt komm aber. Ernsthaft?“, fragte Oscar. „Das Ding kann Stimmen nachahmen?“

„Unsere Stimmen“, erwiderte Raj und schluckte. „Um uns abzulenken.“

Das Holz der Kommode unter Isaac knarrte. Er glitt zu Boden und rannte schneller davon, als Oscar ihn je hatte laufen sehen. Dann schlitterte er noch ein Stück über den Boden und sprang zu Oscar auf den Schreibtisch.

„Und was jetzt?“, fragte Raj, und Oscar hatte darauf tatsächlich eine Antwort.

„Wir lassen die Taschenlampe direkt auf ihn gerichtet“, erklärte er. „Dann verbarrikadieren wir die Tür von außen und rufen Hilfe.“

Isaac und Raj dachten einen Moment darüber nach, dann nickten sie stumm.

Raj bewegte sich als Erster, stieg vorsichtig vom Kopfstück des Bettes und wich rückwärts zur Tür, ohne auch nur für eine Sekunde seinen Blick von dem verrückten Kaninchen zu nehmen, das im Licht von Oscars Taschenlampe irgendwie kränklich grün zu leuchten begonnen hatte.

Aber dann, gerade als Oscar und Isaac vorsichtig wieder auf den Teppich hinunterstiegen, verabschiedete sich die Taschenlampe. Sie flackerte hektisch.

Panisch schlug Oscar seitlich gegen das Gehäuse, was für eine Sekunde half, dann verlosch sie wieder, um kurz darauf erneut aufzuleuchten.

„Oscar“, sagte Isaac mit leiser Stimme. „Könnte es vielleicht sein, dass der Batterie in deiner Taschenlampe gerade der Saft ausgeht?“

Der Lichtstrahl verlosch und leuchtete dann wieder auf, doch er tauchte den Raum lange genug in Dunkelheit, dass sie hören konnten, wie sich das Maul des Plushtrap schloss.

„Äh …“, begann Oscar, doch er hatte keine Zeit, seinen Satz zu vollenden. Als die Taschenlampe diesmal erlosch, blieb sie auch aus.

„Lauft!“, schrie Oscar, und er und Isaac stürmten zur Tür, wobei sie Isaak derart dicht auf den Fersen waren, dass sie ihn schon berührten.

Durch den Flur rannten sie zum Badezimmer, und Isaac kickte die Taschenlampe, die er fallen gelassen hatte, vor sich her. Sie schlugen die Tür zu und pressten sich gerade rechtzeitig mit dem Rücken dagegen, um zu spüren, wie sich ein einen Meter großes Etwas aus Metall und Plüsch von der anderen Seite dagegen warf. Das Kaninchen verlor keine Zeit und verbiss sich sofort ins Holz. Wieder konzentrierte es sich auf den Bereich um den Türknauf.

Isaac ließ sich auf die Knie fallen und tastete nach der Taschenlampe, die er verloren hatte. Als er sie gefunden hatte, war er so nervös, dass er den Schalter nicht sofort fand, dann richtete er den Strahl auf die Tür. Doch alle wussten, das Licht würde das Kaninchen erst aufhalten, wenn es sich durch die Tür genagt hatte.

Wenn sie ihm wieder von Angesicht zu Angesicht gegenüberstanden.

„Raj, wo ist dein Telefon?“, fragte Oscar.

Raj hielt es in die Höhe wie einen Talisman. Sein Bildschirm leuchtete blau in dem dunklen Badezimmer.

„Spar den Saft für die Beleuchtung“, sagte Oscar. „Ruf einfach Hilfe.“

„Okay“, erwiderte Raj. Schnell wählte er 911 und wartete sehnsüchtig auf das Gefühl der Erleichterung, das er verspüren würde, sobald die Notrufzentrale sich meldete.

„Wieso dauert das so lange?“, fragte Isaac und beäugte den Türknauf, der sich allmählich zu lockern begann.

„Es geht niemand dran“, meinte Raj und versuchte es erneut.

„Was meinst du? Das ist 911. Irgendjemand muss sich da doch melden“, entgegnete Isaac.

„Es klingelt nicht einmal. Als wäre das ganze Netz ausgefallen. Keine Ahnung“, sagte Raj immer verzweifelter.

„Okay, okay“, meldete sich Oscar zu Wort und versuchte, die Sache zu durchdenken, doch die Zähne des grünen Kaninchens waren schon durch das Loch in der Tür zu sehen. „Wir machen Folgendes. Ich werde die Tür öffnen ...“

„Ganz blöde Idee“, entgegnete Raj mit Panik in der Stimme. „Schlimmer geht es ja wohl kaum.“

„Warte doch mal“, sagte Oscar und versuchte, ruhig zu bleiben. „Ich mache die Tür auf und leuchte es an, damit es erstarrt. Während ich es in Schach halte, haut ihr ab und lauft in die Küche. Von da könnt ihr über das Festnetz Hilfe rufen.“

„Willst du damit sagen, wir sollen dich mit dem Ding hier alleinlassen?“, fragte Isaac.

„Schon. Es sei denn, ihr möchtet mit mir hierbleiben“, entgegnete Oscar.

„Nein, nein, nein, wir gehen zur Küche“, unterbrach Raj ihn schnell.

„Auf mein Kommando“, entschied Oscar, obwohl er innerlich überhaupt nicht bereit war, dieses Kommando zu geben, aber der Türknauf würde jeden Moment in den Raum fallen.

„Drei … zwei …“, zählte Oscar und packte den Türknauf, bevor er ganz herausfiel. „LOS!“

Oscar riss die Tür auf. Dort stand der Plushtrap Chaser, bereit zum Angriff, doch erstarrte er sogleich im Licht von Oscars Taschenlampe. Seine Augen waren trüb, nichts erinnerte daran, dass sie einmal grün gewesen waren. Sie wirkten noch Furcht einflößender als normale Augäpfel. Das Maul stand hungrig offen, die Zähne waren noch blutiger als beim letzten Mal. Die Arme hatte er vor sich ausgestreckt.

In dem kleinen Badezimmer waren nur flache Atemzüge zu hören, als Isaac und Raj darum kämpften, möglichst viel Abstand zwischen sich und das grüne Kaninchen zu bekommen. Doch es blockierte die Tür, und sie würden sich an ihm vorbeiquetschen müssen.

Isaac zog den Bauch so weit ein, wie er konnte, trotzdem berührte ihn der ausgestreckte Arm des Plushtrap Chasers. Raj verzog das Gesicht und folgte seinem Freund. Dann standen sie mit zitternden Knien im Flur.

„Bist du dir sicher, dass wir das Richtige tun?“, wollte Raj von Oscar wissen.

„Nein“, entgegnete Oscar. „Beeilt euch einfach.“

Die Jungen hasteten den Flur entlang und rissen in der Küche den Hörer vom Telefon. Doch während Oscar noch Auge in Auge mit dem grünen Kaninchen verharrte, hörte er, wie sich seine Freunde stritten. Offenbar war 911 auch über das Festnetz nicht zu erreichen.

Als die beiden wieder in der Badezimmertür auftauchten, war es Raj, der die schlechten Nachrichten überbrachte.

„Das Festnetz muss ausgefallen sein."

Wie zur Bestätigung peitschte der Wind noch heftiger auf das Haus ein und ließ Fenster und Türen erzittern.

„Also fassen wir mal zusammen", sagte Oscar, den Lichtstrahl seiner Taschenlampe immer noch sorgfältig auf das Kaninchen gerichtet. „Wir sitzen hier in der Falle, in meinem Haus, mit einer hirnlosen Fräsmaschine und einer noch funktionierenden Taschenlampe …"

„Zwei, wenn du mein Telefon mitzählst", unterbrach Raj.

„Und das während eines Sturms, der die Stromversorgung und das Telefonnetz außer Gefecht gesetzt hat."

„Und die Wasserversorgung", ergänzte Isaac. Die beiden anderen warteten darauf, dass er das näher erklärte.

„Ich hatte Durst. Ich habe den Wasserhahn aufgedreht."

„Das Ding kann sich durch praktisch alles durchbeißen, daher …" Raj ließ den Satz unvollendet.

„Also was passiert, wenn die Batterien in unseren Lampen keinen Saft mehr haben?", fragte Oscar.

Die Jungen starrten den Plushtrap Chaser an, als habe er vielleicht eine Antwort für sie. Doch er starrte nur in das Licht, das Oscar nicht von ihm abzuwenden wagte.

„Hey Oscar", sagte Raj, und Oscar gefiel der Ton seiner Stimme überhaupt nicht. Es war klar, dass er gerade eine fürchterliche Erkenntnis gehabt hatte.

„Was?",

„Wie willst du aus dem Raum rauskommen?"

„Was meinst du? Auf dem gleichen Weg wie ihr beide."

Raj schüttelte langsam den Kopf. „Wir sind rausgekommen, weil du dem Ding ins Gesicht geleuchtet hast."

„Und?"

„Wir stehen ihm nicht mehr gegenüber. Wir sind hinter ihm."

Endlich verstand Oscar. Es reichte nicht, wenn das Licht den Plushtrap Chaser traf.

„Er muss es auch sehen", stellte Oscar fest, und bei dem Gedanken, dass diese schrecklichen toten und so menschlichen Augen einfach alles sahen, lief ihm ein Schauer über den Rücken.

„Warte", meinte Isaac. „Wir können den Spiegel benutzen."

Die Jungs versuchten, den Plushtrap in Richtung des Waschbeckens auszurichten. Oscars Hand zitterte.

„Nicht wackeln", mahnte Isaac.

„Ich versuche es ja. Du ahnst ja nicht, wie schwer es ist, so eine Taschenlampe lange hochzuhalten. Mein Arm bringt mich um."

„Würdet ihr beide mal die Klappe halten?", bat Raj, und stemmte sich gegen den Plushtrap. „Isaac, hilf mir mal."

„Alter, so schwer ist das Teil doch nicht."

Raj trat einen Schritt zurück. „Versuch du es."

Aber Isaac konnte das hässliche grüne Kaninchen auch keinen Zentimeter von der Stelle bewegen.

„Als hätte es den ersten Gang eingelegt."

Sie schwiegen eine Minute.

„Okay, wir machen Folgendes", sagte Oscar. „Einer von euch hält die Taschenlampe über seinen Kopf, zwischen den Ohren."

„Ich nicht", erklärte Raj entschieden.

„Ich schleiche mich dann vorbei, und dann hauen wir ab."

Raj nickte. „Ja, das könnte funktionieren. Sobald es sich umdreht, leuchten wir es an, solange wir können."

„Genau. Damit schinden wir Zeit, damit wir es bis ans Ende des Flurs schaffen."

Vielleicht hätte der Plan funktioniert, wenn diese Taschenlampe nicht genau in diesem Moment ebenfalls angefangen hätte zu flackern. Der große Stromausfall vom Mai hatte ihre Batterien frühzeitig erschöpft.

„Neinneinneinneinneinneinnein!", rief Oscar.

„Warum gehen plötzlich alle Taschenlampen aus?", fragte Isaac vorwurfsvoll.

„Klappe und festhalten!", befahl Oscar, denn allmählich bekamen sie alle Panik. Isaac verzog das Gesicht, als er seine Hand über den Kopf des Kaninchens ausstreckte und versuchte, den Strahl der Taschenlampe in die vorgewölbten Augen zu richten, während Oscar sich so dicht wie möglich am Türrahmen entlangdrückte.

„Lass mich mal, ich nehme die Taschenlampe von meinem Telefon", rief Raj atemlos.

„Zu spät", erwiderte Isaac.

„Hier ist es zu eng, um die Plätze zu tauschen."

Und dann, gerade als Oscar zwischen dem Türrahmen und dem Plushtrap steckte, hörten sie eine Stimme. Sie kam von der Wohnungstür.

„Kleiner Mann, ich brauche deine Hilfe!"

„Ms. Avila!", rief Isaac über die Schulter. „Bleiben Sie, wo Sie sind. Nicht bewegen!"

Aber es war Isaac, der sich bewegte, nur ein kleines bisschen, als er den Kopf zur Tür wandte, doch es reichte, damit der Lichtkegel verrutschte.

„Isaac, die Lampe!“, brüllte Oscar.

„Tut mir leid!“ Isaac richtete die Taschenlampe wieder auf das Kaninchen aus, aber sein Arm zitterte, und der Lichtstrahl flackerte. Nun begann der Kopf des Kaninchens sich langsam mit kleinen Rucken zu drehen, immer dann, wenn das Licht der Taschenlampe kurz erlosch.

Und als Oscar fast Nase an Nase mit dem Kaninchen stand, erlosch die Taschenlampe endgültig.

„LAAAAUUUUUFT!“, brüllte Oscar, und die anderen gehorchten. Sie schrien auf, als der Plushtrap Chaser seinem Namen gerecht wurde und ihnen mit gleichmäßigen, mechanischen Schritten folgte.

Raj versuchte, den beleuchteten Bildschirm seines Telefons hinter sich zu richten, aber der war nicht hell genug.

„Die Lampe!“, schrie Isaac, und Raj versuchte es, aber in seiner Panik rutschte ihm das Telefon durch die schweißnassen Finger und fiel zu Boden. Noch bestand Hoffnung, dass das Telefon den Sturz überlebt hatte, doch da kündete das Knirschen, das sofort danach ertönte, von seinem abrupten Ende. Das Kaninchen hatte es zertreten.

„Die Garage!“, stieß Oscar keuchend hervor, während sie vor dem größten Fehler seines Lebens flohen.

Die Jungs warfen die Tür direkt vor dem heranstürmenden Kaninchen zu, dann lauschten sie voller Entsetzen, als es erneut begann, sich auch durch dieses Hindernis zu fressen.

„Das Ding ist das schlimmste Spielzeug auf der ganzen Welt!“, jammerte Raj.

„Woher hast du gewusst, dass es die Stimme deiner Mutter war?“, keuchte Isaac.

„Keine Ahnung“, erwiderte Oscar. „Vielleicht hat er sie mal am Telefon gehört.“ Er lachte geradezu hysterisch. „Da gibt es unendliche Möglichkeiten.“

Isaac packte Oscars Schulter. „Reiß dich zusammen, Mann. Du drehst langsam durch.“

Im Gegensatz zu den anderen Räumen des Hauses, in die immer noch ein gewisses Licht fiel, war die Garage stockdunkel, und als die Jungen nach irgendetwas tasteten, das sie benutzen konnten, um sich gegen den Eindringling zur Wehr zu setzen, rissen sie nur Werkzeug aus den Regalen und stolperten über Weihnachtsdekoration, die dort lagerte.

„Ich vermute, ich brauche nicht zu fragen, ob ihr hier vielleicht noch eine Taschenlampe habt?“, meinte Isaac, und seine Stimme klang rau vor Angst.

„Selbst wenn wir eine hätten, ich wüsste nicht, wo ich suchen sollte“, entgegnete Oscar.

Raj schlug heftig auf den Knopf, der eigentlich das Garagentor in Bewegung setzen sollte, doch ohne Strom hatte das wenig Zweck.

„Haben solche Tore nicht irgendeinen Mechanismus, mit dem man sie im Notfall öffnen kann?“, fragte er, als sein gesunder Menschenverstand wieder die Oberhand gewann.

In dem Loch, das der Plushtrap inzwischen in die Tür zur Garage nagte, erschienen bereits wieder Zähne und plüschiges Fell.

„Da ist ein Hebel mit einer Kordel dran!“, antwortete Oscar und tastete sich zur Mitte der Garage vor. „Die müsste hier irgendwo hängen…“

Er begann, in die Höhe zu springen, die Hände weit über dem Kopf ausgestreckt, um die Kordel zu fassen zu bekommen und dann die Notöffnung des Garagentors auszulösen.

Raj versuchte ihm zu helfen und suchte an einer anderen Stelle.

„Leute“, sagte Isaac und seine Stimme war erschreckend ruhig.

„Warte, ich glaube, ich habe die Kordel gerade mit den Fingern berührt!“, erwiderte Oscar.

„Leute“, sagte Isaac erneut.

„Wo?“, wollte Raj wissen.

„Hier drüben.“

„Wo ist hier?“

„Hier!“

„Leute!“, sagte Isaac erneut, und diesmal hielten die beiden inne. Die kratzenden Geräusche wurden lauter, während der Plushtrap auch mit dem dickeren Holz der Tür zur Garage kurzen Prozess machte.

„Was?“, fragten sie wie aus einem Mund.

„Wo wollen wir denn überhaupt hin, wenn wir hier raus sind?“

Oscar verstand durchaus, warum Isaac so am Boden zerstört klang. Ohne irgendein noch so kleines Licht blieb ihnen nichts anderes übrig als … zu laufen.

„Also hängen wir hier einfach ab und werden dann irgendwann zu Hamburgern verarbeitet?“, fragte Raj und sprang weiter in die Höhe, um die Kordel zu erwischen.

Oscars Entsetzen erreichte ein neues Ausmaß, als Isaac darauf keine Antwort hatte.

Und wenn man bedachte, dass sie sich vor weniger als einer Stunde noch ernsthaft damit beschäftigt hatten, auf welcher Seite der Bahnstrecke sie mit dem Einsammeln von Süßigkeiten beginnen sollten.

„Der Zug!“, schrie Oscar, und in der Sekunde, als er das tat, hörte er, wie Raj mit der Hand gegen den hölzernen Griff der Kordel schlug, mit der man die Garage entriegeln konnte. Der Griff knallte gegen das Metall des Tors. Raj sprang erneut in die Höhe, und versuchte, den Griff zu fassen zu bekommen.

„Ich hab sie!“

„Hey Leute!“, schrie Isaac, und mit großen Augen beobachteten alle, wie der Knauf der Tür zur Garage zu wackeln begann.

„Er ist fast …“, sagte Isaac.

„Ich bin fast …“, begann Raj.

„Von der anderen Seite der Tür erklang eine Stimme, die genau wie Isaac klang:

„Das war es dann. Ich erlöse dich von deinem Elend in drei, zwei, und du bist to…“

Mit den Fingerspitzen bekam Raj den Holzgriff zu fassen, diesmal zog er kräftig an der Kordel und löste dadurch die Verriegelung des Garagentors.

„Geht da rüber!“, rief Oscar, und Isaac packte die Unterseite des Tors auf der einen Seite, während Raj in der Mitte zufasste und Oscar links.

Sie stießen das Garagentor mit so viel Wucht auf, dass es gegen das Ende der Schienen schlug und gleich wieder herunterrauschte. Und in dem Moment fiel der Knauf der Tür, die innerhalb des Hauses in die Garage führte, auf den

Betonboden, und das Türblatt schwang auf. Im Rahmen erschien der Plushtrap Chaser, bereit, seine sinnlose Zerstörungsmission fortzusetzen.

Noch einmal stießen die Jungen das Garagentor mit Wucht auf, doch diesmal schlüpften sie flink darunter hindurch, bevor es wieder herunterrauschte. Nun standen sie draußen auf der Einfahrt, während das Kaninchen sich noch in der Garage befand.

Es knallte gegen das Garagentor und zog im nächsten Moment auch schon seine Zähne über das Metall, dass es in den Ohren schmerzte.

„Das wird nicht lange halten", meinte Raj, und während der Oscar von gestern noch bezweifelt hätte, dass selbst ein funktionierender Plushtrap Chaser sich auch durch Metall nagen könnte, hatte der Oscar von heute allen Grund, davon überzeugt zu sein. Das Ding würde nicht innehalten, bis es einen Grund dafür hatte.

„Der Zug", rief er erneut und lief auch schon los, in der Hoffnung, dass die anderen ihm einfach folgen würden.

Sie hatten kaum das Ende von Oscars Block erreicht, als sie hörten, wie Metall riss, und sie wussten, dass die bisher gewonnene Zeit bereits wieder abgelaufen war.

Sie sprangen über Fahrräder, die verlassen in den Gärten lagen, über Stromkästen, wedelten totes Laub aus dem Weg, das genau wie Müll durch die Luft gewirbelt wurde, während im Hintergrund zu hören war, wie das Maul des mechanischen Kaninchens im Takt seiner immer schneller laufenden Beine klapperte. Nur einmal wagte Oscar es, einen Blick hinter sich zu werfen, und er musste feststellen, dass der Plushtrap Chaser schon weiter aufgeholt hatte, als es ihm lieb war. Er war nah genug, dass Oscar das Weiße in seinen leeren Augen erkennen konnte.

Und das Kaninchen legte an Tempo zu, während Oscar und seine Freunde langsamer wurden. Die Bahnstrecke war immer noch eine Viertelmeile entfernt.

„Will ich überhaupt wissen, wie dicht es uns schon auf den Fersen ist?“, keuchte Raj.

„Lauf einfach weiter“, gab Oscar zurück. „Du darfst nicht langsamer werden.“

Oscars Beine brannten, während er mit den Armen Schwung holte, aber selbst Isaac verließ langsam die Kraft. Sie mussten es nur noch ein kleines Stückchen weiter schaffen.

„Woher ...“, keuchte Isaac und schluckte, bevor er noch einmal ansetzte. „Woher weißt du überhaupt, dass ein Zug kommt?“

Isaac hatte den Plan offenbar erraten, den Oscar nicht einmal mehr hatte erklären können.

„Ich weiß es nicht“, entgegnete Oscar, und danach sagte Isaac kein Wort mehr. Er hatte verstanden.

Wenn kein Zug kam, gab es auch keine Hoffnung mehr.

Oscar, Isaac und Raj hoben die Hände, um ihre Gesichter vor den tiefhängenden Ästen zu schützen, während sie quer durch ein Wäldchen rannten, um auf direktem Weg zur Bahnstrecke zu kommen. Hinter sich hörten sie, wie der Plushtrap Chaser ebenfalls durch das Unterholz brach und kurzerhand jeden Ast zerhäckselte, der ihm im Weg war.

Als das Gelände langsam anstieg, wusste Oscar, dass sie fast da waren. Seine Lungen brannten, und Raj begann vor Schmerz zu husten und zu röcheln.

Als sie die Kuppe des Hügels erreichten, breitete sich vor Oscar ein wundervoller Anblick aus.

Licht.

„Ich habe es euch gesagt!“, keuchte Isaac. „Bei denen fällt nie der Strom aus!“

Aber als sie den Abhang hinunterstolperten, der zur Bahnstrecke führte, verloren sie den Ostteil der Stadt erneut aus den Augen, und Oscar wurde schlagartig klar, dass sie es ohne einen durchfahrenden Zug niemals zur Ostseite der Stadt und ihrem herrlichen Licht schaffen würden.

Zuerst war das Geräusch nur schwach zu vernehmen, kaum zu hören gegen das Heulen des Sturms und das Surren des Plushtrap Chasers, der ihnen auf den Fersen war. Aber als Raj und Isaac in dieselbe Richtung blickten, glaubte Oscar es eindeutig zu hören. Er war sicher, dass es keine Einbildung war.

„Das Zugsignal. Er kommt. Er kommt!“, schrie Isaac, und gemeinsam brüllten sie ihre Begeisterung darüber heraus, ihren Retter nahen zu hören.

Doch sehen konnten sie ihn noch nicht. Als sie sich umdrehten, gefror Oscar das Blut in den Adern. Oben auf dem Hügel erschien das Kaninchen und kam im nächsten Moment auch schon den Abhang herunter.

„Der Zug wird nicht rechtzeitig hier sein“, flüsterte Isaac.

„Er ist rechtzeitig da“, sagte Oscar entschieden.

Der Plushtrap Chaser nahm immer mehr Tempo auf, während er den Hügel herunterkam.

„Wir werden sterben. Das war es, wir werden sterben“, jammerte Raj.

„Er ist rechtzeitig da“, wiederholte Oscar, ohne das Kaninchen aus den Augen zu lassen.

Es war zur Hälfte den Hügel herunter, bevor Oscar erneut den wundervollen Ton des Signalhorns vernahm, das den lärmenden Sturm durchschnitt.

Die Augen des Kaninchens wölbten sich aus den riesigen Höhlen, während seine Ohren in einem unnatürlichen Winkel in die Höhe standen. Und als es mit tödlicher Präzision den Rest des Hügels heruntersprang, konnte Oscar in seinem Maul sogar Metallfetzen sehen, die es aus dem Garagentor herausgerissen haben musste und die wie Hühnerknochen zwischen den spitzen Zähnen hervorragten.

Oscar wagte es, den Plushtrap Chaser gerade so lange aus den Augen zu lassen, wie er brauchte, um einen kleinen Lichtkreis weit entfernt auf der Bahnstrecke wahrzunehmen.

„Geht“, forderte Oscar seine Freunde auf.

„Auf keinen Fall, Mann“, erwiderte Raj. „Wir bleiben zusammen.“

„Vertraut mir einfach“, sagte Oscar.

„Bist du bescheuert?“, stieß Isaac hervor.

„Lauft auf die andere Seite der Gleise“, beharrte er. Gleichzeitig breitete sich in ihm eine seltsame Ruhe aus, während er sowohl den Abstand zum heranstürmenden Plushtrap Chaser als auch zu dem sich nähernden Zug abschätzte. Sein Hirn nahm Berechnungen vor, zu denen er sich eigentlich nie fähig gefühlt hatte.

Das Signalhorn durchschnitt die Nacht. Der Zug war nur noch Sekunden entfernt. Genau wie das hässliche grüne Kaninchen.

„Leute, das wird klappen. Dieses Mal wird es funktionieren. Geht jetzt!“

Raj und Isaac sahen noch ein letztes Mal dem Zug entgegen, bevor sie über die Gleise rannten.

Oscar konnte hören, wie sie schrien, dass er auch herüberkommen sollte. Er hörte sie zwar, aber er folgte ihnen nicht. In diesem Augenblick – in diesem Bruchteil einer Sekunde, die zwischen Leben und Tod entschied – hatte er nur die krächzende, aber ungebrochen lebendige Stimme von Mr. Devereaux im Ohr.

Manchmal muss man einfach wissen, wann der richtige Zeitpunkt gekommen ist, um sich etwas zu holen, selbst wenn die Aussichten nicht erfolgversprechend scheinen.

Und in dieser unendlich kurzen und gleichzeitig unendlich langen Zeitspanne begriff Oscar endlich, was der alte Mann gemeint hatte. Manchmal findet man sein Glück nicht. Manchmal entsteht Glück. Und wenn das passiert, sollte man wissen, wann man zugreifen muss.

Und inmitten des Geschreis seiner Freunde, dem Hupen des Zuges und dem Knirschen der Zähne des grünen Kaninchens machte er drei große Schritte nach rechts, dem Zug entgegen. Er trat auf die Gleise und wartete auf genau die richtige Sekunde, in der das Kaninchen auf die Gleise sprang und sich Oscar und dem hellen Scheinwerfer des Zuges hinter ihm zuwandte.

Oscar hatte nur den Bruchteil einer Sekunde, um die finsteren Augen wahrzunehmen. Aus dem gefräßigen, blutverschmierten Maul ertönte die Stimme von Oscars Mutter:

„Kleiner Mann, ich brauche dich!“

Und dann sprang Oscar.

Die Luft um ihn herum roch nach Stahl und Feuer, und er wusste nicht, woher das Licht kam. War er im Krankenhaus? War er unter den Zug geraten?

„Bin ich tot?“, hörte er sich fragen, und irgendwie schien diese Stimme nicht mehr zu seinem Körper zu gehören.

„Ich weiß ehrlich nicht, wie du das geschafft hast, aber nein“, sagte Raj und rang auf der Ostseite der Bahnstrecke nach Atem. Er zitterte so stark, dass Oscar spürte, wie der Boden unter ihm bebte. Oder war das vielleicht der Zug? Er konnte immer noch in der Entfernung das Signalhorn hören.

Oscar blickte zu Isaac, der sich vorgebeugt auf seine Knie stützte und mit geschlossenen Augen langsam den Kopf schüttelte.

„Du bist ein Vollidiot“, sagte er.

„Ich weiß“, erwiderte Oscar.

Und als der Boden aufhörte zu vibrieren und ihre Beine nicht mehr zitterten, krochen sie zu dem Abschnitt der Strecke, wo Oscar sein höchst gefährliches Spiel gespielt hatte.

Dort lagen sie, tief ins Erdreich gedrückt, die Überreste eines Plushtrap Chasers, ein durch Licht deaktiviertes, alles wegmampfendes grünes Kaninchen, das jetzt nicht mehr Oscars Lieblingsfigur aus der Welt von Freddy Fazbear war. Dunkelgrüne Plüschflocken schwebten durch die Luft, während andere an den Schienen klebten. Kleine spitze Zähne schimmerten im Mondlicht, das durch die Wolken gestoßen war. An den Zähnen hing blutiges menschliches Zahnfleisch. Oscar schluckte und wandte den Blick ab.

Stattdessen starrte er auf ein einzelnes grotesk wirkendes Auge, das ebenfalls in den Boden gedrückt war und sich, noch halbwegs intakt, daraus hervorwölbte. Das andere Auge war völlig zerstört, tot, wirkte aber noch menschlicher als je zuvor. Ein Schauer überlief ihn, und er wandte sich ab. Diese blindwütige Maschine wollte er sich nicht länger ansehen.

Am nächsten Abend half Oscar dabei, unter den Bewohnern des Royal Oaks Seniorenheims Süßigkeiten zu verteilen, während seine Mom den Pflegern Feuer machte und über die neuesten und dümmsten die Augen verdrehte. Es war ein bisschen, als würde man „Süßes oder Saures" umgekehrt spielen, da die Süßigkeiten nun zu den Menschen kamen, weil sie selbst sie sich nicht mehr abholen konnten. Als Oscar Mr. Devereaux' Zimmer erreichte, lag Marilyn zusammengerollt am Fuß seines Bettes.

„Da ist aber jemand frech", sagte Oscar zu ihr, doch Mr. Devereaux war es, der antwortete.

„Ich habe entschieden, wenn sie meine Seele stehlen will, hat sie sich dieses Recht verdient", sagte er, und obwohl das für Oscar nicht den geringsten Sinn ergab, schien Mr. Devereaux immerhin so zufrieden mit dieser Lösung zu sein, dass er seine treue Katze nicht länger mit Misstrauen betrachtete.

„Und wie ist die Ernte gelaufen?", fragte er. Anscheinend hatte Oscar mal wieder einen von Mr. Devereaux' lichten Momenten erwischt. Offenbar sogar sehr licht. Es schien, als habe er zusammen mit Oscar auf den Schienen gestanden, als der ihn am meisten gebraucht hatte.

„Schlechter Ertrag dieses Jahr“, antwortete Oscar, und Mr. Devereaux nickte langsam, als wisse er, worum es ging. Oscar versuchte, sich Mr. Devereaux zusammen mit seinem einen Meter großen, alles wegmampfenden Kaninchen vorzustellen, doch es misslang ihm.

„Ich bin aber froh, dass ich mal umgegraben habe“, meinte Oscar, was Mr. Devereaux zumindest so zufriedenstellte, dass er wieder einschlief, während Marilyn zwischen seinen Füßen die Decke knetete.

Im Pausenraum fand Oscar seine Mutter, mit der er seit dem Morgen nicht mehr gesprochen hatte und der er auch da nur erklärt hatte, dass das Spielzeug leider an den Türen „etwas Schaden“ angerichtet habe und dass er sie in den nächsten Wochen flicken und den Rest seiner Ersparnisse für ein neues Garagentor ausgeben würde. Seine Mom schien ihm aber kaum richtig zugehört zu haben. Er nahm an, der Streit am Telefon hatte sie doch stärker verletzt als alles, was ein Plushtrap Chaser ihr hätte antun können.

Weil er sich deswegen so schrecklich fühlte, tat er etwas, von dem er wusste, dass er damit nichts wirklich wieder gutmachen konnte, aber zumindest wollte es es versuchen. Also nahm er den Rest seines Geldes, ging zu HAL’S HALLOWEEN HALLWAY und kaufte eine kleine Kürbislaterne aus Plastik und zwei Tüten von den mit Schokolade überzogenen Mandeln, die seine Mom so gern mochte. Die Mandeln füllte er in den Kürbis und versteckte ihn in einem Schrank im Pausenraum, bis sie an diesem Abend ihren ersten Kaffee trinken würde.

Als er ihr den Kürbis gab, lächelte sie, aber er fand, seit

sein Dad gestorben war, hatte sie nicht mehr so traurig ausgesehen.

Trotzdem umarmte sie ihn so fest, dass seine Rippen knackten, und obwohl er kaum atmen konnte in diesem Griff, war er glücklich zu spüren, dass er ihre Beziehung nicht völlig zerstört hatte.

„Ich wollte mich nie so sehr auf dich verlassen“, flüsterte sie, während sie ihn festhielt, und Oscar war überrascht. Er hatte geglaubt, sein Dad sei der Grund für ihre Traurigkeit. Er wäre nie auf den Gedanken gekommen, dass sie selbst der Grund war.

„Das ist okay“, erwiderte er und stellte überrascht fest, dass er es auch so meinte. Es war wirklich okay. Nicht immer, aber meistens, und es verbesserte die guten Zeiten noch mehr. Dann, wenn seine Mom sich über die Geschenke, die er ihr machte, freute. Oder wenn seine Freunde ihr Leben für ihn aufs Spiel setzten, damit er nicht allein einem Monster gegenübertreten musste.

„Es ist okay“, sagte er und ließ es zu, dass sie ihn noch eine ganze Weile festhielt.

Grim war nicht immer bei klarem Verstand.

Nun ja, man soll ja nicht flunkern. In Wahrheit war Grim fast nie bei Verstand. War er es doch, schmerzten seine Zähne. Und seine Zähne schmerzten, wenn ihm seine Augen und seine Ohren wehtaten. War er bei klarem Bewusstsein, drang die Außenwelt in schmerzhafter Weise auf seine Augen und Ohren ein. Alles war zu viel, zu intensiv. Grim zog es vor, sich in seiner eigenen verrückten Welt herumzutreiben, wo die Stimmen in seinem Kopf das Sagen hatten, auch wenn er wusste, dass sie verrückt waren.

Aber heute Abend schmerzten Grims Zähne.

In der Nähe der Bahngleise, im Schatten gegen die Wellblechwand eines Lagerschuppens gepresst, zog Grim die schmutzige pinkfarbene Acryldecke enger um seinen Körper. Obwohl die Decke feucht war und keine Wärme spendete, tröstete sie ihn. Auch weil sie nicht nur schmutzig war – sie war so dreckig, dass man mit dem Fingernagel auf ihr herumkratzen musste, um noch einen Hauch von Pink zu finden –, sie tarnte ihn auch. Und Tarnung half. Seit er aus seinem Leben ausgestiegen war, hatte er alles getan – tat er alles –, um unsichtbar zu bleiben. Obwohl er einen Meter siebzig groß war, ging er gebeugt, um ein paar Zentimeter kleiner zu erscheinen. Er aß wenig, um nur aus Haut und Knochen zu bestehen. Sein langes strähniges Haar verbarg er unter einem grauen Schlapphut, sein Gesicht hinter einem verfilzten Bart. Und seinen Namen hatte er gegen den Spitznamen getauscht, den man ihm gegeben hatte. Es war zu seiner Lebensaufgabe geworden, unsichtbar zu bleiben.

Ganz besonders in diesem Moment wollte er nicht gesehen werden. Auf keinen Fall.

Er wollte nicht gesehen werden, weil er das Hämmern und Scheppern nicht mochte. Und ihm gefiel nicht, was er sah. Er sah unheilvolle Dinge. Dinge, die seine Zähne schmerzen ließen.

In den letzten fünf Minuten hatte Grim die Bahngleise nicht aus den Augen gelassen. Oder vielmehr – die Wahrheit war wichtig – eigentlich nicht die Gleise, sondern was sich darauf befand. Denn was sich auf den Gleisen befand, beunruhigte ihn sehr.

Auf den Gleisen, noch erhellt vom Schein einer Notbeleuchtung, war eine vermummte Gestalt dabei, seltsame Dinge von den Schienen zu klauben. Die Gestalt war leicht gebeugt und bewegte sich auf eine unbeholfene Art, die Grim an Menschen erinnerte, die gerade von See wieder an Land kamen. Grim befand sich keine zehn Meter von der vermummten Gestalt entfernt, aber er konnte sowohl sie als auch das, was sie einsammelte, deutlich erkennen.

Die Gestalt schien Grim nicht zu bemerken, und Grim beabsichtigte, es dabei zu belassen. Grims Zähne wollten gern klappern und sein Körper zittern, aber er zwang sich, ruhig zu bleiben, während er die mysteriöse Gestalt beobachtete, die auf etwas einhämmerte, das wie eine dreißig Zentimeter lange Brechstange mit einem leuchtend gelben Ende aussah. Von dem gelben Ende fielen immer wieder Teile ab, die Grim nicht erkennen konnte. Bisher hatte er beobachtet, wie die Gestalt einen Kiefer mit Scharnier, eine spitze Reihe ziemlich menschlich wirkender, blutiger Zähne, zerquetschte menschliche Augen, verschiedene Bolzen, einen Computerport und Metallstücke mit dunkelgrünen Fellbüscheln daran eingesammelt hatte.

Als Nächstes beobachtete er, wie die Gestalt erst ein und dann zwei längliche, grüne Objekte aufhob. Was war das?

Wie als Antwort auf Grims stumme Frage hielt die Gestalt die Stücke in die Höhe. Selbst in dem sanften Licht konnte Grim sofort erkennen, worum es sich handelte. In seinem früheren Leben war er Wissenschaftler gewesen, und selbst bei der Geschwindigkeit, mit der er seine Gehirnzellen vernichtet hatte, standen ihm noch immer genügend zur Verfügung.

Das waren grüne Kaninchenohren.

Oh, seine Zähne.

Wieder setzte die Gestalt die Brechstange an und hebelte eine große metallene Kaninchenpfote aus dem Boden zwischen den Schienen.

Grim musste sich eingestehen, dass seine Neugierde geweckt war. Er wollte wissen, was die Gestalt dort tat. Aber sein Selbsterhaltungstrieb war stärker. Also saß er mit schmerzenden Zähnen so reglos da wie die von der Gestalt eingesammelten Teile, bis sie alle Fundstücke in einem Beutel verstaut hatte und kurz darauf in der Dunkelheit verschwand.

Detective Larson klopfte an die Tür eines einstöckigen Hauses, das neben einem zweistöckigen stand, das viermal so groß war. Er blickte hinunter auf die gepflegte Veranda unter seinen Füßen. Sie sah aus, als sei sie gerade frisch gestrichen worden. Und ihm fiel auf, dass sich das gesamte Haus in demselben gepflegten Zustand befand. Aber die Farbe und das saubere Erscheinungsbild hatten nicht den beabsichtigten Effekt. Das Haus, vor dem er stand, wirkte trotzdem minderwertig, nicht nur im Vergleich zu seinem größeren, schickeren Nachbarn, sondern ganz allgemein. Wenn Häuser Gesichter hätten, würde dieses schmächtig aussehen.

Vor Larson wurde eine Tür geöffnet. Eine hübsche junge Frau mit fast cartoonmäßig großen Augen und schulterlangem braunem Haar blickte den Detective vollkommen desinteressiert an. „Ja?“

„Ma’am, ich bin Detective Larson.“ Er zeigte der Frau seine Marke, doch sie interessierte sich genauso wenig dafür wie für ihn. „Im Zuge von routinemäßigen Ermittlungen muss ich mich bei Ihnen umsehen. Haben Sie irgendetwas dagegen?“

Die Frau kniff die Augen zusammen. Er glaubte, in ihrem Blick irgendetwas schlummern zu sehen wie einen Funken, der fast, aber nicht vollständig, erloschen war. Er fragte sich, ob dieser Funke eine Ablehnung seiner Bitte entzünden könnte. Er wusste nicht, was er dann tun sollte, denn er hatte keinen Durchsuchungsbeschluss.

Die Frau zuckte die Achseln. „Kommen Sie rein.“

Er betrat ein peinlich sauberes und aufgeräumtes Wohnzimmer. Und als er sich umsah, fiel ihm auf, dass sich Küche und Essbereich in einem ähnlichen Zustand befanden – und das, obwohl das Haus mindestens vier Katzen beherbergte, die in königlicher Haltung Möbelstücke in Beschlag genommen hatten oder sich in einem Sonnenspot auf dem geflochtenen Teppich der Wärme hingaben.

„Ich bin Margie", sagte die Frau. Sie bot ihm die Hand.

Larson ergriff sie. Sie war kühl und schlaff.

Die Frau blickte zu ihm auf, eine Augenbraue erhoben, als warte sie darauf, dass er auf eine ungestellte Frage antwortete. Er lächelte sie an, sagte aber nichts. Er fragte sich, was sie wohl wahrnahm, wenn sie ihn betrachtete. Sah sie den dreißigjährigen, ganz passabel aussehenden Kerl, für den er sich hielt, oder die tiefen Falten, die sich um seinen Mund und um seine Augen bildeten, und die für ihn schon seit Längerem in den Vordergrund traten, wenn er einen Blick auf sein Spiegelbild erhaschte?

Ihr Blick glitt zur Seite und landete auf zwei der Katzen. Sie runzelte die Stirn und schüttelte den Kopf. „Tut mir leid wegen der vielen Katzen. Ich weiß gar nicht, wie das passiert ist. Man hat mir eine geschenkt, die mir Gesellschaft leisten sollte, nachdem … nun ja, um mir einfach Gesellschaft zu leisten. Wie sich herausgestellt hat, war es ein Weibchen, und sie war schwanger. Ich konnte es nicht über mich bringen, die vier Babys wegzugeben. Ich habe mich wie ihre Mutter gefühlt, und es wäre mir vorgekommen, als würde ich sie im Stich lassen. Und nun bin ich also eine Katzenfrau." Sie gab ein trockenes Lachen von sich und musste husten.

Larson hatte das Gefühl, dass sie früher einmal viel gelacht hatte, in letzter Zeit aber aus der Übung gekommen war. Er fragte sich, was mit ihr geschehen war. Beinahe hätte er sie gefragt, aber deshalb war er nicht hier.

Larson begann, durch das Haus zu wandern. Margie folgte ihm.

„Wie lange wohnen Sie schon hier?“, fragte er. Seiner Erfahrung nach lenkte ein Gespräch mit den Bewohnern sie meistens ab, wenn er sich in ihrem Haus umsah. Dadurch gewann er mehr Zeit, bevor sie unruhig wurden oder gar abweisend.

„Gut drei Jahre.“ Ihre Stimme schwankte etwas zwischen den Worten „drei“ und „Jahre“.

Er warf ihr einen Blick zu.

Sie klang, als würde sie gleich anfangen zu weinen, doch ihre Augen waren trocken und ihr Gesicht ausdruckslos. „Ich wurde angestellt, um mich um einen kranken Jungen zu kümmern, während sein Vater in Übersee diente. Er ist gestorben und hat mir das Haus hinterlassen.“

Der Vater oder der Junge, überlegte Larson. Doch er fragte es nicht.

Larson hatte einen kleinen Flur betreten, von dem drei Türen abzweigten. Aus der letzten Tür kam eine fünfte Katze. Es war ein kleines grau getigertes Tier. Es setzte sich in die Mitte des Flurs und begann, sich zu putzen.

Larson schaute in ein kleines, blitzendes Badezimmer und dann in ein angemessen großes Schlafzimmer, das die Frau offensichtlich nutzte. Ein flauschiger gelber Bademantel lag ordentlich gefaltet am Fuß des Doppelbetts, und auf einer Kommode aus Kirschholz standen Kosmetika ordentlich aufgereiht. Abgesehen von diesen Kleinigkeiten machte das Zimmer auf ihn einen eindeutig maskulinen Eindruck.

Larson beschloss, die Beziehung der Frau zu ihrem verstorbenen Arbeitgeber nicht zu kommentieren, wie auch immer diese Beziehung ausgesehen haben mochte. Er wollte nicht riskieren, sie zu verärgern. So ging er weiter den Flur entlang.

Das alte Haus knarrte und bewegte sich und ließ eine Art Stöhnen hören. Er war sich ziemlich sicher, dass Margie bei dem Geräusch zusammengezuckt war.

Eine dunkelgraue Katze wanderte den Flur entlang, beschnupperte die grau getigerte Katze und rieb sich an Larsons schwarzer Hose. Er beugte sich hinunter und kraulte das Tier hinter den Ohren. Er wusste, dass er es später bereuen würde. Er litt an einer Katzenallergie, aber er mochte die Tiere trotzdem.

Als er den Raum betrat, bei dem es sich offenbar um das zweite Schlafzimmer handelte, starre er auf das Einzelbett in der Mitte des Raumes. Außer dem Bett gab es dort nur noch einen kleinen Schrank.

Er war sich nicht sicher, was er von diesem Zimmer halten sollte, doch irgendetwas bewegte ihn, dort zu bleiben. Vor allem der Schrank erregte seine Aufmerksamkeit.

Margie, die neben ihm stand, schwieg. Sie war ihm nahe genug, dass er ihr Shampoo riechen konnte oder die Seife, die sie benutzte. Der Duft roch frisch und sauber, hatte nichts Schweres oder Verführerisches an sich wie ein Parfüm oder ein Eau de Cologne. Trotz des Make-ups, das sie trug, hatte er den Eindruck, dass es Margie nicht besonders wichtig war, andere zu beeindrucken. Er fragte sich, ob er sie deshalb attraktiv fand. Ihm gefiel ihre schlichte Klarheit. Nein, sie schüttete ihm nicht ihr Herz aus, wie es nervtötende Zeugen oft taten, aber sie versuchte auch nicht, etwas zu sein, was sie nicht war. Das bemerkte er.

Er räusperte sich, während er um das Bett herum zu dem Schrank ging, der sein Interesse geweckt hatte. „In dem von mir erwähnten Fall gibt es einen Verdächtigen. Die Ermittlungen sind fast zum Stillstand gekommen. Er war spurlos verschwunden. Bis vor Kurzem. Jetzt haben wir das hier." Er griff in die Innentasche seiner grauen Sportjacke und zog ein Foto heraus, das er Margie hinhielt.

Margie sagte nichts, aber ihr Gesicht hatte eine Menge zu erzählen. Zuerst wurde sie rot. Doch so schnell, wie ihre Wangen sich rosa gefärbt hatten, wich alle Farbe aus ihnen und sie erblasste. Ihre Augen weiteten sich. Sie öffnete leicht den Mund. Er hörte, wie ihr Atem sich beschleunigte.

Gerade wollte er sie auf ihre Reaktion ansprechen, da wich er überrascht einen Schritt zurück, als die grau getigerte Katze plötzlich auf das Bett sprang.

„Tut mir leid", sagte Margie erneut. Sie nahm die Katze auf den Arm, die sofort zu schnurren begann.

Larson konnte nicht anders. Er streckte die Hand aus und rieb der Katze die Seite ihres Gesichts. Plötzlich wurde ihm bewusst, dass er Margie auf einmal sehr nah war, und er trat einen Schritt zurück.

Der Schrank befand sich nun direkt vor ihm. Er hatte gar nicht bemerkt, dass er ihn erreicht hatte. Jetzt wollte er wissen, was sich darin befand.

Obwohl das Möbel ihn irgendwie anzog, verspürte er gleichzeitig einen unerklärlichen Widerwillen, die Tür zu öffnen. Er nieste.

„Entschuldigung“, sagte er.

„Das liegt an den Katzen“, meinte Margie.

„Kein Problem“, log er. Er würde sich den Rest des Tages miserabel fühlen.

Er merkte, dass er es vor sich herschob, den Schrank zu öffnen. Was absurd war. Er umfasste den Türgriff und zog.

Der Schrank war leer, doch die Innenseite seiner Wände waren es nicht. Sie waren dicht an dicht mit schwarzem Gekritzel beschrieben. Völlig unsinnige Buchstaben, die mit einem dicken Marker geschrieben schienen, bedeckten fast jeden Zentimeter des Schrankinneren. Larson konnte keinen Sinn in den Kritzeleien erkennen, aber dennoch vermittelten sie ihm das gleiche Gefühl, das er gehabt hatte, als er sich die grotesken Todesmeldungen der letzten Zeit angesehen hatte.

Larson drehte sich um und blickte Margie an. „Was ist in diesem Haus passiert?“

ÜBER DIE AUTOREN

SCOTT CAWTHON ist der Autor der Bestseller-Computerspielreihe *Five Nights at Freddy's*, und obwohl Game-Designer von Beruf, ist er im Herzen vor allem Geschichtenerzähler. Er hat am The Art Institute of Houston studiert und lebt mit seiner Frau und vier Söhnen in Texas.

ANDREA RAINS WAGGENER ist Autorin, Ghostwriterin, Essayistin, Drehbuchautorin, Werbetexterin, Redakteurin, Dichterin und stolzes Mitglied des Autorenteams von Kevin Anderson & Associates. In einer Vergangenheit, an die sie nicht mehr gerne zurückdenkt, war sie Schadensreguliererin, hat Katalogbestellungen bei JCPenney angenommen (bevor es Computer gab!), war Gerichtsschreiberin, Dozentin für das Schreiben juristischer Texte und Rechtsanwältin. Sie schreibt in ganz unterschiedlichen Genres, die sich von ihrem Chick-Lit-Roman „Alternate Beauty“ über ihr Buch zur Hundeerziehung „Dog Parenting“ und ihr Selbsthilfebuch „Healthy, Wealthy and Wise“ bis hin zu Memoiren und anderen Ghostwriter-Projekten in den Bereichen Young Adult, Horror, Mystery und ganz allgemeine Romane erstrecken, wobei Andrea immer noch

Zeit findet, den Regen zu beobachten und sich mit ihrem Hund sowie mit ihren Strick-, Kunst- und Musikprojekten zu beschäftigen. Mit ihrem Mann und besagtem Hund lebt sie an der Küste von Washington, und wenn sie nicht gerade zu Hause ist und etwas Neues erschafft, findet man sie beim Spaziergang am Strand.

CARLY ANNE WEST ist die Autorin der Young-Adult-Romane „The Murmurings“ und „The Bargaining“ und von Romanen für die Mittelstufe, die auf den Video Games „Hello Neighbor“ basieren. Sie lebt mit ihrem Mann und den beiden Söhnen in Seoul in Südkorea.